버그 정글을
헤쳐 가기 위한 
테스터 지침서

인공지능, 빅데이터 시대의 소프트웨어 테스팅 가이드

버그 정글을 헤쳐 가기 위한 테스터 지침서

최준현 지음

자유아카데미

머리말

오늘날은 소프트웨어가 없는 세상을 상상할 수 없을 정도로 대부분 사물은 소프트웨어를 탑재하고 있고, 또한 소프트웨어를 통해서 사물을 제어하고 있습니다. 이제 제품에 대한 품질은 더는 하드웨어만의 이야기가 아닙니다. 소프트웨어와 하드웨어 모두의 품질이 중요한 세상이 된 것입니다. 이런 변화에 따라 고객의 소프트웨어 품질 기대수준을 맞추기 위해 개발부서 내, 외적으로 소프트웨어 테스팅과 소프트웨어 품질을 담당하는 부서가 생겨나고 있으며, 테스트 아웃소싱 서비스를 제공하는 업체도 비약적으로 증가하는 추세입니다.

필자는 다양한 프로젝트의 소프트웨어 테스팅을 진행하면서 이론으로 배운 내용과 현실의 차이에서 오는 괴리를 많이 경험했습니다. 고객의 요구(Needs)는 빠른 업무 수행을 우선하면서도 고품질을 원하는데, 테스트에 투입되는 인력과 시간은 매우 부족한 게 현실입니다. 또 테스트를 진행하는 중간에 일정이 바뀌기도 하고, 테스트해야 하는 항목이 추가되기도 합니다. 그러나 급작스러운 변화가 생기는 업무 상황이라고 해서 '요구사항 분석이 되지 않아서 품질을 보장할 수 없다'라는 원칙을 지키며 소프트웨어의 품질을 외면할 수도 없습니다.

소프트웨어 테스팅은 소프트웨어를 개발하는 과정에서 품질을 책임지는 중요한 역할을 합니다. 따라서 기대수준에 미치는 품질을 확보하고자 추가적인 자원을 투입하거나 일정을 변경하는 형태도 좋지만, 변화된 상황에 맞는 전략을 선택하고 이를 제시하고 운영해서 바뀐 환경에 빠르게 대응할 수 있는 역량이 무엇보다 중요합니다.

소프트웨어 테스터가 소프트웨어 테스팅이 필요한 곳에서 처음 부딪히는 문제점들은 무엇이며, 어느 정도 시간을 테스팅에 투자해야 하고, 비용은 얼마나 드는지에 대한 경험이 없어 실무적으로 어려움을 겪는 경우가 많습니다. 또한 대학생들이 자신의 진로를 선택하기 위해 테스트 직업군에 대한 정보를 얻으려고 할 때, 어떤 기술을 익혀야 하는지 등의 정보를 얻기도 쉽지 않습니다.

지난 2014년에 처음 발간된『경쟁력 있는 소프트웨어 테스터가 되는 법』(최준현 저, 자유아카데미)을 집필했을 때와 현재의 소프트웨어 품질 관련 사업환경은 많은 변화가 있었습니다. 여러 변화 중에서 몇 가지를 꼽아본다면 가장 먼저 많은 IT 기업, 소프트웨어를 개발하는 곳에서 품질관리 담당 인력에 대한 필요성을 인식하고, 실제로 많은 인원을 운영하고 있다는 점입니다. 물론 아직도 테스팅의 필요성과 인식에 대한 개선은 꾸준히 요구되고 있지만, 그래도 지금은 많은 곳에서 품질관리의 중요성을 인식하고 있다는 게 가장 큰 변화로 다가옵니다. 그리고 이와 함께 발생하는 또 다른 변화는 테스팅을 수행할 전문 인력을 채용하기가 매우 어려워졌다는 점입니다. 소프트웨어 테스팅이 필요한 기업들이 많아지는 만큼 소프트웨어 테스팅을 전문으로 하는 아웃소싱 업체들도 많이 늘어났지만, 시장의 성장 속도를 인력 양성 속도가 따라가지 못하는 실정입니다. 즉, 채용 속도가 고용 속도를 충족시키지 못하는 상황이 계속 벌어지고 있습니다.

이런 테스팅 시장의 변화와 더불어 최저시급의 지속적인 상승으로 예전보다는 테스터의 처우가 개선되고 있습니다. 기업들도 테스팅 전문가를 양성하고 확보하고자 열심히 노력하고 있으며, 실제로 많은 개선이 되고 있다고 느껴집니다. 앞으로 테스터 직업군에 대한 중요성과 필요성의 증가로 조금은 더 희망적으로 직업적 가치가 높아진 미래를 꿈꿀 수 있다고 생각합니다.

이번 서적에서는『경쟁력 있는 소프트웨어 테스터가 되는 법』의 내용을 대폭 개정하고 또 보완했습니다. '몬스터테스트랩'이라는 소프트웨어 테스팅 전문회사를 창업한 뒤 만났던 주요 스타트업들과 함께 품질 관련 활동과 고민, 소규모 소프트웨어 개발 및 서비스 전문 기업들과 협업하면서 느꼈던 경험과 생각을 최대한 정리했습니다. 동시에 더욱 다양한 관점에서 바라본 소프트웨어 테스터의 역할에 관한 내용을 집중적으로 보완했습니다.

특히 한국데이터진흥원이 주최해서 운영 중인 데이터 활용 스타트업 지원 프로그램, 'Data Stars(DB-STARS로 출발해서 현재는 개명)'와 함께 2016년부터 지금까지 대략 45개 이상의 스타트업과 함께하면서 쌓인 경험들을 최대한 전달하고자 노력했습니다.

이미 국내에는 전문지식을 담은 양실의 테스팅 관련 서적들이 많이 출판되었습니다. 그에 따라 어디선가 본듯한 내용을 유사한 성격의 책에서 접했을 겁니다. 하지만 테스팅 관련 책들이 비슷한 말을 반복하는 이유는 일반적일지라도 그만큼 반복되는 내용이 중요하기 때문입니다.

『버그 정글을 헤쳐 가기 위한 테스터 지침서』에도 원론적이고 널리 알려진 정보가 많이 담겨있습니다. 오히려 처음 소프트웨어 테스팅을 접하는 분들을 위한 내용을 제외하고는 깊이 있는 지식은 다루지 않았습니다. 대신에 최대한 다양한 경험과 생각들을 전달하기 위해 노력했습니다. 왜냐하면 같은 내용을 어떻게 생각하고, 또 실제로 적용한 것을 전달하고자 고민하는 일은 단순히 내용을 알고 있는 것과는 조금은 다른 이야기이기 때문입니다.

그렇기에 실제 현장에서 필요로 하는 테스터의 역량과 각 업무 도메인별로 중요하게 생각하며 집중하는 부분에 관한 이야기, 그리고 전문 테스터로서 성장하기 위한 다양한 정보를 수록하는 데 최대한 집중했습니다. 또한 각 사업 분야별로 해당 테스트 부서가 필요로 하고 관심 있어 하는 품질관리 부분이 어떤 것인지 알아봄으로써, 자신이 진출하고자 하는 도메인의 테스트 준비 방법에 관해서도 도움을 얻을 수 있을 겁니다.

더불어 테스터뿐만 아니라 테스트 매니저와 리딩 역할을 하는 분들을 위한 조직 운영 방안이나 다양한 관리 툴 역시 소개하고 있어 조직을 운영하는 데도 도움이 될 것입니다. 실제로 테스터를 희망하거나, 혹은 테스터로서 활동하고 있는 분들이 개발자들과 관계를 맺고 업무 처리를 위해서 꼭 알아야 하는 정보 위주로 책을 집필했기에, 이 책의 내용과 소프트웨어 테스팅 품질에 관한 자신의 생각을 비교해 보는 일 역시 유익하리라 생각합니다.

이밖에도 독자분들께 보탬이 될만한 이야기를 담고자 노력했습니다. 일례로, 회사를 창업한 후, 테스팅 교육 전문회사로서 〈소프트웨어 결함 찾는 법을 알려주마〉, 〈테스트 매니지먼트 기초〉, 〈소프트웨어 테스터 커리어패스를 알려주마〉와 같은 시그니처 강좌들을 공개한 바 있습니다. 감사하게도 많은 테스터들께 도움이 되어 인기를 얻었는데, 해당 강좌들의 내용 또한 소단원으로 구성해서 일부 소개했습니다. 또 한 가지 구성으로 부록에 「초기 스타트업을 위한 Software Testing Quick Guide」를 수록했습니다. 대구 DIP SW품질역량센터와 함께 제작한 가이드북으로 처음 테스팅을 시작해야 하는 기업에서 요약집처럼 가볍게 볼 수 있는 내용입니다.

마지막으로 창업 초기의 어려움을 알고 많은 조언과 도움을 주신 주변 테스팅 기업 대표님들과 지금, 이 시간에도 테스팅을 통해서 버그들과 사투를 벌이고 있는 소프트웨어 테스터분들께 이 책을 바칩니다.

차례

exploration 7 테스트 관리의 시크릿 노트

exploration 8 소프트웨어 테스터, 버그의 비밀을 찾는 사람들

exploration

1

소프트웨어, 개발만 하면 끝? 테스팅이 진짜 끝!

1장에서는 소프트웨어 테스팅에 대한 기본적인 개념과 스타트업 업계에서 종사하는 분들이 생각하는 소프트웨어에 대한 인식 등을 소개합니다. 오늘날 4차 산업혁명의 중심에 있는 새로운 기술들인 인공지능(A.I), 빅데이터(Big Data), AR(Augmented Reality, 증강현실), VR(Virtual Reality) 등이 다양하게 등장하면서 기존에 없던 새로운 서비스 제품들이 출시되고 있습니다. 그와 함께 등장한 버그들은 기존과는 다른 모습과 형태를 띠고 있습니다. 이렇듯 다양한 사례들을 이야기해보면서 우리가 품질에 대한 방향성을 어떻게 수립해야 할지 생각해보고자 합니다. 더불어 새로운 기술들과 개발 방법들이 등장하면서 기존의 테스팅 방법과는 다른 형태의 테스팅 방법을 생각해보는 패러다임의 변화가 요구되는데, 더욱 똑똑하게 발전하는 소프트웨어 제품들을 테스팅하기 위한 대응법에 대해서도 함께 알아봅시다.

01 소프트웨어 테스팅의 인식

"만약 소프트웨어 테스팅 교육이 무료로 제공된다면 수강하러 오실 수 있나요?"

위와 같은 질문을 창업한 지 얼마 되지 않은 소규모 IT 기업, 스타트업 대표들이나 의사결정을 할 수 있는 책임자급 회사 담당자들에게 질문하면 많은 사람이 다음과 같이 답을 많이 합니다.

"저는 일하느냐고 바빠서 교육을 들으러 갈 시간이 없습니다."

"직원들도 보낼 시간이 없어요."

"테스팅이요? 아직 품질관리를 할 수준이 아닙니다"

"다음에요…. 지금은 아직…."

"누굴 들으라고 해야 할지 모르겠네요."

초기 스타트업이거나 소규모 기업일 경우 생존이 우선이고, 운영자금의 흐름이 좋지 않기 때문에 하루하루가 생존과 직결되어 있습니다. 따라서 이렇게 품질이나 테스팅에 대한 필요성과 우선순위가 상당히 낮은 것이 현실입니다.

하지만 조금만 서비스가 실제로 제공되고 제품이 배포되기 시작되면 분위기가 완전히 달라집니다. VoC(Voice of Customer)나 각종 장애 리포트 등이 발생하면서 문제를 해결하는 시간에 소모되는 비용이 누적되기 시작됩니다. 초기에는 어느 정도 방어할 수 있지만 일정 시점이 지나면 제품의 크기, 서비스의 종류가 늘어나게 됩니다. 결국 전문적인 품질관리가 되지 않으면 분명히 어려운 시점에 맞닥뜨리게 됩니다. 하지만 현실은 품질관리를 전담하는 인원을 채용하기보다 개발자를 우선

채용하고, 현재의 개발 이슈를 해결하는 것에 집중하곤 합니다. 따라서 비슷한 문제가 오랜 시간 반복되는 것입니다.

대략 이런 시기는 창업 이후 2~3년 이상 진행되는데, 4~5년 차부터는 다양한 이슈들이 상용서비스나 고객들, 또는 개발 과정 도중에 발생하게 되고, 품질에 대한 사전 확보의 필요성을 현업부서에서 절실하게 느끼게 됩니다. 현재 상용화되고 있는 제품의 사용자 수 증가 또는 서비스 성숙도가 높아질수록 개발 과정에서 중요한 부분이 제품의 완성에서 소프트웨어의 품질 확보로 조금씩 이동하게 되며, 자연스럽게 품질 조직을 갖추고 최소한의 품질을 확보하기 위한 노력이 시작됩니다.

품질이 높은 제품을 고객에게 전달하기 위해서는 개발되는 소프트웨어의 품질을 확보하기 위한 테스팅이 꼭 필요하며, 이것은 해당 활동에 대한 필요성에 대한 인식이 전제되어야 합니다.

테스팅을 전문으로 하지 않는 분들은 테스팅의 필요성을 인식하고 진행하는 것에 대한 시간이 필요하다고 한다면, 소프트웨어 테스팅을 직업으로 하는 사람들이 가지고 있는 인식 중의 하나는 결함을 많이 찾는 데만 집중하는 경우가 많다는 점입니다. 그렇다면 이외에 어떤 것에 집중해야 하는 것일까요?

만약 다음과 같은 일들이 우리에게 발생한다면 어떻게 대처할 수 있을지 생각해봅시다.

- 자동차의 내비게이션의 목적지대로 이동을 하는데 막다른 골목이 나타났다.
- 자동차의 자동운전 시스템으로 주행하는 도중 다른 차에 돌진했다.
- 쇼핑몰에 등록한 제품 가격표시 화면에 내가 입력한 금액이 다르게 표시된다.
- 전동킥보드 공유서비스의 운행을 종료하고 반납을 했는데 전동킥보드 전용 앱에서는 계속 운행 중으로 표시된다.
- 인공지능(A.I) 비서 서비스에 요청한 정보가 매번 틀리게 제공된다.

이와 같은 일들은 실제로 일상생활에서 종종 일어나고 있습니다. 그리고 해당 사건(Event)들의 결과는 상황에 따라 매우 다른 결과를 초래합니다. 단순히 해프닝으로 끝날 수 있는 것들도 있지만, 사람의 생명과도 직결될 수 있는 사건들도 있으므로 소프트웨어 테스팅은 새로운 소프트웨어가 시장에 출시됨에 따라 발생할 수 있는 사회적 무질서로부터 안전을 지켜내는 일이라고 볼 수 있습니다.

따라서 소프트웨어 품질관리 업무를 수행하고 있는 모든 사람은 사회적 책임감을 느끼고 일을 해야 합니다. 테스터들은 단순하고 반복적인 테스팅 업무를 계속하면서 무료함과 직업적 한계를 느낄 수 있습니다. 하지만 테스터들은 내가 수행하는 테스팅 활동들을 통해서, 세상의 안전을 지켜내고 있다는 직업적 책임감을 함양하고 업무에 임해야 합니다. 진심으로 내 직업에 대해 소중하게 느끼고 중요하다고 생각해야, 다른 분야의 종사자들과 고객들도 나의 직업적 역할을 중요하다고 느끼기 때문입니다.

철학적인 이야기이긴 하지만 품질을 책임진다는 관점에서, 또 내 업무에 대한 중요성을 스스로 인정하지 않는다면 그 결과와 평가도 함께 인정받기 어렵습니다.

02 새로운 유형의 버그가 나타났다!

소프트웨어가 폭넓게 사용되면서 꾸준히 새로운 소프트웨어 관련 기술과 다양한 플랫폼이 등장하고 있습니다. 이에 따라 기존의 소프트웨어에는 존재하지 않던 다양한 문제와 사고, 현상들이 나타나고 있습니다. 기존의 소프트웨어의 버그들은 요구사항대로 기능이 구현되지 않았거나 기능이 정상 작동하지 않아서 생기는 경제적, 사회적, 물리적인 문제점들을 발생시켰습니다. 하지만 새로운 기술들이 적용된

신규 제품들과 서비스들이 등장하면서 이전에는 보지 못했던 현상과 전혀 예상하지 못한 새로운 유형의 소프트웨어 버그와 문제점들이 발생하고 있습니다. 특히 인공지능(A.I)의 등장으로 사용자의 이용 방식이 크게 달라지거나 넓어지는 상황에서 새로운 형태의 결함들이 등장하고 있습니다.

아마존 인공지능, 10세 소녀에게 위험한 챌린지 조언 논란

아마존의 음성인식 인공지능 비서 서비스 알렉사(Alexa)가 10세 소녀에게 위험한 도전(챌린지)을 권유해 논란이 발생했습니다. 한 소녀가 알렉사에게 도전할 만한 일을 추천해달라고 하자, 알렉사는 각종 소셜 네트워크 서비스(SNS) 등에서 크게 인기를 얻었던 일명 '페니 챌린지(Penny Challenge)'라는 위험한 도전을 제안했습니다. 페니 챌린지는 휴대전화 충전기를 콘센트에 절반 정도를 꽂은 뒤에 플러그 부위에 페니(Penny, 영국, 미국의 동전의 단위)를 가져다 대면 불꽃이 일어나는 아주 위험한 도전입니다. 다행히도 아이의 엄마 '크리스틴 리브달'은 해당 조언을 들은 순간 아이를 제지해서 큰 문제가 발생하진 않았으며, 아마존 측에서는 이런 활동을 추천하지 않도록 알렉사를 업데이트했다고 밝혔습니다.

해당 이슈는 새로운 형태의 서비스가 등장함으로써 발생되는 예상하지 못한 소프트웨어 위험요소로 볼 수 있습니다.

그림 1.1 아마존 알렉사 로고

출처: https://developer.amazon.com/en-US/alexa/branding/alexa-guidelines

인공지능 비서 알렉사에게는 비슷하지만 다른 사례가 한 가지 더 있습니다. 2017년 1월, 텍사스 주의 달라스 시에 사는 6살짜리 어린아이가 인공지능 비서 기능 '알렉사'가 설치된 음성인식 기기인 아마존의 '에코(Eco)'를 통해서 "알렉사, 돌하우스를 주문해 줘"라는 요청을 진행했습니다

그림 1.2 인공지능 스피커 '아마존 에코(amazon echo)', 관련 기사(TV 소리를 알아듣고 물건 주문한 알렉사 "웃지 못할 해프닝")
출처: IT World(2017.01), https://www.itworld.co.kr/news/102934

그림 1.3 뉴스 앵커가 알렉사 사건을 소개하는 장면
출처: News anchor sets off Amazon Alexa device in San Diego, 채널-Carlos Correa, https://youtu.be/oI2KLIULjXc

알렉사에게 어린아이가 100달러가 넘는 인형의 집(Doll House)과 쿠키를 주문한 것입니다. 그리고 주문은 배달로까지 이어졌습니다. 주방에 설치된 이 기계에 아이가 주문하지 못하게 하는 서비스를 별도로 신청하지 않아서 발생한 일이었습니다. 그런데 이보다 더 큰 문제는 다음에 발생했습니다. 방송을 통해서 아이가 말한 "알렉사, 돌하우스를 주문해 줘"라는 문장이 그대로 전달된 것입니다.

TV 소리를 통해 아나운서의 명령어를 전달받은 미국 전역 각 가정에 설치된 알렉사들이 이를 실제 주문으로 인식한 후 집으로 똑같은 물품이 배달되는 사태가 발생했습니다. 사람의 목소리를 TV나 스피커를 통해서 전달했을 때 목소리를 정확하게 구분하지 못하는 문제가 발생한 것입니다.

이 사건은 새로운 서비스들의 등장으로 기존에는 예상하지 못했던 문제점들이 발생하는 대표적인 사례입니다. 이후 버거킹에서는 이러한 문제점을 역이용하여 "오케이 구글, 와퍼 샌드위치에 대해서 설명해줘"라는 말을 광고에 사용해서 각 가정에 설치된 구글 홈(Google Home)을 작동시켜 또 다른 파급효과를 만들어 내는 현상까지 발생했습니다.

출처: BBC뉴스 코리아, https://www.bbc.com/korean/international-59807502

인공지능 오류는 "너무 탁월한 시력 탓?"

인공지능의 오류 중 사람의 경우에는 쉽게 구분이 가능한 개와 고양이를 구분하는 일이 어려운 시절이 있었습니다. 하지만 최근에는 빅데이터 기술과 딥러닝 기술의 발전으로 인공지능이 사물을 식별하는 능력이 매우 높아지고 있습니다.

그러나 인공지능이 인식하기 위한 이미지를 조금만 가공을 하더라도 이를 잘못 판독하는 사례들이 발생하고 있습니다. 이러한 사례를 '적대적 사례(Adversarial examples)'라고 부른다고 합니다.

이와 같은 내용을 증명하기 위해서 미국 워싱턴 대학의 '이반 에브티모프' 등은 2017년 7월 자 논문(Robust Physical-World Attacks on Deep Learning Models)을 통

그림 1.4 Physical-World Attacks on DNN models에서 사용된 샘플 이미지들
출처: https://medium.com/@ericmaggard/review-of-robust-physical-world-attacks-on-machine-learning-models-46d19dd5873a

해, 컴퓨터 이미지 인식 기능을 잘못 인식하게 하는 의도적인 방법을 공개했습니다. 교통 표지판에 정교하게 만든 스티커를 붙여넣었더니, 이미지 인식 모델이 완전히 속아 넘어간 실험입니다. 인공지능 이미지 인식모델이 '정지(STOP)' 표지판을 '속도 제한(SPEED LIMIT)' 표지판으로 잘못 인식한 것입니다.

연구 초기에 '매드리'는 적대적 사례가 컴퓨터 이미지 인식의 버그(오류)라고 생각하고 이를 제거하기 위한 알고리즘 개발에 집중했지만, 연구 과정에서 원인이 다른 데 있다는 결론에 이르게 됐습니다.

사람은 동물을 구분할 때 특정한 형태인 귀, 코의 길이처럼 인식 대상에 대한 중요한 특징을 기반으로 이미지를 인식하지만, 인공지능의 이미지 인식은 사람이 인식할 수 없는 특징들을 이용해 사물을 인식합니다. 이처럼 적대적 사례를 통해서 인공지능이나 새로운 소프트웨어 서비스에서 기존에 없던 문제점들이 발견되고 나타나고 있습니다.

출처: 한겨레 신문(2019.06), http://www.hani.co.kr/arti/science/future/896920.html

아빠 아이폰X 아들 얼굴에 뚫렸다

2018년 2월, 애플의 페이스ID가 가족 간의 얼굴을 구별하지 못하는 문제가 발생했습니다. 아이폰X(10)의 얼굴인식을 통한 잠금 해제 기능이 다른 사람의 얼굴로 해제가 된 사례입니다.

아빠의 스마트폰인 아이폰X(iPhone X)를 아들이 사용할 경우, 아빠가 스마트폰 잠금 해제에 필요한 비밀번호를 알려줘서 아들이 필요할 때 사용하고 있었습니다. 하지만 어느 순간부터 아이폰X의 잠금화면이 아들 얼굴로 풀린 것입니다. 원인은 바로 아빠와 아들의 얼굴이 비슷하게 닮아서 생긴 문제입니다. 정확한 이유는 밝혀지지 않았지만, 전문가들은 "페이스ID가 실패했을 경우 비밀번호를 입력하는 얼굴을 사용자로 인식하고 이 부분을 학습데이터에 반영할 것으로 예상된다. 완전히 다른 얼굴일 경우에는 반영하지 않겠지만 미리 등록된 얼굴과 비밀번호를 입력하는 얼굴의 유사도가 높다면, 기존 등록된 데이터에 다른 유사한 얼굴이 계속 업데이트돼 어느 정도 시간이 지나면 다른 사용자도 아예 잠금 해제가 가능할 것으로 생각된다"고 밝혔습니다.

그림 1.5 아이폰X 화면 잠금 해제 문제를 제기한 아빠와 아들
출처: https://www.etnews.com/20180220000165

iPhone 12 및 이후 모델에서 마스크를 쓴 상태로 Face ID 사용하기

iOS 15.4 및 이후 버전에서는 마스크를 쓴 상태로 Face ID를 사용하여 iPhone의 잠금을 해제할 수 있습니다.

안면 마스크나 기타 안면 보호구를 착용할 경우 마스크를 쓴 상태에서 Face ID가 눈 주변의 고유한 특징을 분석할 수 있습니다. 마스크를 쓴 상태로 Face ID를 사용할 때도 Face ID로 앱을 인증하고, iPhone의 잠금을 해제하고, Apple Pay를 사용할 수 있습니다.

이 기능은 iOS 15.4 및 이후 버전이 설치된 iPhone 12 및 이후 모델에서 제공됩니다.

안면 마스크를 쓴 상태에서 Face ID가 작동하도록 설정하는 방법

1. iPhone에 iOS 15.4 및 이후 버전이 설치되어 있는지 확인합니다.
2. 설정을 열고 'Face ID 및 암호'를 탭합니다.
3. 아래로 스크롤하여 '마스크를 쓴 상태로 Face ID 사용'을 켭니다.

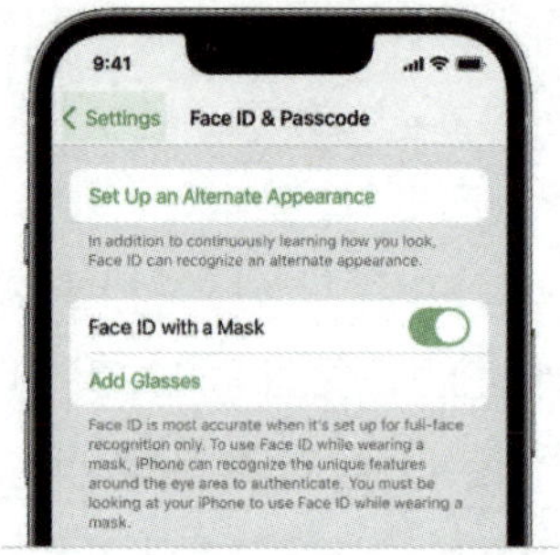

4. 메시지가 표시되면 '마스크를 쓴 상태로 Face ID 사용'을 탭합니다. 화면의 지침에 따라 동일한 얼굴 스캔 절차를 사용하여 Face ID를 설정합니다.

마스크를 쓴 상태에서 Apple Watch로 iPhone의 잠금을 해제할 수도 있습니다.

안면 마스크를 너무 높이 또는 눈에 너무 가깝게 쓰면 Face ID로 iPhone의 잠금을 해제하지 못할 수 있습니다. 이 기능을 사용하려면 눈을 가리지 말아야 합니다.

그림 1.6 애플의 아이폰 Face ID 설정 안내
출처: https://support.apple.com/ko-kr/HT213062)

이와 비슷한 상황에는 코로나19로 인한 펜데믹 속에서 마스크를 쓰고 벗는 정도의 얼굴 변화나 턱수염이 많이 난 사람이 면도했을 때, 급격한 다이어트를 하거나 마스크 팩을 쓰는 경우도 포함될 수 있습니다.

이런 문제를 해결하고자 애플에서는 iOS15.4 및 이후 버전에서 마스크를 쓴 상태로 Face ID를 가능하는 기능을 추가해서 문제점을 해결하고 있습니다.

출처: 전자신문(2018.02), https://www.etnews.com/20180220000165

축구 경기 도중 선수들이 사라졌다?

그림 1.7 국가대표 경기 중 가상 광고 뒤로 선수들이 가려진 모습
출처: tvN

2022년 월드컵 최종예선전 마지막 경기였던 2022년 3월 29일, 대한민국과 아랍에미리트(UAE) 간의 최종 예선전에서 발생한 일입니다. 최근 광고기술의 발전으로 실제로 경기장 내에서는 존재하지 않지만 가상형태로 입간판을 축구 경기장 내 양 끝 엔드라인(Endline) 주변에 만들어 광고를 진행하고 있습니다. 해당 경기에서는 가상광고(Virtual Advertising)의 근처에서 선수들이 경기를 진행할 경우, 광고판이 선수들 위로 나타나는 문제가 발생했습니다. 결정적인 순간에서 경기 장면을 볼 때 시청자들이 방해받는 문제가 일어난 것입니다. 이러한 사례는 사회적 큰 문제라기보다는 새로운 기술서비스가 제공되면서 나타난, 기존에는 보지 못했던 기술적 버그라고 볼 수 있습니다.

이를 통해 기술 발전으로 새로운 서비스가 등장하면서 새로운 결함이나 문제점들도 함께 나타나는 것을 알 수 있으며, 품질을 높이기 위한 다양한 시각으로 품질을 평가하는 노력 역시 필요하다는 것을 알 수 있습니다.

03 왜 소프트웨어 테스팅을 해야 하는가?

아마 이 책을 펴 보시는 독자들은 이미 소프트웨어 테스팅의 필요성을 알고 있으리라 생각합니다. 하지만 다양한 관점에서 테스팅의 필요성을 생각해 볼 필요가 있습니다.

현재 소프트웨어 시장에 출시되고 있는 소프트웨어들은 아래와 같은 특성이 있습니다.

1. 소프트웨어의 복잡성의 증가
2. 새로운 서비스의 개발 및 출시 속도 증가
3. 고성능, 고가의 하드웨어의 지속적인 출시
4. 새로운 플랫폼의 지속적인 출시 및 변경
5. 소프트웨어의 무게가 점차 증가
6. 임베디드 소프트웨어(Embedded Software) 시장의 증가
7. 단시간 내에 대량의 배포가 가능한 유통 구조 확충

이 특성들은 바로 소프트웨어 테스팅이 필요해지는 이유이기도 하지만 해당 특성들은 각 기업이나 개인의 상황에 따라서 달라질 수 있습니다.

하지만 그중에서도 임베디드 소프트웨어 시장의 증가는 가장 주목할 만한 특성입니다. 통신속도의 증대 및 하드웨어 장비의 발전으로 인해 시장이 변화되는 속도가 빨라지고 있으며, 이로 인한 다양한 개발 방법들이 등장함에 따라 소프트웨어에서 발생할 수 있는 오류들이 점차 늘어나고 있기 때문입니다.

특히 데이터 통신속도의 비약적인 발전과 함께 유비쿼터스(Ubiquitous) 환경의 성

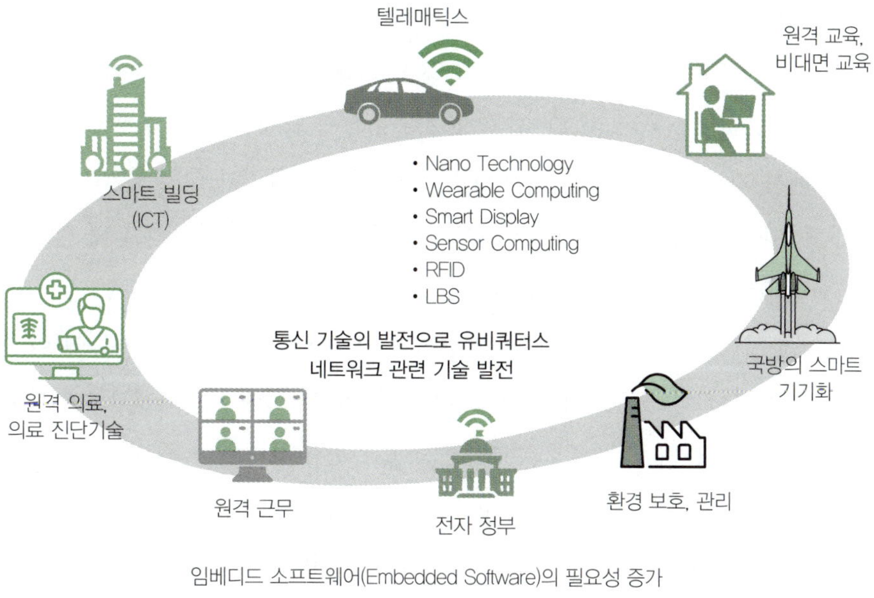

그림 1.8 소프트웨어 시장의 다양한 확장 가능성

장으로 우리 주변에서 쓰이는 다양한 가전제품들 및 일상제품들에 소프트웨어가 탑재되고 있습니다. 유비쿼터스는 '언제 어디에나 존재한다'는 뜻의 라틴어로, 사용자가 컴퓨터나 네트워크를 의식하지 않고 장소에 상관없이 자유롭게 네트워크에 접속할 수 있는 환경을 말합니다. 이를 바탕으로 사물인터넷(Internet of Things, IoT) 제품들이 꾸준히 출시되고 있으며, 이에 따라 테스팅을 해야 하는 대상 역시 점차 증가하고 있습니다. 이에 해당하는 대표적 제품들이 바로 인공지능 스마트 스피커, 냉장고, 세탁기와 같은 가전제품을 직접 인터넷으로 연결되어 스마트폰에 설치된 앱(App)으로 제어할 수 있는 것들입니다. 이런 제품들은 모두 기존에는 소프트웨어 제어방식보다는, 하드웨어 제어방식을 따르던 대표적인 제품들이기도 합니다. 우리가 살고 있는 대부분 생활 환경과 비즈니스 환경에서 소프트웨어를 이용하여 직접 제어하는 방식으로 사용범위가 넓어지기 때문에, 그만큼 위험도도 높아지고 함께 테스팅을 해야 하는 대상도 많아진 것입니다.

전기자동차 개발사인 '테슬라모터스(Tesla Motors)'의 창립자 일론 머스크가 설립한 기업인 '스페이스X(Space X)' 사가 2020년 5월에 발사한 민간 유인우주선 '크루 드래곤'에는 기존의 유인우주선의 버튼과 다이얼 제어장치가 터치 3개의 큰 스크린 방식으로 대체되었습니다. 이러한 변화로 우주선은 더욱 가벼워졌고 더 많은 짐과 사람을 우주로 보낼 수 있게 됐습니다.

한편, 소프트웨어 테스팅 비용은 저렴한 편은 아닙니다. 단순한 기능이 아닌 시스템에 대한 테스팅을 진행하면 실제 개발 비용에서 적게는 20%에서 50%까지 높아질 수 있습니다. 하지만 개발 프로세스상에서 적절한 테스트 계획과 전략을 수립한 후 테스팅을 진행할 경우 그 비용은 상대적으로 낮아질 수 있습니다. 여기에서 비용이라는 부분은 단순하게 실제 투입되는 금전적인 부분만이 아닌 실제 시간과 눈에 보이지 않는 비용(Hidden Cost) 등이 모두 포함됩니다.

소프트웨어에 대한 품질관리를 하지 않아 발생하는 문제들을 해결하고자 들어가는 비용을 저품질비용(Cost of Poor Quality)이라고 부르며, 이는 품질혁신과 고객만족도 향상을 위한 기업경영 방침인 6시그마(Six Sigma)에서 정의하고 있습니다.

그림 1.9 스페이스X 유인우주선 크루드래곤의 터치스크린 컨트롤 패드
출처: https://zdnet.co.kr/view/?no=20200625135250

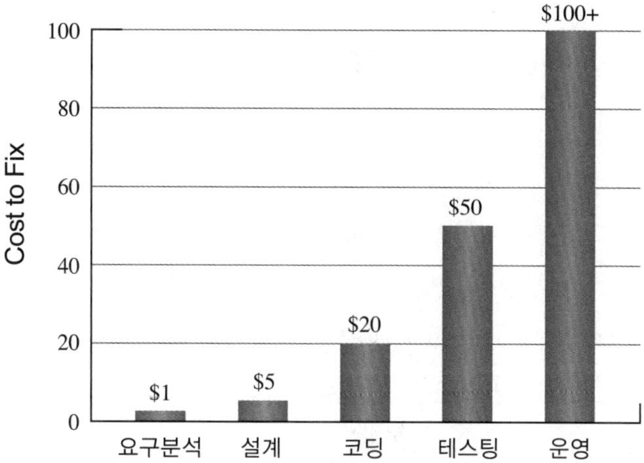

그림 1.10 개발 단계별 에러 수정 비용(Error Correction Costs by Phase)
출처: Barry boehm, "Software Engineering economics", 1981

여기에서 품질비용이라는 것은 실제로 생산에 필요한 비용을 제외한 나머지 비용들인 예방, 평가, 내부 실패 비용, 그리고 외부 실패 비용 등을 총칭합니다. 저품질비용은 제작된 제품의 품질이 낮아 추가로 발생하는 비용을 말합니다. 재작업, 재검토, 수정, 폐기, A/S 등 눈에 보이는 비용만이 아닌 기업의 이미지, 고객 신용도 하락 등이 모두 포함됩니다.

개발 프로젝트상에서 초기부터 품질관리를 위해서 투입된 경우에는 문제점과 오류를 수정하는 데 드는 비용이 매우 적지만, 후반부로 갈수록 매우 가파르게 수정 비용이 상승하는 것을 알 수 있습니다(그림 1.10). 이러한 현상을 다른 표현으로는 '눈덩이 효과(Snowball Effect)'라고도 합니다. 산 정상에서 눈을 굴렸을 때 처음에는 눈덩이가 작지만 이후 눈덩이가 급속히 커지는 현상에서 인용한 것입니다.

2000년대에 진입하면서 천천히 태동하던 국내의 개발 프로젝트에서 품질관리를 수행하는 활동들이 2000년대 중반, 아이폰 3G(iPhone 3G) 모델이 발표되자 폭발적으로 늘어난 소프트웨어 앱(Software App)의 증가와 맞물렸습니다. 그 결과 소프트웨어의 품질관리 업체들이 급속도로 성장하게 되었습니다. 2010년도에 접어들면서는 IT 스타트업(Start Up)의 붐으로 인해 수많은 개발자가 동시에 필요하게 되었고, 이와 함께 더 많은 품질관리 전문가들과 소프트웨어 테스팅 아웃소싱 전문업체들 또한 큰 폭으로 늘어나게 되었습니다. 특히 스타트업들도 개발하고 있는 소프트웨어의 품질을 높이기 위한 내부 QA(Quality Assurance)부서나 테스트 팀(Test Team)을 구성해서 운영하기 시작했습니다. 하지만 제품 초기 단계인 기획 단계부터 제품에 대한 이해 및 리뷰를 통해서 문제를 해결을 하는 곳은 많지 않은 편입니다.

이는 초기 스타트업일수록 기획, 운영팀을 활용하여 품질 활동을 함께 수행하게 해서 비용 절감을 가장 우선으로 책정하기 때문입니다. 테스팅에 대한 중요도를 인지하고 있음에도, 여러 가지 여건상의 어려움으로 테스팅을 배제하고 축소해서 운영하고는 합니다. 실제로 컨설팅을 위해 만나본 수많은 스타트업은 품질 전문가를 내부에 전담인력으로 고용한 형태보다는 프로젝트 매니저, 프로덕트 매니저가 겸직으로 하는 경우가 많았고, 고객관리 부서가 함께 업무를 나눠서 보는 경우가 일반적이었습니다.

하지만 회사가 성장하고 해당 회사의 제품을 사용하는 고객과 사용자가 늘어날수록 다양한 품질 사고들이 발생하는 경험을 바탕으로, 최근에는 많은 프로젝트의 기획 단계부터 테스팅 인력 투입이 이루어지고 있습니다.

자체적으로 개발부서가 없거나 전문개발인력 채용의 어려움을 겪고 있는 기업들은 외주업체를 통한 대형 개발 프로젝트들을 진행하게 됩니다. 이때 발주처와 외주업체 간 많이 발생하는 문제가 일정 준수 및 품질에 대한 기대수준 충족에 관한 것입니다. 따라서 발주처의 요구사항대로 실제 제품이 제작되고 정상적으로 작동하는지에 대한 감리(Audit)의 역할로도 전문인력이 점차 필요한 상황입니다. 무엇보다 지금의 고객들은 오류, 결함, 장애가 있는 제품들을 다시 사용할 확률이 매우 낮으며, 서비스 초기부터 최소한의 품질이 확보되지 않는다면 실제 기업의 생존과 직결되는 세상이 되었습니다.

전 세계는 코로나19 바이러스로 인한 팬데믹 시대를 맞이했습니다. 우리는 매일 같이 '검사(Testing)'라는 말을 듣고 있습니다. 감염 여부를 확인하기 위해 검사하는 활동이 바로 '테스팅(Testing)'이기 때문입니다. 예전에 '검사'라는 단어를 이렇게 자주 들었던 적이 있었을까요? 검사를 하는 만큼 확진자 수가 늘어나고 치료가 필요하다는 사실을 전 세계 모든 사람이 학습하고 또 학습하고 있습니다.

The JoongAng

최악 전망 쏟아지는데…"한국기업, 코로나 뒤 대박 기회 온다"

중앙일보 | 업데이트 2020.07.31 10:34

강남규 기자 구독

온갖 추측과 전망이 어지럽게 춤춘다. 신종 코로나바이러스 감염증(코로나19) 사태가 바꿔놓을 글로벌 비즈니스 지형을 놓고서다. 누가 승자(위너)이고 누가 패자(루저)일까? 이 궁금증을 풀기 위해 지난해 비즈니스 책 가운데 최고 히트작인 『디커플링』의 지은이 탈레스 테이셰이라 전 하버드대 교수(경영학)에게 전화를 걸었다. 그는 하버드대를 그만두고 요즘 컨설팅회사인 디커플링을 운영하고 있다.

탈레스 테이셰이라 디커플링 대표는 요즘 코로나19 사태가 낳을 비즈니스 기회를 살펴보고 있다.

그림 1.11 중앙일보 탈레스 테이셰이라 인터뷰 기사
출처: https://www.joongang.co.kr/article/23751658)

베스트셀러 『디커플링』(김인수 역, 인플루엔셜, 2019)의 작가이며 전 하버드 경영대학원 교수 탈레스 테이셰이라(Tales Teixeira)는 중앙일보와의 인터뷰에서 다음과 같이 이야기했습니다. “이제는 싼 값의 매력보다는 안정과 투명성이 훨씬 더 중요하다”, 즉 안전이 가성비를 대신한다고 했습니다(그림 1.11).

이제는 고객들의 가치가 제품의 가성비보다는 ‘질(Quality)’을 선택하는 시대가 열린 것입니다. 소프트웨어의 가치를 평가하는 부분에서 품질이라는 부분을 중요하게 생각하는 시대가 이미 시작된 것입니다.

04 스마트(Smart)해진 소프트웨어를 테스팅하는 방법

일상에서 매일 같이 쏟아지는 신규 소프트웨어와 서비스에는 대부분 새로운 기술이 적용되어 있습니다. 특히 인공지능과 같이 결과가 예측되지 않는 때에는 제품의 완성도를 평가하는 방식이 기존의 블랙박스 테스팅 기법만으로는 한계를 마주하게 됩니다.

데이터 중심의 서비스들도 평가를 위한 항목들이 기능을 구현하는 영역만이 아니라 데이터 자체의 정확성, 완정성, 일관성 등의 평가가 필요합니다. 따라서 전체 서비스를 영역별로 구분해서 평가항목들을 다르게 설정해야 합니다.

소프트웨어의 제품에 대한 전반적인 평가영역들을 설정하고 해당 영역별로 테스팅을 하는 방법, 시점 등을 다르게 계획하여 수행하는 형태로 테스팅 전략과 프레임워크를 구성해야 대응이 가능해진 시대가 된 것입니다.

2018년도, 소프트웨어 테스트 디자인 콘테스트(TDC)에서 니시 야수하루(Nishi yasuharu) 이사장(ASTER)이 발표한 일본의 IT 기업의 품질 사례 발표에서도 새로운

데이터 테스트 영역	봇 로직, A.I 모델 테스트 영역	SW 시스템 테스트 영역
정확성	정확도(Accuracy)	기능 적합성
완전성	정밀도(Precision)	성능 효율성
일관성	재현율(Recall)	사용성
현재성	조화평균(F1-Score)	보안성
준수성	특이도(Specificity)	유지보수성
정밀성	평균 오차율(MAPE)	이식성
추적성	평균 절대 오차(MAE)	신뢰성
이해성	평균 제곱근 오차(RMSE)	기타 일반 요구사항
ISO/IEC 25024:2015	**분류모델 평가지표**	ISO/IEC 25023

그림 1.12 인공지능 제품의 품질을 평가하기 위한 체크 항목 예

테스트 아키텍처로 '시프트 라이트(Shift-Right)' 방식을 도입하는 것을 소개했습니다.

해당 방식은 지속적 테스팅(Continuous Testing)의 한 방법으로 야수하루는 고객에게 제공되는 IT 서비스가 계속되는 상황에서 서비스의 업데이트가 동시다발적으로 진행되기 때문에, 일정 시간을 집중해서 테스팅을 수행하는 상황이 점차 어려워진다고 했습니다. 그러므로 서비스를 배포하기 전에 테스팅해야 할 부분과 배포 이후에 배포해야 하는 테스팅을 구분해서 빠르게 서비스를 제공하고, 개발 환경에서 발견할 수 없는 결함들을 상용서비스에서 확인하고 대응하는 형태로 발전해가야 한다고 제시했습니다.

전통적인 방식의 '시프트 레프트(Shift-Left)' 방식의 테스팅은 초기의 테스팅을 통해 비싼 결함의 수정비용을 줄이는 방식이라면 시프트 라이트 방식은 빠르게 서비스를 제공하면서, 사용자의 직접적인 피드백과 UI 테스팅 및 E2E(End to End) 테스팅을 통해 빠르게 문제점들을 수정하고 대응하는 방식입니다.

기존의 소프트웨어 전문가들은 전통적인 응용 프로그램(Application)들은 프로덕션(Production)용으로 출시되기 전에 테스팅을 해야 한다고 항상 강조해왔습니다.

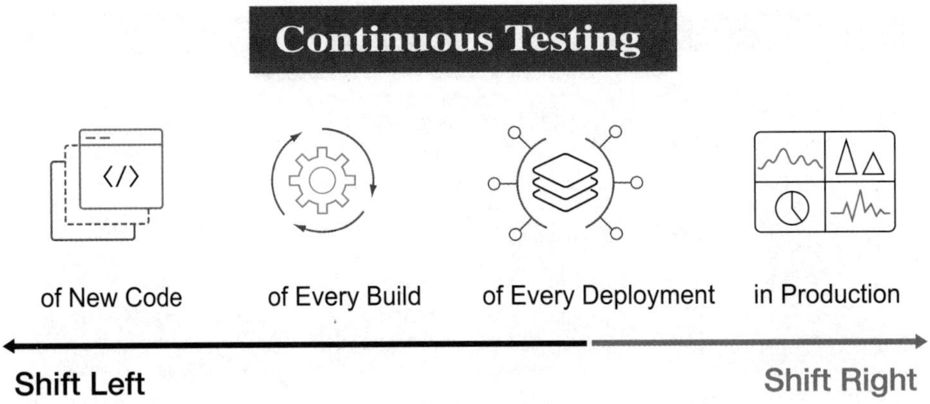

그림 1.13 지속적 테스팅의 핵심인 시프트 라이트 방식의 테스팅의 개념도
출처: https://www.blazemeter.com/shiftleft/continuous-testing-next-step-software-lifecycle-evolution

하지만 의외로 상용화된 이후에 더 크고 전혀 예측하지 못한 문제가 발생했습니다.

시프트 라이트 테스팅을 지지하는 사람들은 일부 결함들은 실제 사용자와 상호 작용을 한 후에만 발생하기 때문에, 사전 프로덕션 테스팅에서 완전한 프로덕션 환경을 구현하고 테스팅하는 것이 불가능하며, 오히려 이런 문제점 때문에 비용이 더욱 증가하는 문제가 발생한다고 생각합니다.

A.I 서비스나 GPS를 활용한 서비스(최근 활발하게 제공 중인 전동스쿠터, 네비게이션 인포테인먼트 서비스 등) 등은 개발 환경에서 테스팅하는 데 한계가 있습니다. 아무리 실제 환경과 가깝도록 개발하고, 테스팅 환경을 구성하더라도 실제 환경에서는 전혀 예상하지 못한 문제들이 발생하기 때문입니다.

일례로 국내에서도 이제 주요 대도시, 관광지에서 쉽게 전동킥보드 공유서비스를 만날 수 있습니다. 사고의 위험도 많이 있어서 논란이 되기도 하지만 빠르게 짧은 거리를 이동하기에는 편리성을 제공하기 때문에 많은 사용자에게 사랑받는 대표적인 공유서비스 중 하나입니다. 전동스쿠터의 경우 충전을 위한 픽업, 운행(Ride)을 위한 픽업 등을 주로 많이 사용하게 됩니다. 하지만 현장에서는 실제 개발 환경에서는 발견할 수 없는 문제점들이 발견되곤 합니다.

그림 1.14 국내 제공중인 다양한 전동킥보드 서비스

이런 문제점들은 실제 서비스를 제공하는 동안에는 쉽게 발견할 수 있지만 개발하는 도중에는 발견하기 힘든 것들입니다. 최대한 기본 기능에 완성도를 높이는 것은 서비스 상용화 이전에 집중하고 서비스가 상용화된 이후에는 데이터의 실제 사용자 이용 유형, 외부 환경에 영향을 받는 항목들을 중심적으로 테스팅을 수행함으로써 개발 일정을 조금 더 앞당길 수 있습니다. 하지만 이때 중요한 부분은 실제 환경에서 발견된 결함이나 장애를 어떻게 빠르게 조치할 수 있는지와 사용자를 테스터로 생각하고 고객의 불만에 대응하는 형태로 진행하는 것은 완전히 다른 이야기

전동킥보드 픽업 시 발생하는 주요 문제점들

- ☑ 픽업 포인트(Pickup Point) 도착 시 전동킥보드 부재
- ☑ 대형도로, 건물을 중심으로 위치 표시 불량: 아무리 찾아도 안 보이는 킥보드가 길 건너에?
- ☑ 건물 안으로 킥보드를 이동 시 픽업 불가
- ☑ 고가도로 아래, 다층구조물에서 위치추적 어려움
- ☑ 전동킥보드 위치 핀이 계속 이동해서 픽업 불가(GPS 결함)

그림 1.15 전동킥보드 대여 서비스를 제공하는 라임의 쥬서(충전 진행용) App 화면(왼쪽), 킥고잉의 사용자 App 화면(오른쪽)

입니다. 실제 환경에서의 모니터링 역량이 곧바로 시프트 라이트 방식을 유지할 수 있는 핵심이기도 합니다.

해당 개념은 한 방향으로 치우치기보다는 서비스의 구성 영역별로 나눠 품질 평가 활동을 적용해서 빠르게 바뀌어 가는 시장 흐름에 대응해 가야 효과가 있습니다. 테스팅을 하는 주체는 테스터에게만 있는 것이 아니라 소프트웨어 개발 라이프 사이클 전체에 관여하고 있는 모든 사람이 함께 참여하는 개념이기도 합니다. 그리고 즉시 서비스 업데이트 버전을 배포할 수 있는 환경이어야 적용할 수 있습니다. 즉, 테스팅은 배타적이 아닌 상호 보완적인 형태로 수행되어야 하는 것입니다.

소프트웨어 테스팅을 자동화하려는 노력은 아마도 영원한 숙제와 같을 것입니다. 기업의 의사결정자들은 소프트웨어 테스팅을 자동화하려는 이유는 분명합니다. 바로 비용(Cost)입니다. 소프트웨어 테스팅 자동화는 시간과 인건비를 줄일 수 있는 중요하고 또 확실한 방법이기 때문입니다. 하지만 대부분 자동화에 실패하는 이유에는 의외로 큰 비용이 들어가는 자동화된 테스트 케이스, 스크립트의 유지보수 비용입니다. 그래서 테스팅을 자동화를 하더라도 전체의 기능 중 부분적으로 밖에는 활용할 수밖에 없습니다. 특히 회귀 테스팅(Regression Testing)과 반복적인 테스팅(성능 또는 게임과 같은)에서는 분명한 효과를 얻을 수 있습니다.

매번 반복하여 체크해야 하는 항목을 자동화된 테스팅을 통해서 얻는 업무적인 효율성이, 테스트 품질에 대한 효과성으로 이어지기란 매우 어려운 일입니다. 아무리 자동화를 세밀하게 설계하더라도 모든 테스팅 항목들을 자동화할 수 없기 때문입니다. 앞서 1.2절에서 소개한 새로운 형태의 결함(Fault)들은 절대로 자동화된 테스팅을 수행하거나 인공지능을 활용한 테스팅으로 찾아내기 매우 어려운 영역입니다. 이런 결함들을 찾으려면 충분히 생각하는 시간이 필요합니다. 고객과 사용자가 사용하는 방식을 최대한 이해하고 고민하며 다양한 시도를 통해서 결함을 찾는 노력을 해야 합니다. 소프트웨어는 결국 사람이 정의해 놓은 이진화(Binary)된 '참(True)'값인 1과 '거짓(False)'값인 0을 수행할 뿐입니다. 소프트웨어가 아무리 똑똑하게 변하더라도 한계가 있습니다. 향후 고도화된 기술이 적용된 제품들의 품질을 담당하는 테스터들은 테스팅 대상을 분석할 때 인간의 도덕적인 판단하는 정의하고 판단해야 하는 영역을 식별하고, 테스팅에 대한 설계와 다양한 시도들을 고민해야 앞으로의 소프트웨어 테스팅을 이끌어 나갈 수 있을 것입니다.

exploration

2

왜 소프트웨어는 항상 버그가 생길까?

소프트웨어의 장애(Failure)는 왜 발생하는 것일까요? 아무리 잘 개발된 소프트웨어라고 하더라도 왜 버그(Bug)는 항상 발견되는 것일까요? 소프트웨어 테스팅을 하는 가장 큰 목적인 결함을 찾는 일은 테스터들의 가장 큰 숙제입니다. 적을 알아야 이길 수 있듯이, 완성도를 높이는 과정에 만나게 되는 버그 정글을 뚫고 지나가기 위해서는 버그가 생기는 근본적인 이유부터 알아야 합니다.

이번 장에서는 기본적인 소프트웨어의 정의와 버그(Bug), 결함(Fault)이 생기는 이유와 소프트웨어 품질을 바라보는 관점들, 마지막으로 버그와 싸우는 데 필요한 무기들인 다양한 테스팅 유형 등에 대해서 알아보면서 본격적으로 버그와의 전투를 준비해 봅시다!

01 소프트웨어 테스팅이란 무엇인가?

> "소프트웨어란 무엇인가?"
>
> "소프트웨어 테스팅이란 무엇인가?"
>
> "소프트웨어 품질이란 무엇인가?"
>
> "소프트웨어의 결함이란 무엇인가?"

필자는 많은 테스터들과 이야기를 할 기회가 있을 때마다 위와 같은 질문을 종종 하곤 합니다. 너무나 당연한 명제에 대한 질문이지만 해당 질문에 정확히 답을 하는 테스터는 의외로 적습니다. 정답이 아니더라도 자신만의 명확한 생각을 가지고 이를 정의하는 테스터 역시 많지 않습니다.

그 이유는 여러 가지가 있는데 그중 눈에 띄는 부분은, 국내의 테스터 중에서 전산계통과 관련이 적은 비(非)전공자들인 경우가 많다는 것입니다. 그리고 테스터로 취업을 한 이후로 '무엇(What)'에 대한 교육보다는 '어떻게(How)'에 대한 교육만 집중적으로 받았기 때문입니다. 반대로 전공자이거나 해당 교육을 받았다고 하더라도, 해당 질문에 대해서 심도 있게 고민하고 생각해 보는 사람은 드뭅니다. 왜냐하면 물음들에 관해 충분히 사유하지 않더라도, 실제로 테스팅 업무를 수행하는 데는 큰 지장이 없기 때문입니다.

만약 위의 질문에 대답하더라도 "소프트웨어 내에서 버그를 찾는 것이다"라고 답하는 경우가 대부분입니다. 물론 이것은 중요한 정의 중 하나입니다. 급박하게 운영되는 대부분 개발 프로젝트 내에서의 소프트웨어 테스팅의 목표는 단시간에 많은 결함을 찾아내서 품질을 높이는 것입니다. 하지만 큰 범주로 본다면 많은 결함을 찾는 것은 소프트웨어의 품질을 높이는 데 부분적인 영향을 미치는 것에 불과

합니다.

필자는 테스터들이 어떤 일을 할 때 무엇보다 해당 명제에 대한 명확한 이해가 우선되어야 한다고 생각합니다. 자신이 하는 업무를 명확히 이해하지 못하고 작업을 한다면, 현재 진행 중인 업무에 대해서 다른 이해당사자들에게 정확하게 의견을 전달하지 못할 수 있습니다. 따라서 무엇보다도 자신이 생각하는 명제를 근본적으로 깊이 생각하는 시간이 필요합니다. 스스로 명제에 관해 생각하는 시간을 보내면서 해당 업무에 대한 목표의식이 분명해질 수 있습니다.

소프트웨어 테스팅이라는 명제가 특히 그래야 하는 이유는 전체 개발 과정에서 필수라고 생각하기보다는 선택이라고 생각하는 경우가 많기 때문이며, 생략될 수도 있다고 생각하는 사람들이 의외로 많기 때문입니다. 스타트업의 경우 생존이 직결된 개발 기간의 소요비용을 줄이기 위한 선택으로 품질에 투자하는 비용을 매우 낮게 책정하곤 합니다. 그런 상황에서 제품의 품질을 담당하는 테스터, 품질관리자는 스스로 테스팅에 대한 정확한 정의, 의미, 왜 수행해야 하는지를 명확히 알아야 합니다.

소프트웨어 테스팅에 대한 ISTQB 기초등급 실라버스에서 제시하는 명제는 아래와 같습니다.

> 소프트웨어 테스팅은 소프트웨어의 품질을 평가하고,
> 운영 중 소프트웨어 장애의 발생 가능성을 줄이는 하나의 방법이다.

출처: ISTQB Certified Tester Foundation Level Syllabus, Version 2018, 한글, (사)KSTQB

또 다른 의미로는 소프트웨어 개발공정 중에 가장 큰 비용(Cost)과 노력(Effort)이 집중적으로 투자되는 수고스러운 작업으로 기능과 성능을 확인하는 작업이라고 할 수 있습니다.

조금 더 쉽게 정의하자면 소프트웨어 테스팅은 사용자의 요구사항 및 기획의 요구대로 응용 프로그램(Application)이나 시스템(System)의 제품이 구현되었는지와 함께, 정상적인 동작이나 성능이 요구사항에 맞게 올바르게 작동하는지 확인하는 활동입니다. 소프트웨어 테스팅은 단순하게 결함을 찾는 것만이 아닌 기술적인 기능 및 성능을 향상하고, 사용자의 만족도에 맞게 개발되었는지를 확인하고 신뢰도를 높이는 역할을 해야 합니다. 또한 의사결정자에게 제품품질에 대한 계량적이며 정성적인 지표와 함께 서술적인 지표를 제공하는 것을 목적으로 하고 있습니다. 실제로 '테스트(Test)'라는 명제의 정의 중 하나가 평가의 결과를 정량적인 데이터로 산출해낸다는 의미가 포함되어 있습니다. 단순히 정성적인 평가만으로는 어느 정도로 테스팅이 되었는지 인식하기 어렵습니다.

여기까지는 사전적인 의미의 정의로 이해하고 명심해야 한다면 지금부터 가장 중요한 실무적인 정의를 이야기해보려고 합니다. '실제 개발 프로젝트가 수행되고 있는 이해관계자(Stakeholder)나 의사결정자들이 실제 테스팅 업무를 수행하는 팀에게 기대하는 것은 무엇일까?'를 고민해본다면 여러분은 가장 먼저 떠오르는 것은 무엇인가요?

- 테스팅이 충분하게 되었다(완벽한 테스팅은 불가능하다).
- 최고의 팀워크로 일정 내에 테스팅을 완수했다.
- 결함을 최대한 많이 찾았다.
- 발견된 결함 중의 매우 중요하고 의미 있는 결함을 찾았다.
- 제품이 실제 서비스되는 도중에 발견된 결함 중에는 품질부서의 책임이 있는 결함은 발견되지 않았다.

위의 생각들은 모두 다 옳은 이야기입니다. 매우 중요하고 테스트 팀이 해야 할 주요 역할이기도 합니다. 하지만 조금 더 거시적인 관점으로, 한 발자국 물러나서 생각한다면 이런 정의로도 생각할 수 있습니다.

"소프트웨어 테스팅은 개발된 소프트웨어의 품질을 판단하기 위한 활동과 절차(process)"

이해관계자들과 의사결정자들이 실제로 테스팅을 하는 부서에 가장 빠르게 듣고 싶고 가장 알고 싶은 부분은 "현재 제품상태가 어때?", "외주 개발사가 제대로 개발한 것 맞아?", "이제 제품을 배포해도 괜찮은 품질 수준이야?"와 같은 의사결정에 필요한 객관적인 정보입니다. 이러한 명제를 이해하고 테스팅 업무를 수행한다면 더욱 명확한 테스팅 활동상의 우선순위가 중요한 활동이 무엇인지를 판단할 수 있게 됩니다.

다시 말하면, 테스팅을 단순하게 제품에 대한 동작을 통한 기능 확인에만 초점을 맞추어 결함을 많이 찾는 것으로 생각하지 않고, 최초의 제품 기획 의도와 부합하는지와 실제로 해당 제품의 품질 상태를 기준으로 출시 여부를 결정할 수 있는 다양한 지표를 제공하는 것으로 그 의미를 확대해서 이해해야 합니다.

소프트웨어 테스팅은 '소프트웨어 공학(Software Engineering)'이라는 큰 범주 안에 속해 있으며, 소프트웨어 개발 프로세스, 특히 '소프트웨어 개발 생명주기(Software Development Life Cycle)' 내에 반드시 포함되어 있어야 합니다. 소프트웨어 개발 생명주기는 연구와 분석(Research and Analysis), 설계(Design), 테스트(Test), 구현(Implementation), 기술지원과 기능개선(Support and Evolution)이라는 총 5단계로 구분합니다. 테스트는 프로젝트 계획과 스케줄링, 소프트웨어 비용산정, 소프트웨어 규모 예측에 꼭 포함되어야 하는데, 이런 부분이 초기 설계 시 제외되었거나 비용과 시간이 적게 책정되었다면 큰 문제가 발생할 수 있습니다.

그런 이유로 대형 프로젝트일 경우 'PMO(Project Management Office)' 조직과 함께 'QMO(Quality Management Office)' 조직이 함께 프로젝트 초기부터 제품의 품질을 확보하고자 계획과 역할을 정의하고 책임지며 함께 업무를 수행합니다. 초기의 스타트업이나 소규모의 개발기업에서는 해당 부서를 갖추기 어려우므로, 가장 먼저 테스팅을 하는 데 필요한 활동들과 선행조건들을 파악하는 것이 중요합니다.

테스팅이 올바르게 진행되기 위해서는 다음과 같은 선행조건을 점검해야 합니다.

1. 다양한 테스트 베이시스(Basis)(Ex: 요구사항 명세서, 사용자 매뉴얼 등) ☐
2. 요구사항 명세서의 리뷰 ☐
3. 개발 일정상 변경된 요구사항들을 요구사항 명세서에 정확히 반영 ☐
4. 주기적인 업무 진행 상황 미팅: 일 단위, 주 단위 등 현재 진행 중인 업무의 부서별 진척 상황 및 이슈(Issue)와 위험요소(Risk)를 확인하는 정규 미팅 ☐
5. 프로젝트 진행 계획 수립: 프로젝트 완료 일정 및 개발 계획 ☐
6. 테스트 데이터의 제공: 다량의 데이터, 결제수단, 멀티미디어 소스, 회원 등급별 아이디, 잘못된 데이터 등 ☐
7. 충분한 요구사항을 분석할 수 있는 시간 ☐

이외에도 다양한 선행조건들이 있지만 중요한 것들 위주로 간추려 보았습니다. 올바르게 테스팅이 진행되기 위해서는 위의 모든 요소가 중요하지만, 실제로 가장 부족한 부분은 충분한 요구사항을 분석할 수 있는 '시간(Time)'입니다.

대부분 프로젝트에서는 기획 단계에 테스터 또는 QA 엔지니어가 참여하는 경우가 적습니다. 그 이유는 대부분 전담자가 없거나 비용적인 문제 때문인데, 이 경우 충분한 요구사항 분석을 할 수 없어 테스팅 품질에 대한 문제 및 이해당사자 간의 업무 이해도가 떨어져 테스트 커버리지가 줄어들 수 있습니다. 하지만 여기서 시간이라는 표현은 곧 비용이므로, 그 충분한 시간을 확보하고자 여러 가지를 증명하기 위한 다양한 기초자료들이 필요합니다. 따라서 이미 수행한 기존의 테스팅 프로젝트들에서 품질 이슈로 발생한 여러 사건 사고들과 그의 원인을 분석해서 테스팅이 부족했던 부분의 필요한 시간을 요청해야 합니다. 그리고 이런 과정을 통해서 확보된 시간을 최대한 효율적으로 사용해야 하는 숙제도 생긴다는 점도 꼭 알아야 합니다.

두 번째로 중요한 것은 '테스트 베이시스(Test Basis)'에 대한 확보입니다. 소규모 기업들에서는 요구명세서(Software Requirement Specification, SRS)와 같은 문서작업보다는 프로토타이핑 툴들을 이용해서 디자인 작업이나 설계작업을 곧바로 시작하는 경우가 많습니다.

정확한 요구명세서와 가이드 문서 자체가 없고 미팅이나 구두 상으로 전달받은

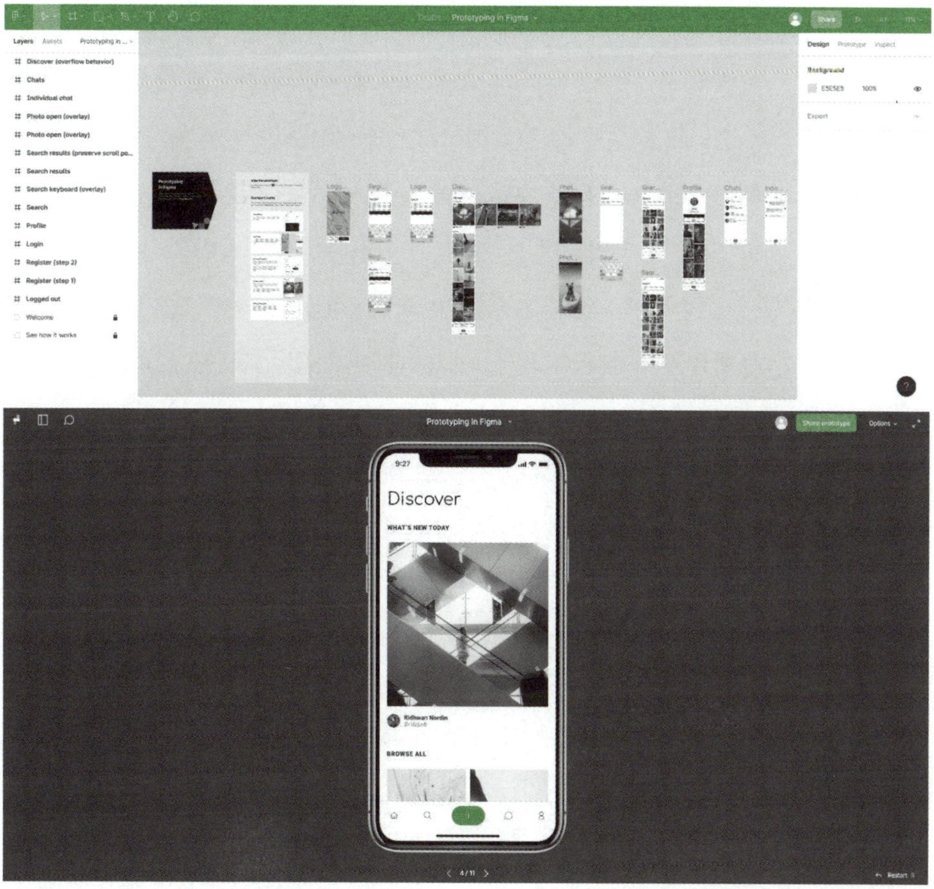

그림 2.1 피그마 서비스에서의 프로토타이핑(Prototyping in Figma). 디자이너가 제작한 페이지들의 다이어그램을 실행하듯이 페이지 이동이 가능하며 대략적인 네비게이션을 해볼 수 있는 클라우드 기반의 UI 디자인 툴

출처: https://www.figma.com/file/pXvbpasRPtncq8fddJH8gP/Prototyping-in-Figma?node-id=0%3A1

항목들을 말 그대로 최소한의 힌트들로 알아서 분석해서 테스트 케이스를 설계해야 하는 경우가 많습니다. 또한 최초의 기획서나 요구명세서는 있지만, 버전이 업데이트 되더라도 요구사항서가 전혀 업데이트 되지 않아서 히스토리 관리, 버전 관리와 같은 문서 형상관리(Configuration Management) 자체가 안되는 경우도 많습니다. 테스팅에 필요한 기초자료들인 테스트 베이시스를 작성하는 자체가 어려운 기업들이라면 최소한의 요구사항에 대한 목록, 기능정의서와 같은 항목들을 작성하도록 지속해서 요청하고 확보하는 것이 단순하게 제품의 품질, 테스팅을 할 수 있는 환경을 만드는 것뿐만 아니라 품질을 높이기 위한 최소한의 활동을 하는 것입니다.

테스팅을 수행하는 데 있어서 테스트 베이시스의 역할은 일종의 정답과도 같은 중요한 재료, 즉 자료들입니다. 기능 구현 여부와 정상 작동 등을 판단할 수 있는 기준 자체가 문서화 되어 있지 않다면, 현재의 구성원들로 개발 작업을 수행하는 것에는 문제가 발생하지 않더라도 인원의 증가 및 교체, 제품의 크기가 증가할수록 점차 예상하지 못한 문제점들이 그대로 고객들에게 전달되는 것입니다. 최소한의 타협은 될 수 있지만 아무런 기준조차 없다면 이런 부분은 타협의 대상이 될 수 없습니다.

테스팅을 진행하는 도중 여러 요인으로 프로젝트 일정이 변경되거나 연기되는 상황들이 발생하는데, 이것은 개발 일정의 미준수로 인해서 생길 때도 있으나 테스터의 잘못된 판단으로 테스팅을 진행해서 생길 때도 있습니다. 이런 경우의 원인 중에는 해당 도메인 지식에 대한 이해가 부족했기 때문이거나 요구사항 분석을 충분히 하지 못한 것도 이유가 될 수 있습니다.

소프트웨어의 품질을 맡게 되는 부서 및 담당자는 테스팅을 하기 위한 제품 분석 및 계획 수립에 앞서 위와 같은 선행조건들이 지켜질 수 있는지 확인해야 하며, 지켜질 수 없다면 어떠한 대응책을 세워야 하는지 고민하고 이해당사자들 간의 협의를 통해서 절충점을 찾아야만 합니다.

다음은 테스팅을 수행하는 일반적인 목적 외에 다양한 상황에 따라 각각 다른 목적으로 테스팅을 하게 되는 상황별 테스팅 수행 목적들입니다.

1. 개발 완료 여부를 확인하기 위한 테스팅

일반적으로 테스팅이 시작되기 전 BAT(Build Acceptance Testing)와 같은 형태로 진행되며 테스팅이 가능한 버전의 제품이 전달됐는지를 확인하는 테스팅입니다. 결함을 찾는 것이 목적은 아니고, 개발자가 설계한 내용대로 파일이나 데이터베이스 형태가 잘 개발되었는지 또는 전달된 바이너리의 빌드가 잘 되어서 실행되는지를 확인하는 것입니다. 이는 개발 단계상에서의 인수 테스팅(Acceptance Testing)과는 다른 의미입니다.

2. 테스터가 올바른 테스팅을 수행하는지 확인하기 위한 테스팅

결과에 대한 신뢰성을 판단하기 위해 진행되는 테스팅으로, 테스팅 결과의 일부분을 다시 테스팅을 하거나 결함 리포트를 리뷰해서 테스트 부서의 수준과 신뢰성을 판단하는 테스팅입니다. 실제로 현업에서 많이 진행되지는 않지만 초기팀 개설(Setting) 시에 필요에 따라 진행됩니다.

3. 제품 출시를 판단하기 위한 테스팅

제품에 대한 출시(Release)를 앞두고 제품의 현재 품질 상태를 판단하기 위한 테스팅입니다. 결함 수정을 위해서가 아니고, 테스트 결과를 기준으로 결함의 우선순위 및 심각도를 기준으로 출시 또는 양산 여부를 결정하기 위함입니다. 따라서 발견된 결함은 수정하지 않는 편입니다.

4. 제품의 현재 기준의 품질 상태를 확인하기 위한 테스팅

일반적인 기능, 비기능 테스트로 진행합니다. 현시점에서 개발 중인 제품에 대한 테스팅을 진행하며 각 진행 차수별 품질을 통해 결함 수정 및 품질 개선 여부를 판단하게 됩니다. 이 품질 상태를 통해 개발부서의 품질 개선 여부 및 여력을 파악할 수 있으며, 얼마나 더 많은 테스팅을 진행해야 하는지 판단할 수 있습니다. 이러한 이유로 발견된 결함을 반드시 수정하지는 않습니다.

5. 결함이 정확히 수정되었는지를 확인하기 위한 확인 테스팅(Confirmation Testing)

테스팅 도중 발견된 결함들에 대한 개발자 수정 여부를 판단하는 테스팅이며, 주로 테스트 사이클(Test Cycle) 1차수 이후로 진행됩니다. 다른 말로는 재테스팅(Re-testing)이라고도 부릅니다.

6. 제품 수정으로 인한 추가 결함을 찾기 위한 회귀 테스팅(Regression Testing)

소프트웨어 개발 중에 많은 수정 및 테스팅이 진행된 후에는 기존의 기능들이 문제없이 작동되는지를 확인해야 합니다. 문제없던 기능이 결함 수정 이후에 오류가 발생하는 경우가 많기 때문입니다. 기존에 수정된 결함들이 다시 발생하지는 않는지 다시 한번 확인하거나, 테스팅을 진행하면서 전반적인 테스팅을 하는 것을 회귀 테스팅이라고 합니다.

회귀 테스팅은 크게 코드변경으로 오는 부작용(Side Effect)과 파급효과(Ripple Effect)로 오류 유형이 나누어지며, 각각에 맞는 테스트 전략 및 테스트 케이스 작성이 필요합니다. 테스트 케이스의 반복 테스팅 수행을 통해서 부작용을 보완하며, 기존기능에 대한 별도 테스트케이스 수행을 통해서 파급효과를 대비할 수 있습니다.

회귀 테스팅은 테스트 단계(Test Levels)에서 전반적으로 수행할 수 있지만, 일반적으로 맨 마지막 단계 또는 유지보수 중에 주로 진행합니다.

소프트웨어 테스팅은 다양한 환경에서 서로 다른 일정과 기능을 테스팅해야 하는 가변성을 가지고 있습니다. 이런 가변적인 상황에서 어떠한 테스팅을 진행해야 하고 어느 정도의 수준으로 테스팅이 진행되어야 하는지에 대한 판단은 단순히 테스터 혼자만의 역할은 아닙니다. 해당 개발 프로젝트 관련자가 모여서 각종 테스트 지표를 보며 업무상의 우선순위를 정하게 되며, 이에 따라 테스팅을 하는 목적이 바뀌게 됩니다. 이 외에도 다양한 방법 및 특성의 테스팅 종류들이 있는데 테스터들은 최대한 다양한 테스팅 기법들을 파악해서 우리 조직에 맞는 방법들을 선별해 낼 수 있는 역량을 필수적으로 갖추어야 합니다.

02 버그 탄생의 근본적인 원인

많은 명제 중에 소프트웨어 '버그(Bug)'라고 부르는 '결함(Fault)'은 왜 만들어지는지 생각해 봅시다. 결함이 생성되는 이유는 다양합니다. 신규 개발자가 프로젝트에 투입되면서 생기기도 하고 신기술에 대한 이해도가 떨어지거나 단순한 오타에 의해서 만들어지기도 합니다. 또한 요구사항시가 잘못되어 있어 코딩 단계에 들어가기 전부터 이미 눈에 보이지 않는 문서상의 결함이 생성되어 있기도 합니다. 실제로 현장에서 테스팅을 진행할 때 자주 목격되는 현상 중에는 일정이 변경됨에 따라 기능이 추가되거나 삭제됨으로써 버그가 생성되는 경우입니다. 개발 기간 도중에 요구사항이 추가되는 경우, 특히 기존의 설계를 바꿔야 하는 것이 가장 흔한 경우이고 두 번째로는 예정된 배포 일정보다 많이 앞당겨졌을 때도 버그가 발생합니다.

위의 요소들의 공통점은 바로 '사람의 실수' 즉, '에러(Error)'라는 점입니다. 결함(Fault, Defect, Bug 등의 다양한 용어로 사용)은 사람의 실수로 만들어지기 때문에 모든 프로그램에는 반드시 결함이 있기 마련입니다. 또한 테스팅을 수행하는 주체도 결국 사람이기 때문에 모든 결함을 다 찾을 수 없습니다. 또한 찾은 결함이 실제로는 결함이 아닌 경우도 발생할 수 있습니다. 이런 이유로 '완벽한 테스팅은 불가능하다'라는 유명한 테스팅의 원리, 원칙이 각종 테스팅 관련 교재 및 안내서에 항상 등장하는 것입니다.

테스팅을 수행하는 테스터들은 결함을 찾기 위해서 근본적인 사람의 실수가 주로 어디에서 발생하고, 현재 프로젝트 상황이 어떠한 상황인지를 끊임없이 파악하고 노력해야 합니다. 개발자가 신규로 왔는지, 일정 준수에는 문제가 없는지 기존에는 어떠한 결함들이 발생했는지 등을 꾸준하게 파악하고 인식함으로써 결함을 발견할 확률을 높일 수 있습니다.

테스팅을 진행하는 부서를 설립하고 테스터를 고용하거나 운영하는 회사는 '테스팅 결과 중 결함이 더는 발견되지 않는가?'에 초점을 맞추기보다 '테스팅을 진행한 제품이 목표한 품질 지표가 지켜졌는가?'에 더욱 집중해야 합니다. 충분히 테스팅을 실행했다는 점을 증명하는 기준이 처음 테스트 계획을 수립했을 때부터 정의가 되고, 그 목표를 달성하는 것이 테스팅이 종료가 되는 기준이 되기 때문입니다. 많은 스타트업 대표들과 컨설팅을 할 때 단골 질문이 바로 "언제까지, 얼마나 테스팅을 해야 하나요?"입니다. 이 질문에 대한 답은 계획한 목표에 도달했을 때입니다. 계획하지 않았기 때문에 끝내는 지점이 모호한 것입니다. 이러한 점이 결국 데이터화, 지표화가 되어야 하는 이유입니다.

1장에서 결함의 수정 비용은 개발 단계에서 뒤로 갈수록 높아진다고 언급했습니다. 그렇다면 이른 시간 안에 결함을 찾아야 하며, 이를 위해서는 버그의 발생 주요 원인을 살펴봐야 합니다. 현장에서 테스팅 수행 시 발견되거나 소프트웨어가 상용화된 상태에서 보고되는 결함의 주요 원인은 매우 다양한 이유로 발생합니다. 대표적인 주요 원인을 살펴보면 다음과 같습니다.

1. 개발자의 요구사항서 사항 미준수
2. 기획자의 요구사항서 작성 실수
3. 요구사항서의 작성 부재로 인한 개발자의 자의적 개발
4. 요구사항서의 정확하지 않은 표현을 개발자가 작위적으로 해석 후 설계 진행
5. 요구사항서 버전 관리 부재: 변경된 요구사항을 기존 요구사항서에 업데이트하지 않는 경우 발생
6. 개발자의 코딩 실수
7. 이해당사자 간 비즈니스 로직(Business Logic) 또는 비즈니스 모델(Business Model)에 대한 이해 부족
8. 소스코드의 재사용으로 인한 오류

9. 서버나 장비상의 문제로 인한 시스템 및 네트워크 오류
10. 네트워크 장비 변경으로 인한 호스트 값 변경으로 서버 에러
11. 입출력 값의 예외처리 미비
12. 기존에 발생하였던 오류의 미수정
13. 테스터와 사용자의 제품에 대한 이해 부족으로 인한 잘못된 결함 보고
14. OS별 호환성 미적용: 지원하지 않는 OS 및 신규 OS 출시에 대한 대비 부족
15. 갑작스러운 일정 변경으로 인한 개발 일정 부족
16. 개발자의 갑작스러운 퇴사로 인한 후임 개발자의 제품 이해도 부족
17. 테스트 시료 부족으로 인한 호환성 테스팅 미실행
18. 동일한 근본 원인에서 발생한 중복 결함 발생: 다중결함
19. 테스터의 테스트 케이스 미실행으로 인한 실수: 주로 상용화 이후에 발생
20. 환경적 요인: 방사능, 자기장, 전기장 오염 등에 의한 하드웨어 컨디션 변화로 발생

결함이 발생하는 원인은 모두 다 나열하기가 어려울 만큼 너무나 다양하며 분류하기가 어렵습니다. 또 대부분 결함의 주요 원인을 잘 살펴보면 사람에 의한 실수(Error)에서 출발한 것이 대부분입니다. 소프트웨어 테스터로서 가장 중요하고 집중해야 하는 역할은 바로 개발된 소프트웨어에서 결함을 찾는 것입니다. 그것이 테스터의 사명이고 우리가 소프트웨어 테스팅을 수행하는 중요한 목적이기 때문입니다. 다양한 결함 발생의 원인을 이해하고 테스팅에 접근함으로써 더 쉽고 빠르게 결함을 찾아낼 수 있습니다. 경험이 많은 테스터일수록 남들보다 더 빨리, 많이 결함을 찾을 수 있는 데에는 이러한 근본적인 원인을 이해하고 있는 덕분입니다.

그런데 결함을 많이 찾는 것만이 아니라 이런 원인을 지속해서 분석하고 미리 대비한다면 조금이라도 제품과 서비스가 상용화된 이후로 발견되는 결함의 수를 낮출 수 있습니다. 더욱 중요한 것은 결함의 수 자체보다는 치명적인 결함들이 상용

화된 이후에 발견되는 확률을 낮추어주는 것입니다. 그렇다면 우리는 결함의 근본적인 원인을 제거하는 결함 '예방(Prevent)'을 위해서 선택할 방법을 생각해 볼 필요가 있습니다.

첫 번째는 다양한 리뷰를 통해서 해결할 수 있습니다. 개발 초기 단계인 제품을 이해하고 설계하는 단계에서 모든 이해관계자가 모여서 논의하고 의견을 나누면서 제품에 대한 이해를 높이는 활동이 중요합니다. 리뷰는 품질을 높이는 첫 번째 관문으로, 리뷰가 정교할수록 오히려 개발 단계상에서의 오류를 많이 낮출 수 있습니다. 즉, 요구사항서의 완성도가 높아질수록 개발자가 개발하기도 쉬워지고 테스터가 테스팅 하기도 쉬워지는 것입니다. 단점은 그만큼 시간이 많이 소요되므로 꼭 필요한 리뷰가 무엇인지, 어떠한 항목을 리뷰할 것인지를 파악하고 불필요한 비용이 발생하는 것을 줄이는 노력을 같이 병행해야 합니다.

두 번째는 테스팅이 진행되는 동안에 수시로 커뮤니케이션을 통해서 현재 발생하는 이슈에 대해 논의하는 것입니다. 이는 테스터가 잘못된 결함을 올리면 개발자나 기획자가 곧바로 문제점들을 인지해서 수정함으로써 결함을 줄이는 방법입니다. 빠르게 문제를 해결하는 것이 추가로 발생하는 결함들을 줄일 수 있기 때문입니다.

세 번째는 단위 테스팅의 강화입니다. 단위 테스팅은 개발자의 역할인데 개발자는 충분히 단위 테스팅을 수행할 수 없는 경우가 빈번합니다. 실제로 테스팅을 진행하면서도 개발이 진행되는 경우가 많기에, 단위 테스팅을 철저히 수행하기란 어려울 수 있습니다. 따라서 초기 개발 일정을 수립할 경우, 단위 테스팅 시간을 충분히 확보하는 것이 개발 일정 준수 및 품질을 높일 수 있는 좋은 방법입니다. 비슷한 효과를 얻기 위해서 수행하는 TDD(Test Driven Development)와 같이 처음 코드를 설계할 때부터 테스팅을 염두에 둔 개발을 통해서 향후 디버깅의 시간을 줄여줄 수 있습니다. 이 역시 되도록 개발 초기에 테스팅을 시작한다는 개념과 일맥상통합니다.

네 번째는 충분한 시간과 교육을 제공하는 것입니다. 에러라는 사람의 실수를 줄이기 위해서는 충분한 시간이 필요하고 그 시간과 함께 질 높은 교육도 제공되어야 합니다. 입사 초기 때부터 OJT(On the Job Training)나 관련 품질 교육 등을 통해서 내부 절차와 용어, 서비스, 제품의 이해를 높이는 시간을 투자할수록 당연히 실수는 줄어들 수 있습니다.

마지막으로는 QA 프로세스 또는 테스트 프로세스에 대한 문서화 및 공유입니다. 테스팅을 하는 규칙과 정책이 문서상에 정확히 명시되어 있어야 하고, 그것을 반드시 지키고 따라야 한다는 정책이 세워져 있어야만 이해관계자들이 이를 중요하게 생각하기 때문입니다. 이 부분이 가장 지키기 어려운데, 그 이유는 품질부서의 중요성과 권한에 힘이 있어야만 하기 때문입니다. 테스터 부서의 권한은 경영진의 의지가 가장 중요하므로, 실제적으로는 소프트웨어 품질과 관련된 교육이 가장 먼저 필요한 대상은 바로 경영진이라고 할 수 있습니다.

필자가 생각하는 가장 좋은 해법은 리뷰를 통한 결함의 원인을 제거하는 데 많은 투자를 하는 것입니다. 실제 현업에서는 개발 일정을 빠르게 진행하기 위해서 리뷰를 생략하거나 간단히 진행한 후 넘어가는 경우를 많이 목격합니다. 심지어는 이해당사자가 모두 참여하지 않은 채 기획부서와 개발부서만 이를 진행하거나, 개발부서와 품질부서끼리 이를 진행할 때도 많습니다. 개발 초기부터 품질부서 인력이 참여해서 의견을 나누고 잘못될 수 있는 부분들을 옆에서 지켜보며 이해하는 개발문화가 정착되어야 효율적이고 완성도 있게 테스팅을 할 수 있습니다.

결국 사람의 실수는 사람이 수정하고 보완해 주는 것이 가장 좋은 방법입니다. 좋은 품질을 유지하는 조직은 대부분 팀플레이가 좋으며 조직의 분위기가 좋은 경우가 많은데, 이것은 모든 관계자를 실제 목표에 집중할 수 있도록 하는 기업문화가 큰 몫을 차지합니다. 초기의 스타트업에서는 이런 모습이 쉽게 이루어질 수 있는데, 전체 구성원들이 목표지점이 같고 또 정보의 공유가 충분하게 되면서 경쟁이나 다툼이 생길 틈이 적기 때문입니다.

여기서 잊지 말아야 하는 점은 우리가 테스팅을 통해서 결함을 모두 찾는 데 집중하는 것보다는 결함이 장애(Failure)로 연결되는 것을 최소화하는 것이 가장 중요합니다. 결함이 발생하는 원인을 중심으로 사람의 실수를 줄이고, 소프트웨어 결함이 장애로 이어졌을 때 사용상의 큰 문제로 연결될 부분들이 어떤 곳인지를 정확히 파악하고 집중하는 것이야말로 테스터로서 매우 중요한 역량이고 역할입니다.

03 테스트 시스템의 이해

소프트웨어를 테스팅하기 위해서는 전체적인 소프트웨어에 대한 '테스트 시스템(Test System)'을 이해해야 합니다. 테스트 시스템이란 테스팅을 원활히 진행할 수 있

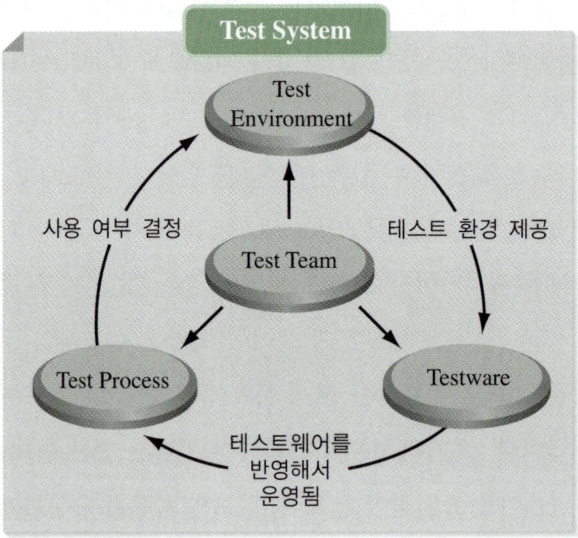

그림 2.2 소프트웨어 테스트 시스템
출처: Rex Black 저, Wiley, 'Managing the Testing Process'

게 해 주는 하나의 형태(Form)라고 설명할 수 있습니다. 또한 테스트 시스템의 구성 요소들은 테스팅이 진행되는 데 꼭 필요한 것이기도 합니다. 의외로 국내에서 테스트 시스템은 테스터들에게 잘 알려지지 않은 개념이기도 합니다.

테스트 시스템은 크게 테스트 프로세스, 테스트 웨어, 테스트 환경, 테스트 팀의 네 가지로 구성되어 있습니다. 이러한 테스트 시스템은 실제 테스팅을 진행하면서 전체적인 테스팅의 프레임워크(Framework)로 설명할 때 활용하고 있습니다.

1. 테스트 팀(Test Team)

테스트 시스템의 중심에 있으며 전체 시스템을 운영하는 주체, 즉 인적자원을 뜻합니다. 테스트 엔지니어(Test Engineer), 테스터(Tester), 테스트 리더(Test Lead), 테스트 매니저(Test Manager) 등 다양한 테스팅과 관련된 책임과 역할에 맞는 인력들이 배치되어야 합니다.

2. 테스트 환경(Test Environment)

테스트 베드(Test Bed)와 같은 의미이며 테스팅을 하는 데 필요한 소프트웨어적, 물리적인 모든 제반 사항 및 환경을 의미합니다. 소프트웨어, 하드웨어, 테스트시료(단말기 · 컴퓨터 · 서버), 케이블, 테스트 랩, 책상, 의자, 전화, 인터넷 라인, 보안시스템 등이 있습니다. 즉, 테스트 환경이라는 것은 테스팅에 필요한 모든 제반 사항 및 환경을 의미합니다.

3. 테스트 프로세스(Test Process)

테스팅이 진행되는 데 필요한 다양한 절차를 의미합니다. 테스팅이 진행되는 과정은 문서화를 통해 모든 이해당사자와 공유하고 또 이해하고 있어야 합니다. 테스트 프로세스에는 테스팅이 진행되는 일련의 과정인 요구사항 분석, 설계, 테스트 케이스 작성, 테스트 수행, 결과보고를 하는 것과 같은 테스트 수행 절차와 결함 보고 절차, 리뷰 절차 등이 있습니다.

4. 테스트 웨어(Testware)

테스트 웨어는 테스팅에 필요한 템플릿, 테스트 스크립트, 테스트 케이스, 테스트 스위트(Test suites), 테스트 데이터, 테스트 도구 등 테스트 팀이 테스팅을 수행할 때 이용하는 다양한 도구들(tools)을 의미합니다. 테스팅 관련 문서로는 테스트 계획, 테스트 케이스, 테스트 리포트 등이 있습니다. 테스트 절차별로 만들어지는 산출물들과 테스트 스크립트, 테스트 데이터 등도 테스트 웨어입니다. 테스트 데이터의 경우는 테스팅이 진행되는 동안 필요한 입력값 또는 환경 구성에 필요한 데이터를 말합니다. 즉, 테스트 팀이 테스팅을 원활하고 효과적으로 수행할 수 있도록 사용하는 모든 소프트웨어적 지원 항목들을 의미합니다.

이 테스트 시스템은 테스팅을 처음 수행하는 테스터들이 테스팅 업무를 수행하기 위해서 어떠한 요소들이 필요한지를 파악하는 데 큰 도움이 됩니다.

테스트 시스템은 테스팅에 필요한 기본적인 틀을 제공하기 때문에 최초에 테스트 조직을 구성할 때나 테스팅을 준비하는 부서에서 신규 테스트 프로젝트를 수행할 때 필요사항을 체크해 볼 수 있는 구성입니다

필자가 초기의 스타트업들에게 테스트 컨설팅을 수행할 경우, 해당 조직 또는 기업의 소프트웨어 품질관리에 필요한 항목들이 무엇인지를 파악하고자 종종 테스트 시스템을 활용해서 필요한 활동들을 도출하는 데 사용하고 있습니다.

테스트 시스템은 개발 조직상에서 모든 사람이 쉽게 이해하고 사용할 수 있도록 문서화해야 하며 언제든지 해당 문서에 접근해서 확인할 수 있어야 합니다. 그리고 신규 인원이 합류했을 경우 및 기존 인력들의 실수가 있을 경우를 대비해서 지속적으로 교육해야 합니다. 또한 어떠한 테스팅에도 적용될 수 있도록 테스트 프로세스가 유연하고 범용적으로 설계되어야 합니다. 문서작업에 대한 부담감이 크게 느껴질 수도 있겠지만, 단 A4용지 분량 몇 페이지만으로도 충분히 조직 차원의 품질 목표와 절차, 주요 지표 등을 정리할 수 있습니다. 간단한 형식으로 관련 문서가 있는

것과 없는 것은 아주 큰 차이입니다.

처음으로 테스트 조직을 구성할 때 많은 실수를 하는 부분은 테스트 프로세스 부분입니다. 테스트 프로세스는 일종의 개발 조직 내의 행동 지침서이기 때문에 처음부터 규칙을 명확히 정하지 않으면 같은 일을 두 번, 세 번 반복해야 하는 경우가 생길 수 있습니다. 실제 테스팅을 진행하면서 야간 근무 및 철야 근무를 많이 하게 되는 주요 원인 중 하나도 테스트 프로세스가 없거나 제대로 지켜지지 않기 때문입니다.

테스트 시스템 내의 요소 중에 부족한 요소들은 있을 수 있지만, 해당 요소 자체가 없다면 해당 요소를 구성하고자 노력해야 하고, 일종의 나침반이나 저울처럼 활용해서 품질 조직의 방향성을 잡는 데 활용할 수 있습니다.

04 개발 절차와 테스트 절차의 관계

소프트웨어 공학의 첫 번째 장에 나오는 내용 중 가장 많이 이야기되고 반드시 배우게 되는 것이 바로 '소프트웨어 생명주기'입니다. 이것은 1970년, 윈스톤 로이스(Winston Royce)가 제안했는데, 로이스는 한 단계를 완전히 끝내고 다음 단계로 넘어가는 방식으로 소프트웨어 생명주기의 각 단계를 정의했습니다.

이를 바탕으로 1979년에 베리 보엠(Barry Boehm)은 대표적인 생명주기모델인 '폭포수형 모델(Waterfall Model)'을 제시했습니다. 개발 모델은 폭포수형 모델 외에도 '나선형 모델(Spiral Model), 프로토타이핑 모델(Prototyping Model), 빅뱅 모델(Big-Bang Model), 반복적 개발 모델(Iterative Model), RAD 모델(Rapid Application Development), 클린룸 모델(Cleanroom Model), 코드 앤드 픽스 모델(Code-and-Fix Model)' 등 다양하게 존재합니다.

그림 2.3 폭포수형 모델 예시

프로젝트마다 개발 환경이 다르므로 위의 개발 모델 중 어떤 모델을 선택해야 하는지 판단할 기준이 필요합니다. 그리고 각 개발 모델별로 장단점들을 정확히 알아야 합니다. 그렇다면 개발 모델들을 선택할 때 고려해야 할 것들은 무엇일까요?

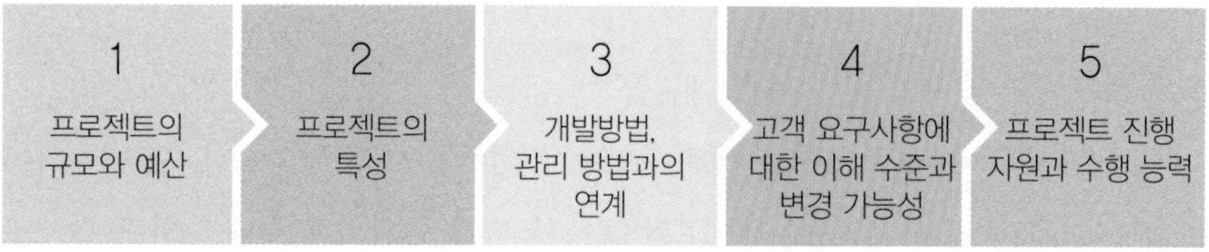

위의 고려사항을 기준으로 좀 더 세부적인 요구사항이 얼마나 명확히 작성되었고, 프로젝트 참여자가 얼마나 해당 프로젝트에 대한 경험이 많이 있는지, 또는 제품 출시 시 품질상의 문제가 얼마나 위험한지 등을 다양하게 검토해서 선택하게 됩니다.

다양한 개발 모델 중 일반적으로 가장 많이 쓰이는 모델은 '순차개발 모델'인 폭포수형 모델입니다. 많은 기업이 폭포수형으로 개발 프로젝트를 진행하며, 반복적 개발 모델을 일부 차용해서 사용하기도 합니다. 최근에는 대형 개발 프로젝트가 아닌 작은 규모의 소프트웨어 또는 앱(App)과 같은 제품을 개발할 때는, 순차 개발모델보다는 '반복-점진형 개발모델'을 활용하는 경우가 많습니다. 특히 스타트업이라면 '에자일(Agile) 방법론'으로 개발하는 경우가 많습니다. 신속하게 결과를 도출해내고 프로토타이핑(Prototyping)화 해서 투자자들에게 투자를 받거나 고객의 반응을 빠르게 확인하기 위해서입니다. 소프트웨어 테스터들은 이처럼 다양한 개발 절차(Development Process)나 방법론들에 대해서 숙지하고, 그에 맞는 테스트 절차들을 제시하며 변경할 수 있어야 합니다.

개발 모델을 선택하기 위한 고려사항과 테스트 절차와 전략을 수립할 때 검토하

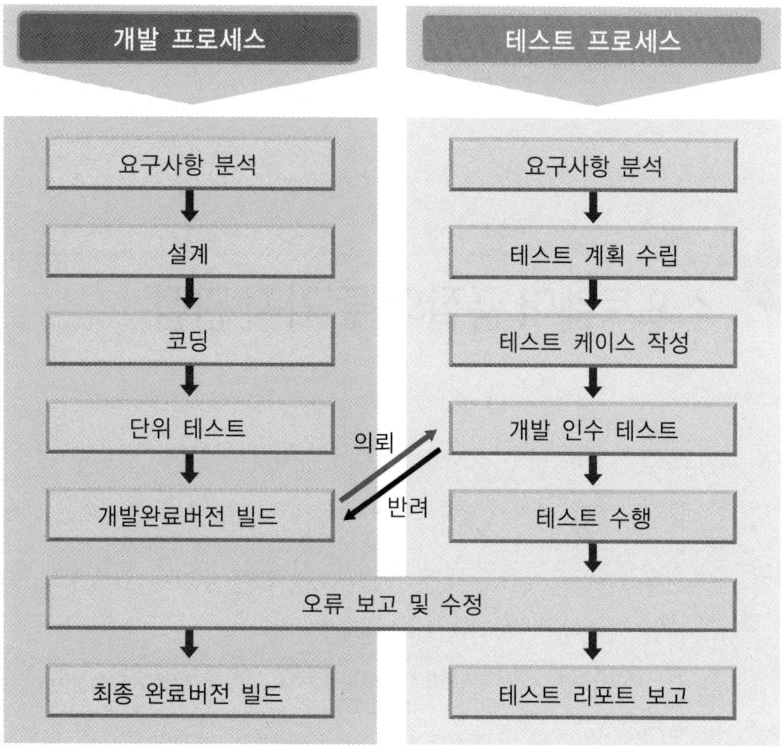

그림 2.4 개발 프로세스와 테스트 프로세스의 연계성

고 고려해야 하는 사항들은 크게 다르지 않습니다. 따라서 해당 개발 모델을 선정할 때에도 품질담당 부서가 모두 참여해서 함께 리뷰하는 것이 차후에 품질계획을 수립할 때 도움이 됩니다.

테스팅이 올바르게 진행되기 위해서는 '테스트 절차(Test Process)'가 필요합니다. 테스트 절차는 테스트 시스템에서 가장 중요한 부분이기 때문에 개발 모델의 일반적인 폭포수형 모델과 함께 테스트 절차를 진행할 수 있도록 설계합니다. 그림 2.4는 개발 절차와 테스트 절차를 연계한 예제입니다.

그림 2.4의 예시는 가장 일반적인 절차이며 반복 모델이나 타 모델에서는 다른 형태의 테스트 절차가 필요합니다. 테스트 절차 내에서도 전략 수립 절차, 계획 수립 절차, 테스트 케이스 작성 절차, 결함 보고 절차, 결함 대응 절차 등 다양한 형태의 세부 절차가 포함됩니다. 일반적으로 테스터들은 테스팅의 수행 및 결함 관리의 많은 부분에 역할이 집중되게 됩니다.

05 소프트웨어 품질의 두 가지 관점

소프트웨어의 품질을 관리하는 관점은 여러 가지로 나눌 수 있지만 프로세스에 의한 관점과 제품에 대한 관점으로도 나눌 수 있습니다. 먼저 프로세스 관점은 개발공정의 품질관리로 '소프트웨어 조직의 개발 방법과 절차를 정확하게 준수하면 고품질 제품생산이 가능하다'라는 관점입니다.

이에 대표되는 적용모델로는 'CMMi(Capability Maturity Model Integration)'와 'ISO/IEC 15504(SPICE: SW Process Improvement & Capability Determination)'가 있습니다. 최근에는 'TMMi(Test Maturity Model integration)', 즉 테스트 성숙도 모델이 대표적인

데 TMMi는 2008년, 소프트웨어 테스팅 조직의 성숙도를 평가하고 프로세스를 개선하기 위해 비영리법인인 TMMi 재단에서 개발한 모델입니다. TMMi는 테스트 조직에 대한 성숙도를 5단계로 평가했으며, 성숙도가 높아질수록 결함이 발견되는 단계에서 점차 결함을 예방하는 단계로 목표가 발전해 나가는 것이 특징입니다.

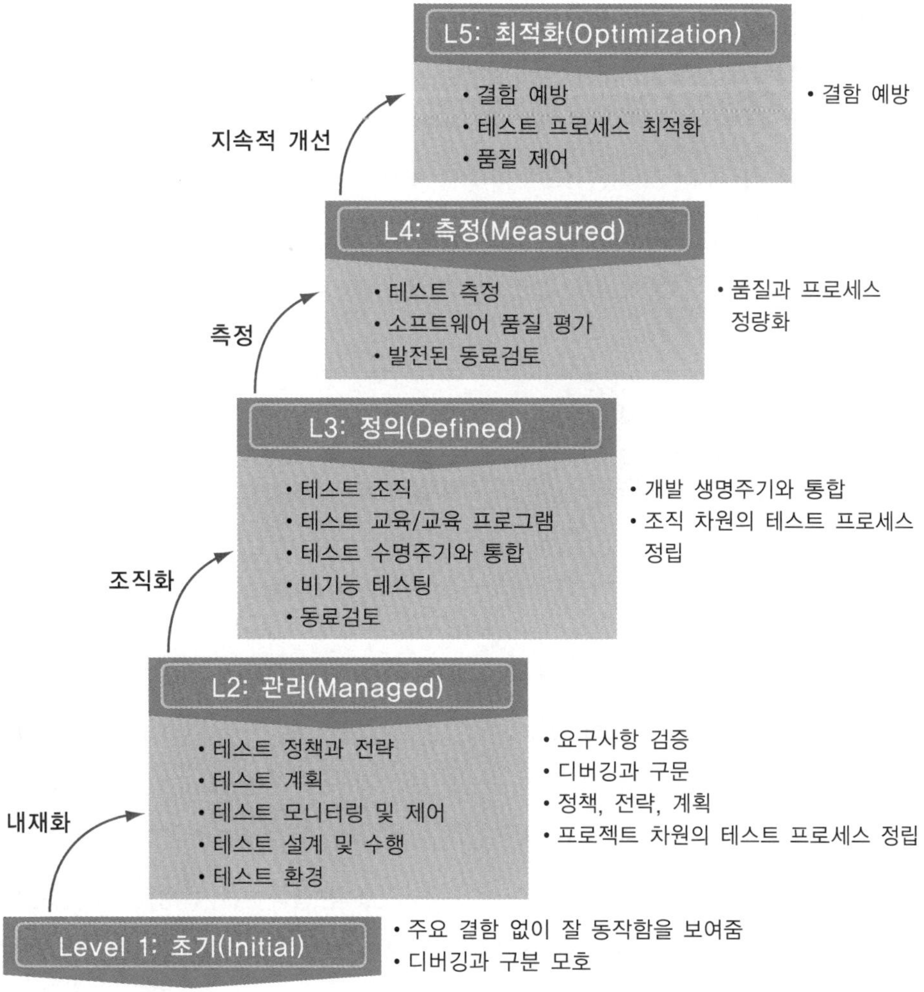

그림 2.5 TMMi 레벨 구조

출처: TMMi 컨설팅 우수사례집(미래부, NIPA)

TMMi 모델이 등장하기 전에는 CMMi(역량 성숙도 통합모델)을 중심적으로 사용했지만, 소프트웨어 테스팅 분야에 대한 업무 성숙도 및 평가를 진행하기에는 부족하다는 단점이 지적되었습니다. 그로 인해서 최근에는 다양한 소프트웨어 품질을 담당하는 조직에서 TMMi 모델을 이용해서 테스트 조직에 대한 심사를 진행하고 있으며, 이를 통해 공신력을 얻고 테스트 절차에 대한 보안 및 개선을 통해 실질적인 조직에 대한 성숙도를 높이는 노력을 하고 있습니다.

두 번째 관점은 제품 자체의 품질 관점으로 보는 것입니다. 이는 테스팅을 통해서 해당 제품의 품질을 확인하고 관리하는 것을 의미합니다. 왜냐하면 아무리 프로세스가 완벽하게 수행되고 있다고 하더라도 제품에 대한 품질 부분은 보장할 수 없기 때문입니다.

제품에 대한 품질을 책임지는 대표적인 적용모델들은 다음과 같습니다.

ISO/IEC 9126(소프트웨어 품질에 대한 요구사항)
ISO/IEC 12119(소프트웨어 패키지에 대한 품질 요구사항)
ISO/IEC 14598(제품품질 평가를 위한 지침 및 가이드라인)

대표적으로 많이 사용되는 모델은 'ISO/IEC 9126'으로 2001년에 만들어졌습니다. 이는 소프트웨어 품질의 특성을 정의하고 품질 평가의 메트릭(Metrics)을 정의한 국제표준입니다. 'ISO/IEC 9126'에서 출발해서 이후 조금 더 품질 평가의 범위를 확대한 'IEEE/ISO/IEC25010(Systems and software engineering – Systems and software Quality Requirements and Evaluation(SQuaRE)'이 국제표준으로 대체되었습니다. 'ISTQB Syllabus 2018' 버전에도 비기능 관련 품질특성을 설명할 때, 기존의 'Syllabus'에서 표시된 'ISO/IEC 9126'에서 사용했던 'ISO/IEC9126'이 아닌 'ISO/IEC 25010'를 참조해서 설명하고 있습니다. 그만큼 보다 확장된 품질특성들이 필요하다는 것을 의미하기도 합니다. 우리가 해당 품질특성을 이용하는 경우는 소프트웨

표 2.1 ISO/IEC 25010 품질특성 정의표

구분	정의
기능적합성 (Functional Suitability)	제품 혹은 시스템이 명시된 조건에서 사용될 경우 명시되거나 암시된 요구를 충족시키는 기능을 제공하는 정도
수행효율성 (Performance Efficiency)	규정된 조건하에 사용된 자원의 크기에 대한 상대적 성능
호환성 (Compatibility)	같은 하드웨어 혹은 SW 환경을 공유하는 동안 기타 제품, 시스템 혹은 구성요소를 교환할 수 있고, 또는 요구된 기능을 구성할 수 있는 정도
유용성 (Usability)	제품 및 시스템이 명시된 사용 환경에서 유효성, 효율성 및 만족의 명시된 목적을 달성하는 명시된 사용자로 인해 사용될 수 있는 정도
신뢰성 (Reliability)	시스템, 제품 혹은 구성요소가 시간이 명시된 기간에 대해 명시된 조건하에서 명시된 기능을 구성하는 정도
보안 (Security)	제품 혹은 시스템은 정보 및 데이터를 보호하는 정도, 사람 혹은 기타 제품 혹은 시스템이 자신의 유형 및 인증 정도에 적절한 데이터 접근의 정도
유지 관리성 (Maintainability)	제품 혹은 시스템의 유효성이 유지 관리자로 인해 변경될 수 있는 정도
이동성 (Portability)	시스템, 제품 혹은 구성요소는 하드웨어, SW 혹은 기타 운영 혹은 다른 하나의 사용 환경으로 전환될 수 있는 유효성 및 효율성의 정도

출처: 윤형진, 최진형, 「소프트웨어 제품과 프로세스 관점에서 국제표준과 비교를 통한 테스팅 프론티어 역량평가 모델 개선 방안」, https://www.kiise.or.kr/e_journal/2015/2/KTCP/pdf/03.pdf

어 제품을 평가하기 위한 다양한 방법들, 시각들로 접근해서 평가하거나 혹은 어떤 평가항목들을 구성해야 하는지 참고하기 위해서, 또는 평가 신뢰도를 높여야 할 때 사용합니다.

대부분 소프트웨어 테스팅이 기능성을 집중적으로 수행하지만, 제품에 따라 호환성이 중요하거나 보안성이 중요할 수 있어서 품질특성을 정확히 이해하고 활용하는 것은 테스터들에게 꼭 필요한 부분입니다. 다양한 국제표준들을 참고해서 자사 서비스에 도입하고 적용할 수 있다면 품질부서의 전문성을 인정받는 좋은 방법입니다.

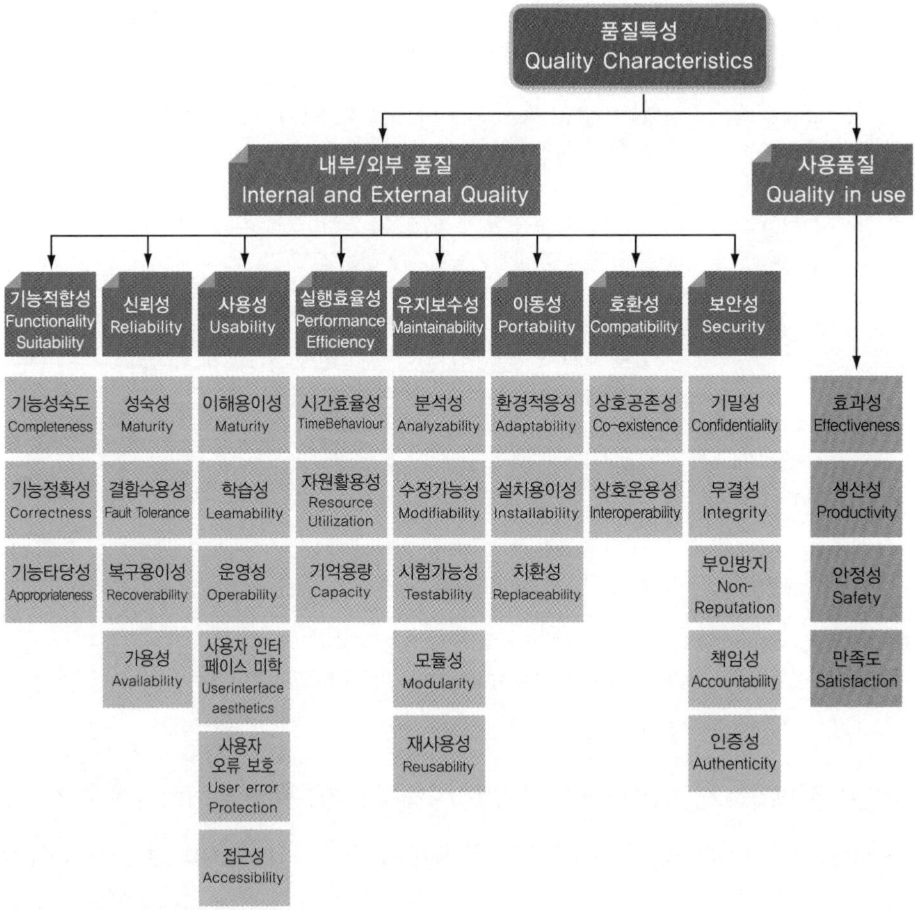

그림 2.6 ISO/IEC 25010 주 특성과 부 특성 모델

출처: https://iso25000.com/index.php/en/iso-25000-standards/iso-25010, http://www.splex.co.kr/isoiec-9126-25010

06 소프트웨어 테스팅의 유형

소프트웨어 테스팅을 하기 위한 '테스트 계획(Test Plan)'을 수립할 때 가장 많이 하는 고민은 '어떠한 테스트 기법과 종류를 선택할 것인가?'입니다. 이는 주어진 자원 내에서 얼마나 효과적으로 테스팅을 할 수 있는가를 결정하기 때문에 매우 중요합니다.

테스팅의 종류는 크게 목적에 따라 분류할 수 있으며, 테스트 단계에 따른 구분과 테스팅 기법에 따른 구분, 테스트 방법에 따른 구분, 테스트 실행 여부에 따른 구분으로 나누어집니다. 다음은 각 유형별로 요약한 테스팅 분류입니다.

1. 테스트 단계(Test Levels)에 따른 테스팅 종류

순차적 개발 모델인 'V-모델'상에서의 단계별 테스팅을 의미합니다. 테스팅을 해야 할 대상을 한 번에 테스팅하기 어려우므로 여러 단계(Levels)로 구분해서 테스팅을 수행합니다.

표 2.2 테스트 단계별 테스팅 종류

테스트 단계	상세 내용
단위/모듈 테스팅	하나의 소프트웨어 모듈이 정상적으로 작동하는지 확인하는 테스팅
통합 테스팅	각 모듈을 하나로 결합해서 구성요소 간의 연결 및 기능이 정상 작동하는지 확인하는 테스팅
시스템 테스팅	통합된 시스템의 테스팅으로 구현된 제품이 정해진 조건에 적합한지를 평가하기 위해서 실제 운용과 같은 환경에서 시스템 전체를 확인하는 테스팅
인수 테스팅	사용자가 수용할 만한 품질을 갖추었는지를 테스팅하는 것이며 실제 운영환경에서 사용될 준비가 되었는지 확인하는 테스팅

2. 테스트 설계 기법에 따른 종류

테스트 설계 기법에 따른 구분으로 크게 세 가지로 나눠집니다.

표 2.3 테스트 설계 기법별 분류

테스트 기법	상세 내용
명세기반	요구사항 기반으로 요구사항서(SRS)와 개발 설계서로부터 테스트 케이스 도출 및 테스팅하는 방법 – 동등 분할 기법, 경곗값 분석기법, 결정 테이블기법, 유스케이스 테스팅, 조합 테스팅
구조기반	소프트웨어 소스코드의 적합성과 구조적 건전성을 테스팅 하는 방법 – 구문 커버리지, 조건 커버리지, 결정 커버리지 등
경험기반	테스터, 개발자, 사용자 등의 지식과 경험을 중심으로 문서화해서 결함을 추정해서 테스트 케이스 도출하는 방법

'명세기반 테스팅' 기법은 제공된 명세서를 기준으로 테스트 케이스를 만드는 방식을 의미하며, 해당 테스트 케이스를 수행하면서 품질을 확보하는 법을 의미합니다. '구조기반 테스팅' 기법은 소프트웨어나 시스템의 코드와 구조를 중심으로 테스팅을 하는 것을 말합니다.

일반적으로 대부분의 테스팅 진행은 명세기반을 중심으로 테스팅이 진행되며 명세기반 기법을 주로 '블랙박스 테스팅', 구조기반 기법을 '화이트박스 테스팅'이라고 이해하시면 됩니다. 최근에는 경험기반 테스팅이 많은 관심을 받고 있으며, 이 외에도 기존의 설계 기법을 복합적으로 활용하는 테스팅 기법들이 소개되고 있습니다.

3. 테스팅 방법에 따른 종류

다음은 소프트웨어 테스팅 방법에 대한 대표적인 구분입니다. 일반적으로 우리가 진행하고 있는 기능 테스팅은 대부분 블랙박스 테스팅입니다.

표 2.4 테스트 수행 방법에 따른 분류된 테스팅 종류

테스트 방법	상세 내용
블랙박스 테스팅	소프트웨어 내면은 알 수 없는 블랙박스로 규정하고 외부에서 기능과 성능 등을 테스팅
화이트박스 테스팅	소프트웨어의 내부 소스코드를 테스팅해서 유효성이나 경로에 대한 평가를 수행하는 기법

그림 2.7은 블랙박스 테스팅과 화이트박스 테스팅의 원리에 대한 설명입니다. 요구사항서에 정의된 내용은 상자에 정수를 넣으면 무조건 1을 합한 값을 출력하는 기능이 있도록 만들어 달라고 표기되어 있습니다.

이를 기반으로 테스트 케이스를 만들고 수행하는 것을 명세기반 기법의 블랙박스 테스팅 기법이라고 합니다. 상자의 내용은 중요하지 않으며 실제 해당 기능이

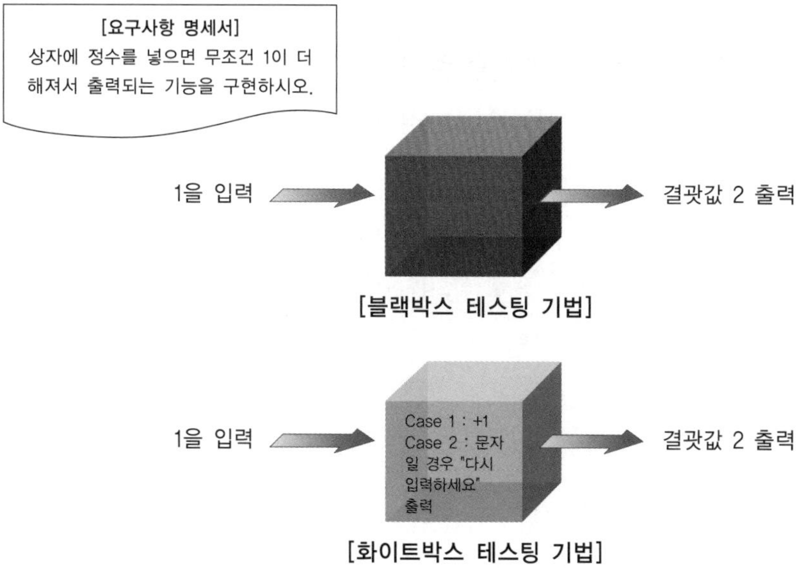

그림 2.7 블랙박스 테스팅과 화이트박스 테스팅의 이해

구현되고 정확히 수행되는지를 확인하는 것입니다.

화이트박스 테스팅은 해당 요구사항 명세서의 내용을 기준으로 개발자가 해당 기능 구현 및 내부적으로 어떠한 예외처리 기능을 구현했는지 경로를 확인하고, 코드를 분석해서 결함을 찾는 방식입니다. 그리고 내부의 코드상에서 규칙위반, 커버리지 등 다양한 항목들을 점검하는 방식입니다. 그림 2.7에 구현된 소프트웨어 박스 안에서 확인되는 경우의 수는 두 가지가 있으며, 입력값이 정상값일 경우 1을 합하는 경우와 숫자가 아닌 문자가 입력되었을 때 "다시 입력하세요"라고 하는 문구를 출력하는 경우입니다. 요구사항서에는 예외처리에 대한 요구사항이 없었지만, 개발자가 추가적으로 작성된 예외처리문이 적용되어 있으므로 이것을 블랙박스 테스팅으로는 발견하기 어렵습니다. 이와 같은 기능 외적으로 더욱 다양한 예외처리문을 만들지만, 여기에서는 이해를 돕기 위해 간단하게 작성했습니다.

한편, 블랙박스 테스팅과 화이트박스 테스팅의 중간 단계의 테스팅을 '그레이-박스(Gray Box) 테스팅'이라고 부르기도 합니다.

4. 소프트웨어 실행 여부에 따른 종류

실제 개발된 프로그램을 실행하는지 실행하지 않고 테스팅 여부로 구분하는 방식입니다.

동적 테스팅의 대부분이 블랙박스 테스팅이며 정적 테스팅은 화이트박스 테스팅 또는 코드리뷰(Code Review), 동료검토(Peer Review), 워크스루(Walk-through)와 같

표 2.5 소프트웨어 실행 여부에 따른 구분

구분	상세 내용
동적 테스팅	실제 구현된 제품 또는 시스템을 직접 실행하며 테스팅
정적 테스팅	제품 또는 시스템이 제작되기 전에 개발 산출물을 테스팅하는 것으로 리뷰나 정적분석 같은 것들이 속한다.

은 방식들처럼 문서나 코드에 대한 리뷰를 수행하는 형태의 활동들을 포함합니다.

여기에 소개되지 않은 그 이외에 다양한 테스팅 방법들도 있으며 최대한 다양한 테스팅 방법들을 파악하고 이해할수록 테스터들에게는 다양한 도구(전쟁이라면 무기)들을 활용할 수 있게 되는 것입니다. 버그 정글을 헤쳐나가기 위해서는 도구가 많으면 많을수록, 사용법을 정확히 알수록 목표에 도달할 수 있을 가능성이 커지지 않을까요?

exploration

3

테스팅의 성공, '테스트 계획'이 답이다

길이 험난한 정글을 탈출하기 위해서는 정글에 들어가기 전부터 계획을 세워야 합니다. 무엇보다 테스팅을 수행하면서 어려운 부분은, 미리 대비하지 않은 문제점들이 발생했을 때 대처를 위한 준비가 얼마나 잘 되어 있는지가 테스팅 프로젝트의 성공을 좌우하기 때문입니다. 이번 장에서는 버그 정글을 효율적으로 헤쳐나가기 위한 전략인 테스트 계획이란 무엇인지 알아보고, 계획을 수립하는 방법들을 알아봅시다.

01 성공적인 테스팅 수행을 위한 청사진, 테스트 계획

만일 당신이 테스트를 이끌어가는 테스트 리더, 테스트 매니저라면 처음 테스트 수행을 위한 과업 또는 업무 의뢰를 받았을 때 먼저 해야 하는 일은 무엇일까요? 대개는 테스트 업무 범위 확인과 함께 테스트 팀을 구성하고, 테스트 절차를 만들며, 업무 환경 구성하는 등 테스트 시스템에 맞춰 필요한 항목들을 준비하고 점검하는 일을 하게 될 것입니다. 그리고 실제 테스트를 진행할 제품을 분석하고 테스트를 성공적으로 진행하는 방법들을 고민하게 될 것입니다.

테스팅을 성공적으로 수행하기 위해서는 테스터들이 최대한 프로젝트 초기부터 관여해서 관련 업무를 수행할 수 있어야 합니다. 이 이야기를 여러 번 반복적으로 말하는 이유는, 품질 관련 담당자가 프로젝트 초기부터 투입되지 않았을 때 일어나는 이슈들은 프로젝트 후반에 발생할수록 매우 수정하기 어렵거나 큰 비용이 들어서, 업무의 효율성과 효과성에 동시에 영향을 주기 때문입니다. 또한 테스터의 프로젝트 참여 시기는 실제 테스팅의 성공과 품질관리 일정을 지킬 수 있는 중요한 요소 중 하나입니다.

만일 당신이 테스트해야 하는 제품의 요구사항 분석 없이 곧바로 내일부터 테스트를 진행해야 한다고 통보를 받는다면 제대로 된 테스트가 가능할까요? 물론 가능할 수는 있습니다. 그러나 이것은 마치 전쟁을 하러 적진을 향해 달려가는 군인이 아무런 전략 없이 총만 들고 전쟁터에 나가는 것과 같다고 할 수 있습니다. 눈에 보이는 상대를 아군인지 적군인지 모른 채 닥치는 대로 무찌르는 군인과 마찬가지로, 무작위로 수행하는 테스팅 도중 발견되는 발견된 결함을 무조건 등록하고 있는 자신을 발견하게 될 것입니다. 이러한 경우 '결함의 품질(Defect Quality)'이 낮아지고, 개발자의 결함 확인 시간을 빼앗게 되어 '보이지 않는 비용(Hidden Cost)'이 증가하며, 불필요한 자원이 투입되는 현상이 발생할 수 있습니다. 실제로 불필요한 비용이 더욱 투입되는 결과가 발생하는 것입니다. 무엇보다 가장 큰 문제는 테스팅이 충분히 되었는지를 알 수가 없다는 점입니다.

이러한 문제를 최소한으로 줄이기 위해 우리는 안정적인 절차(Process)대로 테스팅을 수행해야 합니다. 가장 일반적인 테스트 프로세스(Test Process)는 크게 테스트 계획, 분석, 설계, 구현, 실행, 완료의 단계로 진행됩니다. 그리고 테스트 계획 수립 이후 전체 프로세스상의 계획대비 문제점이나 설정된 지표와 차이가 없는지 파악하고, 계획 달성에 필요한 조치를 취하는 것이 테스트 모니터링과 제어입니다. 즉, 모니터링을 통해 제어가 필요한 부분을 찾는 것입니다. 이때 모니터링과 제어를 하는 기준을 수립하는 것이 바로 '테스트 계획(Test Plan)'이며, 이는 모든 과정에서 가장 먼저 수행되는 활동입니다.

테스트 계획은 프로젝트 목표와 품질관리 부서의 임무를 달성하기 위해 테스트 목표(Goal)와 각 테스트 활동 등의 명세 사항들을 정의하는 활동입니다. 테스트 계획 수립을 통해서 수행하고자 하는 테스트 프로젝트에 필요한 테스트 기법과 테스트 관련 활동 등 테스팅 전반적으로 필요한 모든 것들이 정의되고 기록됩니다.

필자는 언제나 테스트 프로세스상에서 가장 중요하고 프로젝트 성공에 가장 중대한 활동이 테스트 계획 수립이라고 이야기합니다. 스타트업 기업대표들과 만나서 처음 테스팅에 필요한 활동들이나 고충을 들어보면 항상 비슷한 이야기를 듣기 때문입니다.

이런 질문을 하는 이유는 테스트 계획을 수립하지 않았을 확률이 높습니다. 테스트 계획서를 작성했다면 테스팅이 시작되는 조건, 중단되는 조건, 종료되는 조건 등이 모두 기록되어야 하는데, 계획을 구체적으로 수립한 적이 없으므로 위와 같은 고민에 빠지게 되는 것입니다. 구체적인 테스트 계획을 수립했다면, 테스팅은 미리 정의한 시작 조건을 만족하면 시작하고 계획된 일정까지 수행하며, 작성된 테스트 케이스 범위만큼 만들면 됩니다. 어느 정도 테스팅을 수행한 경험이 쌓인 테스터는 조직에서 이런 활동 등이 내재화되어 있어서 계획을 세우기 쉽지만, 초기 스타트업이거나 초보 테스터들은 이런 계획을 수립하는 게 쉽지만은 않습니다.

그렇다면 테스트 계획을 수립하는 데 있어서 가장 많은 시간을 투자하고 고민해야 하는 것이 무엇인지 생각해봅시다. 우리가 제작하고 있는 소프트웨어가 좋은 품질로 제작되었다는 것을 어떻게 판단할 수 있을까요?

- 결함이 없는 제품을 만드는 것인가?
- 고객에게 적기에 제공하는 제품인가?
- 고객이 필요로 하는 제품을 만드는 것인가?

실제 테스팅을 시작하기에 앞서서 우리에게 필요한 품질의 기준을 깊게 고민해보는 시간을 갖지 않는 경우가 많은데, 기업의 경영철학과 개발 문화 그리고 품질 문화는 하나로 연계되어 있어야 합니다. 위의 질문들에 대한 답을 우리는 테스트 목표를 수립함으로써 가능해집니다. 그리고 실질적인 목표 수립을 하기 위해서는 품질을 담당하는 부서 및 인력이 품질관리를 해야 하는 제품을 개발하는 회사의 경영철학을 이해하는 부분이 꼭 필요합니다. 해당 과정은 모든 테스트 프로젝트가 시작할 때마다 수행하는 것은 아닙니다. 처음에 어느 정도 충분히 고민하고 테스팅을 통해 확보하고자 하는 좋은 품질의 제품을 판단하는 방향성을 잡는다면, 그 이후부터는 그 목표에 맞는 활동들을 식별하고 정의하며 필요 자원들을 확보하는 계획을 세우면 됩니다.

테스트 계획을 구성하는 내용에는 테스트 목표, 테스트 전략, 테스트 수행 절차, 주요 테스트 활동, 테스트 접근법, 주요 관리지표, 테스트 환경 구축, 비용산정, 수행 일정 등 다양한 주요 활동 등이 포함됩니다.

테스터들은 테스팅 계획을 세우는 데 있어 크게 두 가지 단계(Levels) 관점을 가져야 합니다. 테스트 계획을 수립해본 경험이 없는 테스터의 경우에는 현재 진행하고 있는 테스트 프로젝트 하나만의 관점에서 계획을 수립하게 되는데 그보다 상위 레벨인 전사, 조직 차원에서의 성책과 전략을 고민하고 접근하는 관점이 필요하기 때문입니다.

단 하나만의 테스트 프로젝트를 수행한다면 조직 차원보다는 현재의 제품에 집

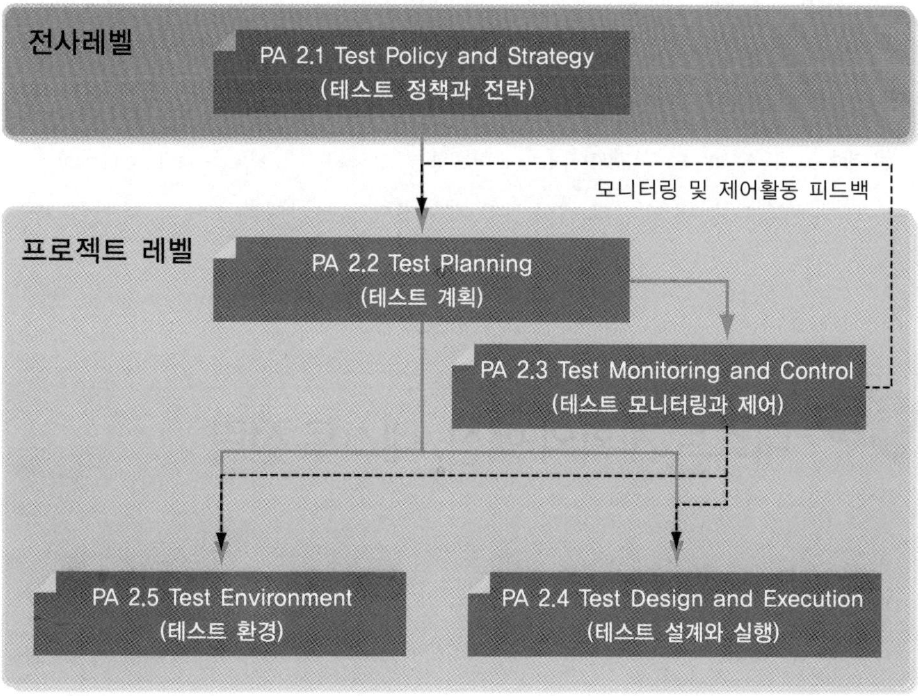

그림 3.1 TMMi 레벨2 프로세스 영역(Process Area)
출처: 미래창조과학부, 정보통신산업진흥원, 「2013 지역SW융합사업 우수기업 컨설팅 사례집」, 2013

중해야 하겠지만, 여러 개의 개발 프로젝트가 동시다발적으로 진행되거나 장기적인 관점에서의 품질을 높이면서 유지하려면 조직 차원, 전사 단계에서의 테스트 정책과 전략을 수립해야 합니다.

오히려 초기 스타트업일 경우 프로젝트 단계의 테스트 계획보다는 조직 차원의 테스트 정책과 전략을 수립하고, 세부적인 테스트 계획을 수립하지 않는 것이 더 효율적일 수 있습니다. 초기부터 하나씩 세세한 계획을 수립하고 모니터링을 하기보다는, 소속된 조직에 어울리는 품질 정책이 무엇이며 방향성을 먼저 수립하는 것이 더 적절할 수 있기 때문입니다.

테스트 계획을 수립하는 구분에는 전체적인 총괄적인 프로젝트 테스트 계획과 프로젝트 내의 개별적인 테스트 계획으로 세분화할 수 있습니다. '프로젝트 테스트 계획(Project Test Plan)'은 테스트 대상에 대한 전반적이고 종합적인 계획을 수립하는 내용으로 구성됩니다. 총괄적인 테스트 목표와 전략, 그리고 개별적인 리소스 활용 방법부터 개별 테스트를 하기 위한 내용이 모두 포함되어 있습니다. 그리고 개별 테스트 계획으로는 테스트 단계(Test Levels)별 테스트 계획, 테스트 유형(Test Types)별 테스트 계획, 제품 기능별 테스트 계획 등을 세부적으로 작성해서 운영할 수 있습니다.

02 테스트 계획의 핵심, 테스트 전략

1. 테스트 전략이란?

테스트 계획에는 여러 가지 항목들이 포함되는데 그중에 가장 핵심은 바로 '테스트 전략(Test Strategy)'입니다. '전략(Strategy)'의 사전적 정의는 전쟁을 전반적으로 이끌어가는 방법이나 책략을 뜻합니다. 이것은 정치, 경제 등 사회적인 활동에 필요한 성공 방법이기도 합니다. 우리가 자주 헷갈리는 용어로는 '전술(Tactic)'이 있는데, 전술은 전쟁 또는 전투 상황에 사용하는 기술 방법을 말합니다.

이런 사전적인 정의를 바탕으로 테스팅에서의 전략은, 해당 프로젝트에서 어떤 테스팅을 진행해서 전반적인 테스팅을 성공적으로 완수하는 방법을 선택하는 것이라고 할 수 있습니다. 그리고 전술은 이렇게 선택된 전략에 포함된 다양한 테스팅 기법과 방법들을 어떻게 수행해야 하는지에 대한 정의라고 이해하면 됩니다.

테스팅을 담당하는 부서에서는 테스팅해야 하는 제품의 품질 요구사항이나 제품 명세서를 통해서 어떻게 테스팅을 진행해야 하는지 식별해야 합니다. 그리고 정상적으로 작동해야 하는 지원 환경에 대한 정보를 수집해서 위험요소나 반드시 테스팅이 필요한 필수 항목과 테스팅 방식을 선별해야 합니다

예를 들어, 새로 오픈 예정인 회사 소개 홈페이지를 개발할 경우 시스템 요구사항에 '웹브라우저는 마이크로 소프트 엣지(Edge) 99버전 이상 최신버전을 지원하며 크롬(Chrome), 파이어폭스(Firefox) 등의 기타 웹 브라우저는 지원하지 않는다'라는 제품의 소프트웨어 호환성 지원 정책을 먼저 수립하려면, 테스팅해야 하는 브라우저 대상이 엣지로 제한되므로 이에 맞는 테스트 전략을 수립해야 합니다. 또한 지원하지 않는 브라우저에 대한 테스팅도 함께 준비해야 합니다. 미지원 환경에서는 어떠한 현상이 나타나는지 확인하고, 이를 보고해야 하기 때문입니다. 이 모든 것들을 수행하는 방법과 기준을 결정하는 것이 바로 테스트 전략입니다.

테스트 전략은 테스팅을 할 대상을 '어떠한 접근방법과 테스트 방법으로 품질을

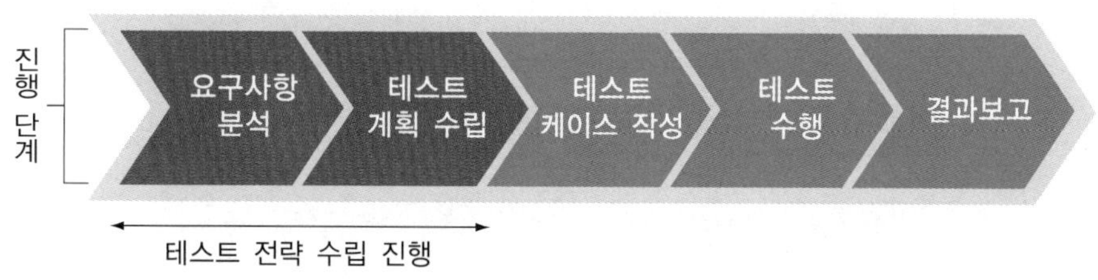

그림 3.2 테스트 절차상에서 전략 수립 시점

측정할 것인가?'에 초점을 맞추고 있습니다. 테스트 프로세스 절차상에 요구사항 분석 중이거나 분석이 완료된 후에 진행되는 것이 가장 적절한 시점인데, 테스트 전략이 수립된 이후로 테스트 계획에 해당 전략이 반영되어야 하기 때문입니다.

테스트 전략을 결정하고 설계하는 것은 매우 복잡하고 어려운 작업입니다. 테스트 전략을 통해서 해당 테스트 프로젝트가 성공하느냐 실패하느냐를 결정할 수 있기 때문입니다. 그런 이유로 테스트 전략은 테스팅을 진행해야 하는 조직에서 도메인의 지식이 풍부하고, 테스팅 기법에 대한 이해도가 높으며, 경험이 풍부한 담당자가 수립하게 됩니다. 일반적으로 테스트 팀장 또는 테스트 엔지니어, 컨설턴트가 진행합니다.

내부 조직에서 테스팅을 진행하지 않고 외부 조직에서 진행할 때는, 보통 발주처나 발주부서에서 'RFP(Request for Proposal)'라고 하는 제안요청서가 발표된 후에 해당 내용을 기준으로 외주 테스트 업체에서 1차적으로 테스트 전략을 수립하게 됩니다.

그렇다면 테스트 전략을 수립할 때 고려해야 할 사항들은 무엇인지 살펴봅시다.

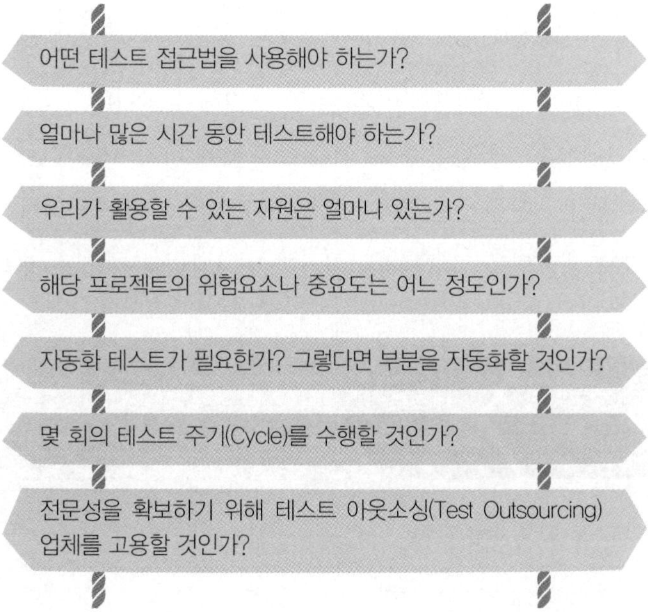

테스트 전략은 주어진 자원을 얼마나 효율적으로 사용해서 극대의 효과성을 내는 방안을 찾느냐 하는 것이 핵심입니다. 즉, '얼마나 효율적으로 테스팅이 가능한가?'를 고민하고 결정하는 과정입니다. 이는 한 사람의 판단과 의지로만 되는 게 아니므로, 해당 프로젝트의 참여자들과 충분히 이견을 조율하고 리뷰를 거쳐야 합니다.

테스트 전략을 수립한 담당자는 해당 테스트 전략을 수립한 이유와 이를 통해서 보장할 수 있는 품질의 범위를 명확히 제시할 수 있어야 하며, 다른 이해 담당자는 이런 전략에 대한 협의를 통해서 제품의 품질 기대수준을 정해야 합니다. 테스트 전략을 통해서 어느 정도의 테스트 커버리지가 확보될 수 있는지, 테스트 부서에서 얼마만큼의 테스트 기간을 가질 것인지를 판단할 수 있으므로 매우 신중해야 하고 다각도로 살펴야 하는 것입니다. 그러나 위의 테스트 전략을 수립할 시간을 많이 주지 않는 것이 현재 소프트웨어 개발 프로젝트들의 문제점입니다.

그렇다면 테스트 전략을 수립할 때 가장 먼저 고민해야 하는 것은 '테스트 목적(Test Goal)'을 정하는 것입니다. 테스트 목적은 실제 이번 테스트 프로젝트에서 목표로 하는 최종 도착지를 의미합니다. 이 목적에 따라서 수행해야 하는 테스트의 접근법, 수행 방법, 범위, 일정 등을 전략적으로 구상할 수 있습니다.

다음은 한 프로젝트의 테스트 목적을 간략하게 수립한 사례입니다.

테스트 목적의 사례

- 테스팅 기간 내 테스트 그룹을 다중(내부 테스팅, 사용자 그룹면접, Close Beta Test) 운영해서 Test Coverage 최대로 확대하는 것이다.
- 전문 테스트 전문업체의 테스트 컨설팅 및 테스팅 진행을 통한 테스트 전문성을 확보하는 것이다.
  - 전문 테스트 방법론, 절차서 확보, 내부교육을 통해 테스트 품질 전문성 및 테스트 노하우 확보

- 제품 내의 핵심 프로세스를 식별해서 테스트 효율성 증대 및 테스트 업무 집중할 부분을 식별한다(학습 및 분석의 목적).
- 실사용자 비즈니스 기능 수행을 통한 업무 프로세스 및 통합 품질을 검증하는 것이다.
  – 시나리오 기반의 테스트 케이스 작성 및 테스트 진행
- 유지보수 관리 점검을 통한 서비스 안정성 강화/서비스 활성화 방법을 도출하는 것이다.

위의 테스트 목적은 테스트 계획서에 포함된 일부분이며 하나로 특정되지 않은 여러 테스트 프로젝트의 목적을 기술한 것입니다. 위 사례 중에는 테스팅을 진행하는 대상 및 전문성 확보 방안, 자원의 효율적인 활용성과 안정성 강화 방안 등 전략적이고 정책적인 다양한 내용이 함축적으로 표현되어 있습니다. 이러한 목적을 기준으로 어떠한 테스트 전략을 수립할 것인지 좀 더 세분화된 업무 분담 및 테스트 업무 계획을 수립할 수 있으며 리소스 투입에 대한 예측 역시 어느 정도 가능합니다. 또 다른 예제를 보도록 합시다.

프로젝트 규모가 크다면 테스트 목적 자체가 추상적인 목표로 수립되어, 각 테스트 단계별로 목표를 달성했다고 평가하기 어려울 수 있습니다. 따라서 각 테스트

표 3.1 테스트 단계(Levels)별 테스트 목적

테스트 단계	목표
단위 테스팅	단위 테스팅이 가능한 단위로 구분된 소프트웨어에서 I/O값에 대한 결함을 찾고 기능이 구현되는지를 확인한다.
통합 테스팅	각 모듈 간의 인터페이스상에서의 구현 여부를 테스팅하고 연동되는 동작들을 확인한다. 선행 단계에서 발견하지 못한 결함들을 확인한다.
시스템 테스팅	실제 사용하는 환경상에서의 문제점들과 결함들이 발생하는지 확인한다.
인수 테스팅	실제 사용환경에서 고객의 요구사항에 기능이 구현되었고 정상적으로 작동하는지 확인한다.

단계별로 세부 목표를 세워서 다음 테스트 단계로 넘어가는 기준으로 활용할 수 있습니다.

이미 서비스 중인 소프트웨어 제품에 대한 추가기능 또는 유지보수를 진행 중이거나 어느 정도 정형화된 패턴으로 테스트 프로세스를 운영하고 있다면 테스트 전략을 수립하기가 그다지 어렵지 않습니다. 어느 정도의 방향성은 정해져 있고 크게 변화되는 경우는 매우 적기 때문입니다. 하지만 신규로 제작되는 제품이나 신규 프로젝트로 처음 테스팅을 진행하고자 할 때는 다릅니다. 테스팅해야 하는 제품의 크기가 매우 크고 복잡하다면, 특히 사용하는 유저가 많고 비용 결제나 제품의 핵심 기능과 관련이 있다고 한다면 테스트 전략을 수립의 방향성을 초기에 신중하게 세워야 하며, 타 부서와 지속적인 협의가 꼭 필요합니다. 개발팀과는 테스트 일정과 개발 일정 간의 충돌이 생기지 않도록 최대한 유연성을 고려하여 수립해야 합니다. 실제로 개발이 완료되는 시점의 버전이 테스트 팀으로 전달되는 일정이 변경되거나 테스팅을 해야 하는 기간이 짧아지는 경우가 매우 흔하게 발생하기 때문에, 검증 차수를 조정하거나 검증 일정을 조정하는 부분이 가능하도록 초기부터 염두에 두어야 합니다.

또한 통합 테스팅 기간 동안 일부 기능이 완성되지 않은 채로 부분적인 테스팅을 하게 되는 경우도 많이 발생하므로(대부분 상황이 이렇습니다), 통합 테스팅 수행 중간에 추가기능 및 미구현 기능이 있다면 어떤 식으로 테스팅을 진행할 것인지에 대한 전략도 세워야 합니다. 그런데 무엇보다도 주어진 일정은 제한적인데 테스팅을 해야 하는 분량이 너무 많다면 어떠한 전략을 세워야 할까요? 아래 예상할 수 있는 다양한 대응 방안을 제시해 보았습니다.

- 새로운 테스터를 추가로 투입한다.
- 개발부서의 지원을 받는다.
- 기획부서 및 협업부서의 업무 지원을 받는다.

- 협의하에 테스트 커버리지의 기대수준을 낮춘다.
- 기본적인 기능만 테스팅하고 나머지는 무시한 후 정식 서비스 시작 이후에 VoC(고객의 소리)로 접수된 내용을 분석해서 오류를 수정한다.
- 반복 검증 차수의 횟수를 줄인다.
- 테스트 완료 시점에서 판단한 후 출시 일정을 늦추도록 협의한다.

위와 같은 항목들은 프로젝트 초기에도 충분히 예측할 수 있습니다. 하지만 시시각각으로 변화되는 프로젝트를 운영 중인 상태에서 미리 계획을 세우더라도, 계획대로 지켜지기 매우 어렵습니다. 따라서 테스팅이 진행되거나 테스트 절차가 진행되는 도중에 언제든지 유연하게 전략을 수정할 수 있고, 이해시킬 수 있는 객관적인 정보를 항시 준비하는 것이 경쟁력 있는 테스트 리더의 역할이라고 할 수 있습니다.

처음 테스트 전략을 수립했을 때와 실제 테스팅이 수행되는 도중에 발생하는 수많은 변수에 대응하여 변경하고 수정해서, 빠르게 테스트 수행 목표에 부합하는 활동들로 재구성해야 합니다.

대부분의 개발 프로젝트에서 프로젝트 매니저가 원하는 테스트 팀에 기대하는 것은 대부분 비슷합니다. 결국 '테스트 팀 자체적으로 품질을 독립적으로 관리할 수 있으며 명확한 평가 기준과 효율적인 운영방안을 제시하는 것'이 기대 사항이고 이에 대응하는 것이 테스트 전략 수립입니다.

2. 테스트 전략의 요소

테스트 전략을 수립하기 위해 테스트 전략의 요소에 관해 자세히 알아보도록 합시다. 테스트 전략 요소는 테스트 전략을 구성하는 항목들로서 테스트 계획서의 테스트 전략 부분에 기록합니다. 전략 요소 중에는 진행 과정들도 포함되어 있어서 모두 다 기록할 수 없으므로 필요한 요소만 선택해서 기록합니다.

(1) 테스트 요구사항 분석

가장 먼저 테스트 대상에 대한 위험성(Risk) 분석을 진행합니다. 테스트 대상의 요구사항들을 분석하면서 제품의 난이도나 요구사항서의 모호함으로 인한 잘못된 설계 진행 가능성을 판단합니다. 분석 결과에 따른 자원(인원, 시간, 장소 등)이 얼마나 투입될 수 있는지도 판단합니다.

요구사항을 철저히 분석하며 식별되는 내용은 요구사항의 항목, 테스팅이 되어야 하는 대상의 범위, 업무의 난이도, 테스트의 우선순위 등이 있습니다. 이런 내용을 판단하는 기준 중에 대표적으로 활용하는 것이 위험성 분석입니다.

위험성은 사건(Event), 위험요소, 프로젝트를 진행하면서 받을 수 있는 주변의 위협으로 인한 문제가 발생할 가능성과 사건들로 발전할 수 있는 잠재된 문제점들입니다. 테스트 대상의 위험성은 크게 두 가지로 구분할 수 있습니다.

프로젝트 리스크 (Project Risks)	제품 리스크 (Product Risks)
프로젝트 목적을 달성하는 데 필요한 프로젝트 수행 역량의 전반에 걸쳐 발생되는 위험요소들을 의미합니다.	소프트웨어나 시스템의 잠재적인 장애 영역(의도하지 않은 향후 이벤트나 위험요소)을 의미합니다.

둘의 큰 차이는 프로젝트는 시점이 해당 프로젝트를 수행하는 데 발생하는 모든 위험요소로 맞춰져 있다면, 제품 리스크는 해당 제품에 맞춰져 있다는 점입니다. 프로젝트 리스크는 조직적인 이슈들이 크게 연관되어 있습니다. 개발자가 갑자기 퇴사했거나 인력이 부족한 문제점들, 툴 도입의 어려움을 겪거나 테스트 환경이 구축이 어려운 경우와 같은 전체적인 프로젝트 운영상에서 발생할 수 있는 대표적인 위험성이 바로 프로젝트 리스크입니다. 제품 리스크는 완성도가 낮은 제품을 테스트 부서에서 받게 될 수 있거나 개발에 사용된 테스트 데이터의 품질이 낮은 경우와 같이 장애가 발생할 가능성이 큰 위험성을 의미합니다.

리스크 기반 테스팅은 프로젝트 초기 단계부터 프로젝트 또는 제품 위험성을 줄이기 위해 미리 대처하는 방법으로 주로 사용합니다. 내부에 품질부서가 없거나 단순히 테스팅을 통해서만 품질을 확보한 기업에서는 반드시 알고 있어야 하는 접근법입니다. 전문적인 테스터가 아닌 다양한 이해관계자가 테스팅을 해야 하는 초기 기업에서도 가장 많이 활용할 수 있으며 효율적인 접근법입니다.

위험성에 대한 기준은 정성적과 정량적으로 구분할 수 있는데, 일반적으로는 정량적으로 판단해서 평가합니다. 이것은 더욱 객관적이고 수치적인 데이터를 통해서 판단할 수 있어야 하기 때문입니다. 요구사항 분석을 통해 식별된 위험성은 각각 영향도와 장애발생 가능성의 두 가지 항목으로 등급평가를 진행하며, 평가된 결과를 기준으로 위험성의 우선순위를 정합니다. 모든 위험성에 집중할 수 없으므로, 최우선적으로 지켜야 하고 반드시 해결해야 하는 위험요소들을 제거하는 방식이 테스트 전략을 수립하는 데 도움이 됩니다.

이러한 다양한 기준을 활용하여 테스트 대상의 위험성에 대한 것을 우선해서 식별해야 테스팅을 진행하는 목표를 명확히 수립할 수 있습니다.

(2) 테스트 접근법의 결정

어느 정도 분석이 완료된 후에는 해당 분석 내용과 테스트 팀에 요청된 요구사항을 기준으로 이번 프로젝트에 적합한 테스트 접근법을 결정합니다.

테스트 접근법은 테스트 프로세스를 계획하고 적용할 테스트 설계 기법과 테스트 유형의 선택, 테스트의 시작과 종료 조건들을 정의하는 기준이자 시작점입니다. 테스트 접근법은 크게 예방적 접근법과 반응적 접근법으로 분류합니다.

- 예방적 접근법(Preventative Approaches) 테스팅을 수행하는 시점을 최대한 프로젝트 초반에 시작하여 최대한 위험성이나 이슈들을 초기에 발견해서 문제를 최소화하는 접근법

- 반응적 접근법(Reactive Approaches) 소프트웨어나 시스템이 개발된 이후에 테스팅을 집중적으로 수행해서 단기간 내에 품질을 높이는 접근법

예방적 접근법으로 대표될 수 있는 접근법들은 분석적 접근법이나 프로세스 및 표준 준수 접근법들이며 반응적 접근법은 동적, 발견적 접근법, 장애기반, 경험기반, 체크리스트 기반과 같은 접근법 등입니다. 이런 접근법의 선택은 조직의 프로세스 성숙도가 높을수록 예방적 접근법을 많이 사용하며 상황이 급박할수록 반응적 접근법을 사용합니다.

(3) 테스트 유형 선택

어느 정도 테스트 접근법이 결정됐다면 다음으로는 다양한 테스트 유형(Type)을 선택해야 합니다.

테스트의 유형은 나열하기 어려울 만큼 다양합니다. '기능 테스트(Functional), 로드 테스트(Load), 성능 테스트(Performance), UI 테스트(User Interface), 보안 테스트, 호환성 테스트, 신뢰성 테스트' 등 다양한 테스트에 대한 유형(Type)을 선택해야 합니다. 또한 테스트 설계법의 적용 대상도 함께 선택해야 합니다. 그리고 선택된 테스트 유형은 테스트 프로세스상의 어떤 단계에서 테스팅이 시행되는지 고려해야 합니다. 테스트 단계에 맞춰서 단계별로 수행해야 하는 테스트 유형들을 결정합니다.

(4) 환경적인 요건과 고려사항 파악

테스팅을 수행할 인력에 대한 추가적인 테스팅 요청이 생길 수 있거나 스케줄에 영향을 줄 수 있는 특별한 고려사항들을 확인하고 완화 방안들을 기술합니다. 새로운 DBMS(Database Management System)가 추가 설치되거나 서버 이전 등 다양한 문제가 발생했을 경우 테스팅이 원활하게 진행되기 어려울 수 있습니다.

현업에서 테스팅 진행 도중 자주 발생하는 환경적인 이슈 중 하나는 데이터베이스

마이그레이션 작업(Migration, 데이터 서버의 데이터베이스에 입력된 자료들을 이관하거나 백업된 자료들을 리스토어 시키는 작업)으로 인해 업무 중단이 발생하는 경우입니다.

테스팅이 진행되는 DB 서버에 새로운 패치나 최신 데이터 업그레이드가 진행될 경우 기존에 입력한 테스트 데이터가 모두 사라지는 문제들이 생겨서, 정상적으로 일정을 소화할 수 없는 경우가 생길 수 있습니다. 이 때문에 테스트 환경의 독립성이 필요하며 별도의 테스트 서버를 구성하여 테스팅을 진행해야 합니다. 소규모 기업에서는 별도의 테스트 서버 없이 개발 서버 이후 곧바로 패치 등을 배포할 때도 아주 흔해서, 테스팅을 수행할 경우 예상하지 못한 실제 사용자 환경에서 문제가 발견될 수 있습니다. 별도의 테스트 서버를 구축하지는 못하더라도 최대한 배포가 되기 전, 제품이 출시되기 전에 사용자 환경과 동일한 환경에서 테스팅을 할 수 있는 환경을 구축해야 합니다.

다양한 환경에서 테스팅이 수행되어야 하는 모바일 서비스의 경우도 테스트 시료(試料)의 부족으로 테스팅에 어려움을 겪는 경우가 많습니다. 보통 개발부서의 테스트 시료를 함께 공유해서 사용하는 경우가 많고, 테스팅 도중 발견된 결함의 재현을 위해서 개발부서가 테스트 시료를 다시 가져가게 되는 상황이 많이 생기게 됩니다. 이런 문제로 일정이 늦춰지는 상황이 생길 수 있으므로 개발부서와 테스트 시료를 함께 사용하게 된다면 일정을 잘 조율하는 것도 매우 중요한 부분입니다.

(5) 테스팅 진행 방법 선택

테스팅을 진행하는 방법 또한 선택해야 합니다. 폭포수형 모델을 기준으로 반복적 모델을 추가해서 테스팅 도중 놓칠 수 있는 오류를 찾는 복합형 모델을 제시할 수도 있으며 단독적인 모델을 적용할 수도 있습니다. 테스트 사이클(Test Cycle)은 몇 회로 수행할지, 회귀 테스트 수행 시점은 어느 테스트 단계에서 수행할지를 선택해야 합니다. 이에 따라서 테스팅 기법과 투입인력의 시기, 테스트 팀원의 구성과 역할 등을 결정할 수 있습니다.

(6) 테스트 툴 사용 여부 결정

테스트를 진행하는 데 필요한 결함 관리 시스템과 성능 테스트 시 필요한 툴(Tools), 자동화 테스트를 하기 위한 툴 등 선택한 테스팅 진행 방법에 맞는 테스트 툴의 사용 여부 및 대상을 선정합니다. 기본적으로 스프레드시트와 이메일만으로 결함을 관리하겠다고 결론지었다면, 별도의 툴 선정이 필요하지 않습니다. 하지만 신규로 툴을 도입하거나 여러 프로젝트를 동시에 관리해야 한다면 반드시 결함 관리 시스템이 필요합니다. 보통 결함 관리 시스템은 실제로 많이 사용되고 있는 '지라(JIRA)'나 '레드마인(Redmine)', '트랙(TRAC)'과 같은 이슈 트래커(Issue Tracker) 형태의 툴을 이용해서 관리하는데, 이는 최소한의 테스트 툴입니다.

최근 가장 많이 사용하는 'ITS(Issue Tracking Tool System)'은 아틀란시안(Atlassian)사가 개발한 지라입니다. 스타트업의 경우 커뮤니케이션 툴은 대부분 '슬랙(Slack)'을 이용하여 진행한 후, JIRA로 등록된 이슈를 연동해서 관리하는 경우가 가장 대중적입니다. 이 외에도 '플로우(flow)', '잔디(jandi)'와 같은 국내 협업 도구들도 점차

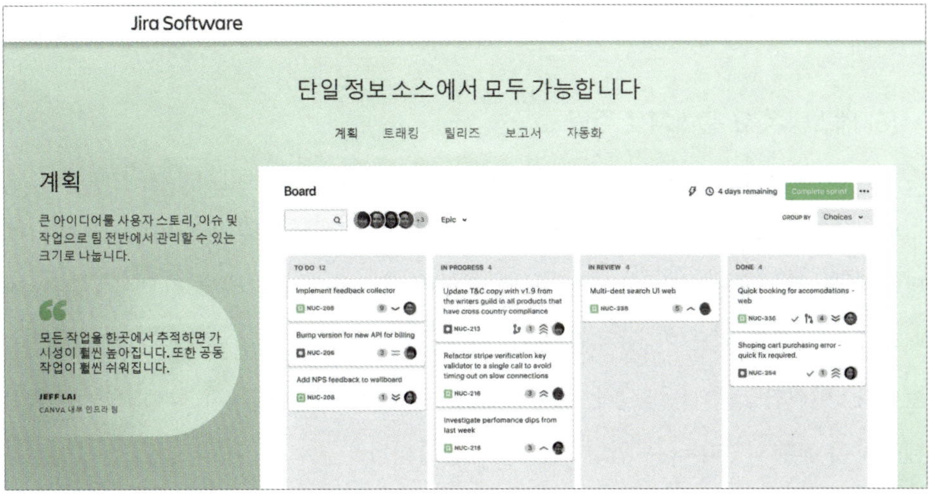

그림 3.3 국내에서 많이 사용되고 있는 이슈 트래커 시스템(ITS), 아틀라시안의 '지라' 서비스
출처: https://www.atlassian.com/ko/software/jira

사용빈도가 늘어나고 있습니다.

(7) 테스트 인력 관리방안 수립

테스트 팀 운영 시 테스트 전문인력이 투입되는 시점, 외부 테스트 업체의 투입 시 정보 공유 계획, 테스팅 수행 도중 인력 교체 시 발생할 수 있는 인수인계 계획과 관리방안을 수립합니다. 전략 수립 단계에서 테스트 팀에 투입되는 인원의 경력, 도메인 지식의 숙련도를 정의하고 인력 교체 시 인수인계에 걸리는 시간과 보안정책 수립 등 전반적인 인적자원에 대한 관리방안을 수립합니다.

테스팅 진행 방법에 따라서 테스트 인원 배치에 대한 일정이 변경될 수 있어 초기 전략 수립 인력 운영방안도 함께 고려해야 합니다. 전체 프로젝트 자원 중 거의 대부분을 차지하는 부분이 인적자원 비용이므로, 위험도를 분석한 결과에 따라 투입 인원의 규모와 시점을 철저히 분석해서 결정합니다. 효율적인 테스팅을 위한 것의 중심에는 인력 관리방안이 매주 중요하게 작용하게 됩니다. 소규모 기업은 대부분 겸직으로 운영되는 경우가 많아서, 명확하게 어떤 부분을 누가 수행하게 될지에 대한 기준이 정의되어야 테스팅에 대한 효과성을 낼 수 있습니다.

(8) 테스팅 주요 관리지표 수립

테스트 절차상에서 모니터링과 제어하는 방법으로 주요 관리지표를 설정해야 합니다. 그리고 좋은 품질의 소프트웨어 제품을 얻기 위해서는 테스팅을 가능한 한 많이 하는 것이 좋겠지만, 주어진 예산 내에서 테스팅을 완료해야 하므로 테스팅이 어떻게 진행되고 있으며, 완료되었다고 판단할 수 있는 기준을 미리 수립해 놓아야 합니다. 이러한 기준들은 시작, 중단, 재개, 완료되었다는 판단과 함께 '성공적으로 테스팅이 진행되었다'라는 판단 기준을 제공합니다.

해당 관리지표들은 프로젝트 전체, 테스트 단계별로 각각 수립할 수 있습니다. 다음은 테스트 시작 조건으로 정의할 수 있는 주요 항목들입니다.

테스트 시작 조건

- 테스트 케이스 작성 100% 완료
- 개발부서에서 전달된 테스트 버전의 소프트웨어 주요 기능 개발 완료
- 개발자 단위 테스트 통과율 100%
- BVT(Build Verification Test), BAT(Build Acceptance Test) 테스트 통과율 100%

다음은 테스트 중단 조건으로 정의할 수 있는 주요 항목들입니다.

테스트 중단 조건

- 테스트 케이스 중 40%가 불합격(Fail)했다고 팀원들이 보고하는 경우
- 테스트 케이스 수행 중 주요 기능의 구현율이 80% 미만일 경우
- 테스트 진행 도중 블록(Block)으로 주요 기능에 대한 테스팅이 진행할 수 없는 경우

테스트 재개 조건은 위의 중단 조건이 해결되었다면 재개하면 됩니다. 다음은 테스트 완료 조건으로 정의할 수 있는 주요 항목들입니다.

테스트 완료 조건

- 계획한 테스트 진행 차수 완료
- 차수별 발견된 오류의 수정완료
- 상위등급(2등급 이상) 오류 모두 수정완료
- 전체 테스트 케이스 모두 통과
- 최종 테스트 진행 시 중요 오류 미검출
- 기본 비즈니스 흐름상의 기능 테스트 및 오류 수정완료

위의 사례 중 가장 중요한 조건은 무엇일까요? 바로 테스트 완료 조건입니다. 테스트 완료 조건들은 '제품이 얼마나 빠르게 시장에 출시되어야 하는가?'를 판단할 수 있으며, 고객에게 금전적인 피해가 발생할 수 있고, 기업의 이미지에 영향을 줄

수 있는 오류가 검출되었는지 등을 종합적으로 고려해서 테스팅을 완료해도 되는지를 판단하기 때문입니다. 테스팅을 수행할 때 전략적으로 어떤 부분에 자원을 집중하고 운영할 것인지에 대해서는 각각의 조건의 기준으로 정하기 때문에, 초기에 전략적인 고민을 하고 주요 관리지표들을 선택해서 결정해야 합니다.

다양한 테스트 조건의 설정 방법들을 고민해본다면 다음과 같은 항목들로 고려해볼 수 있습니다.

- **테스트 케이스 기반** '테스트 케이스를 얼마나 수행했는가?', '주요 테스트 케이스를 통과했는가?', '특정한 테스트 케이스를 모두 통과했는가?'
- **결함 기반** '발견된 결함이 모두 수정되었는가?', '발견된 결함의 유형은 어떤 것들인가?', '발견된 결함의 총 숫자는 몇 개인가?', '어떤 모듈에서 주로 결함이 발생했는가?', '심각한 결함은 모두 종료되었는가?'
- **커버리지 기반** '요구사항을 모두 테스팅 했는가?'
- 그 외의 비용, 일정, 인원 등 프로젝트 운영에 관련된 주변 환경 요건 등

위의 항목들은 테스트 정책과도 매우 밀접한 관계가 있습니다. 기업의 정책적인 운영방향이 곧 테스트 완료 조건에 영향을 주기 때문입니다.

국내의 개발 환경상 일정 변경과 요구사항의 지속적인 추가 등 변경된 업무 상황에 즉각 대응해야 하므로, 초기에 수립한 테스트 전략이 계획대로 진행될 수 없는 경우가 많습니다. 초기에 세운 전략을 기준으로 테스트 자원을 투입했는데, 테스트 설계 단계 또는 테스트 실행 단계에서 테스트 자원이 추가로 필요한 경우들이 빈번히 발생합니다. 따라서 해당 변수가 발생했을 경우, 추가적인 인원과 장비 투입, 일정 조율 등의 유기적인 대응력이 필요합니다.

이 외에도 테스트 케이스 재사용성 여부나 테스트 계획, 테스트 케이스 리뷰 여부 등 다양한 선결 결정 조건들을 초기에 테스트 전략으로 명확히 세울수록 해당

테스트 프로젝트의 성공률이 높아집니다.

3. 언제, 어떻게 전략을 수립해야 하는가?

테스트 전략을 수립하는 시점은 테스트 계획을 수립하는 과정에서 함께 진행됩니다. 테스트 계획을 수립하는 것과 테스트 전략을 세우는 것은 대부분 교집합으로 겹치는 부분이 많으며, 테스트 계획서의 한 일부분으로 테스트 전략을 표기합니다.

테스트 전략을 잘 수립하기 위해서는 다양한 프로젝트 경험을 통해 해당 프로젝트의 중요한 요소를 식별하는 능력을 키우는 것이 중요합니다. 도메인 전문가로서 다양한 테스트 기법을 실제로 적용해 보며 실패와 성공을 거듭하면 좀 더 전문성이 강화되고 위기 대처 능력을 키울 수 있게 됩니다.

테스트 전략에 대한 기본적인 수립 절차는 그림 3.4와 같은 형태로 진행됩니다.

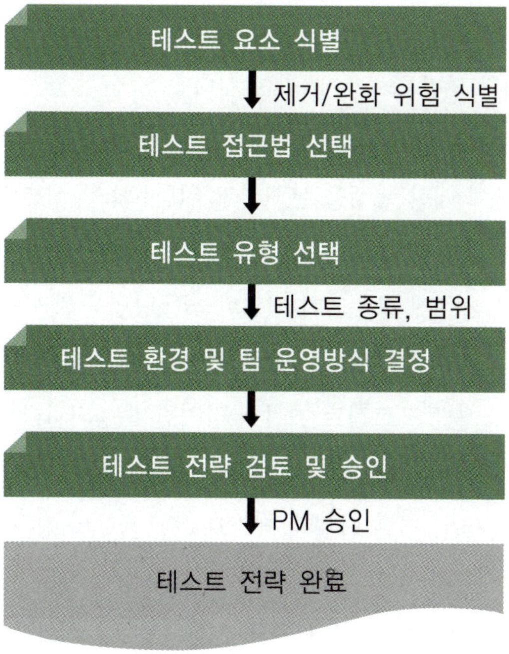

그림 3.4 테스트 전략 수립 절차

테스트 전략은 테스트 매니저나 테스트 리더가 작성하며 이에 대한 평가나 승인은 해당 프로젝트 매니저가 합니다. 프로젝트 매니저와 함께 테스팅이 진행될 방향성을 공유하고 타 조직과의 문제는 없는지 확인하며, 큰 문제가 없다면 그대로 확정해서 해당 프로젝트 이해당사자들과 기본적인 공유를 진행합니다. 테스트 계획서의 전체적인 형태의 틀을 잡아주는 것이 테스트 전략이므로, 먼저 업무 공유 차원에서 배포하고 실질적인 배포는 테스트 계획서에 포함해서 한 번에 진행합니다.

테스트 전략 수립이 완료되었으면 테스트 계획서를 작성하도록 합니다. 테스트 계획서는 3.2절에서 언급한 전략 요소 중 꼭 필요한 부분만 정리해서 추가하면 됩니다. 그리고 이를 프로젝트를 수행하기 위한 수행계획서 같은 제안서에 표기합니다.

이와 함께 진행되는 것이 테스트 조직 내 업무 공유입니다. 테스트 전략 및 테스트 계획이 수립되면 분석 및 설계 단계를 수행합니다. 즉, 테스트 계획은 전체적인 테스팅 업무를 수행하기 위한 큰 그림을 그리고 해당 프로젝트를 준비하기 위한 사전 준비 작업이기 때문에, 테스팅을 수행하게 될 테스트 팀원들과 테스트 전략을 공유하고 명확한 역할 분담을 해 주어야 합니다.

테스팅을 수행하는 부서 및 외주 업체에 테스트 요청을 한 시점을 기준으로, 얼마나 단기간 내에 제품에 대한 특성을 분석하고 위험요소를 식별할 수 있는지가 업무 역량을 판단하는 큰 척도가 되기도 합니다. 경험이 많고 해당 산업 지식이 풍부할수록 그 시간은 매우 빠르게 단축되며 적절한 접근방법을 제시할 수 있습니다.

실제 테스트 프로젝트 진행 시 테스트 계획서를 매번 구체적이고 자세하게 기술하는 편은 아닙니다. 개발 프로젝트 기간이 장기간 수행되거나 대형 프로젝트일 경우에는 마스터 테스트 계획서와 함께 테스트 단계별 계획서를 작성하는 형태로 구분해서 수행할 수 있지만, 작은 단위의 테스트 프로젝트의 경우에는 아주 간단하게 작성하는 경우들이 대부분입니다.

하지만 형식적으로 테스트 계획서를 작성하더라도 전략적으로 작성하는 경우와 그렇지 않은 경우의 결과는 크게 다를 수밖에 없습니다. 개발 초기부터 투입되어 진행하는 초기테스트 법칙과도 같은 맥락이며, 위험요소를 빠르게 식별하는 것이 개발 절차상에도 실질적인 도움이 됩니다. 프로젝트 관리자는 품질 조직에서 제안하는 테스트 전략과 계획서를 기준으로 개발 조직에서 발생할 수 있는 위험요소를 미리 식별해서 개발 일정 관리 및 설계에 도움을 줄 수 있는 역할을 할 수 있습니다. 그리고 테스트 계획은 어디까지나 계획일 뿐 언제든지 수정되고 변경될 수 있습니다. 대략적인 방향성과 업무의 범위, 역할을 구분하고 정의함으로써 대략적인 비용을 산출하기 위한 목적이 크며, 모니터링 과정을 통해서 테스트 프로세스가 수행되는 도중 변경 및 보완될 수 있습니다. 이는 테스트 프로세스가 진행되는 전반에 발생할 수 있습니다.

03 테스트 계획 작성법

이번에는 테스트 팀으로 요청하는 테스트 요구사항을 바탕으로 테스트 전략과 계획을 수립해보도록 합시다.

다음의 예제는 테스팅이 필요한 프로젝트에 대한 가상 설정이며 실제 현업에서 발생하는 여러 상황을 임의로 재구성한 것입니다. 주어진 정보가 많지 않더라도 이와 같은 정보를 토대로 테스트 전략을 수립해보면서 테스트 전략 수립 절차와 유형에 관한 사례분석을 해볼 수 있습니다.

테스트 전략을 수립하기 위해서 첫 번째로 해야 할 것은 상황에 대한 정확한 분석입니다. 해당 프로젝트는 초기부터 품질담당자가 계획을 진행했던 프로젝트가 아니라 프로젝트 도중에 참여하게 된 경우이기 때문에, 제품관점의 접근보다 우선해서 프로젝트 관점의 분석을 먼저 진행해야 합니다. 그리고 분석된 상황들을 기

테스트 전략 수립을 위한 예제

현재 다양한 온라인 쇼핑몰을 운영 중인 A 회사는 외주 개발사에 6개월간의 개발 일정으로, 현재의 대표 쇼핑몰 서비스를 개선한 대규모 신규 서비스 개발 프로젝트를 의뢰했습니다. 현재 개발 일정이 4개월가량 지나는 상황이며 실제 개발 진행 상황은 최초의 일정대로 진행되지 못하고 있습니다.

프로젝트 진척 상황은 개발작업 완료 이후 품질부서로 전달해 주는 일정까지 2주일가량 남았고 총 개발 진척률은 90% 정도라고 보고를 받았습니다. 프로젝트 관리자는 전체 기능 중 일부 기능은 테스트 기간까지 일부 포함해서 개발을 완료하겠다는 개발사의 상황 보고를 받았습니다. 또한 현재까지 개발된 기능에 대한 단위 기능 테스팅 중이며, 단위 기능상의 테스팅은 모두 정상이라는 보고를 받았습니다. 현재 개발하고 있는 제품에 대한 품질 작업도 모두 해당 외주 개발사에서 자체적으로 수행해서 보고하기로 협의되었습니다.

하지만 프로젝트 관리자가 현재까지 개발된 기능 중 간단한 주요 기능 테스트를 진행해보니 기능상의 결함이 발견되고 있어서 전반적인 제품 완성도에 대한 의문이 들고 있습니다. 현재 개발 중인 온라인 쇼핑몰에는 모바일 앱(App) 서비스와 연동되는 기능들이 여러 모듈에서 개발되고 있어 다양한 모바일 단말기별 · OS별 호환성 테스트도 진행해야 하는 상황입니다. 이 프로젝트는 투입된 개발 인력이 20명 이상인 대규모 프로젝트이며, 기획부서와 UI · UX 부서 등이 함께 개발 일정에 참여해서 요구사항 변경에 대한 대응도 함께 진행하고 있습니다.

서비스 출시 일정은 이미 외부로 알려져 일정 변경이 어려운 상황이지만, 객관적인 판단을 위해 현재까지 개발된 서비스의 품질을 평가를 진행해서 서비스 출시일 연기를 고려해야 할지 고민되는 상황입니다. 하지만 프로젝트의 품질관리 비용은 개발 초기에 설정해 놓은 금액을 기준으로 자원을 활용해야 합니다.

프로젝트 매니저는 내부의 품질부서에게 현재의 이 프로젝트 진행 상황을 참고해서 테스트 프로젝트 관점의 품질관리 방안 수립을 요청한 상태입니다.

준으로 테스팅이 필요한 요소들을 식별해야 합니다. 그 이후에 제품관점의 위험성을 분석해서 세부적인 계획을 수립합니다. 해당 예제에서는 세부적인 기능별 제품에 대한 위험성 분석은 불가능하므로 프로젝트 관점의 분석과 평가를 진행하겠습니다.

1. 프로젝트 분석을 통한 위험성 인식 및 평가

가장 먼저 예제에 나와 있는 프로젝트 상황에서 식별할 수 있는 테스트 프로젝트 위험성을 기술해봅시다.

- 출시 일정을 반드시 지켜야 하는 문제로 테스팅 범위를 조정해야 하는 이슈는 발생하지 않을 것인가?
- 외주 개발사가 개발 완료 일정을 준수할 수 있는가?
- 테스팅 도중 발견된 결함들을 개발 팀에서 모두 수정할 수 있는 여력이 있는가?
- 예정된 개발 완료 일정 내에 테스팅 할 수 있는 수준의 개발 완성품을 받을 수 있을 것인가?
- 웹 서비스(유선)와 모바일 앱(무선) 서비스의 품질 호환성 테스트와 데이터 정합성을 할 수 있는 일정을 확보할 수 있을 것인가?
- 지속적인 요구사항 변경에 대한 개발 결과물의 Side Effect는 없을 것인가?
- 일정을 준수하기 위해 외주 테스트 업체를 투입한다면 해당 인력들이 빠르게 요구사항서를 분석해서 테스팅 진행이 가능할 것인가?

더 많은 위험성이 예상되나 여기에서는 총 일곱 가지의 위험성을 분석해 보았습니다. 이제 분석된 위험성을 기준으로 품질 목표를 수립하고 세부적인 테스트 전략을 수립해 보겠습니다. 위험성은 크게 발생 가능성과 영향력의 두 가지로 구분하여 평가한 뒤에 우선순위와 중요도를 판단해서 이에 맞는 목표를 수립하면 됩니다.

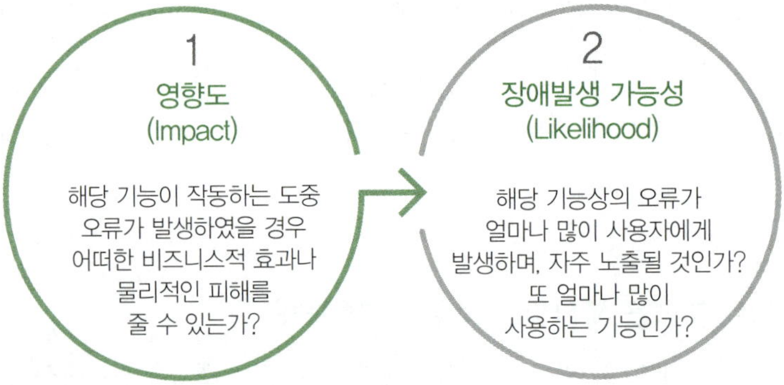

요구사항서와 테스팅을 의뢰하는 부서에서 요청하는 테스트 범위를 1차적으로 분석해서, 어떠한 위험성이 발생할 것인지를 예측하는 기준이 영향도와 발생 가능성인 것입니다.

위험성으로 선정된 일곱 가지의 항목을 발생 가능성과 영향력을 각각 1점부터 9점까지 등급을 부여하고 평가된 등급 점수를 곱해서 총합을 구합니다. 이렇게 구해진 총합을 기준으로 순위를 매겨서 어떤 위험성이 가장 중요하고 집중해야 하는 것인지를 판단하게 됩니다. 이는 우선순위에 대한 객관성을 확보하기 위한 예시입니다. 방식은 다양하게 바꿔서 사용할 수 있습니다. 예를 들어, 각각의 점수를 1~9점이 아닌 상, 중, 하 또는 Critical, Major, Minor와 같은 형식으로 구분해서 표현할 수도 있습니다. 이런 형태로 위험성을 평가하는 방식이 리스크 기반 테스팅입니다. 해당 기법은 5장에서 자세히 설명하도록 하겠습니다.

수많은 스타트업과 컨설팅을 수행하면서 다른 활동들은 생략하더라도 프로젝트 관점, 제품관점으로 '위험성 분석(Risk Analysis)'은 꼭 수행하기를 추천합니다. 처음에는 힘들고 어려울 수 있지만, 한 번만 수행하고 나면 그 이후부터는 재활용성도 높으며 인원 교체나 합류가 많이 되는 기업일수록 이런 활동은 일종의 나침반 같은 역할을 하게 됩니다. 특히 제품관점의 분석은 꼭 수행해 보길 추천합니다.

표 3.2 위험도 우선순위 산출표

No	위험성 추출항목	발생 가능성	영향	종합	순위
1	출시 일정 준수의 문제로 인한 품질 이슈는 발생하지 않을 것인가?	7	7	49	3
2	외주 개발사의 개발 완료 일정이 준수될 수 있는 것인가?	9	9	81	1
3	테스팅 도중 발견된 오류들을 개발 팀에서 모두 수정할 수 있는 여력이 있는가?	7	5	35	4
4	예정된 개발 완료 일정 내에 테스팅 할 수 있는 수준의 개발 완성품을 받을 수 있을 것인가?	7	9	63	2
5	웹 서비스와 모바일 앱 서비스의 호환성 테스트과 데이터 정합성 테스팅 일정을 확보할 수 있을 것인가?	7	7	49	3
6	지속적인 요구사항 변경에 대한 개발 결과물의 Side Effect는 없을 것인가?	5	5	25	6
7	일정 준수를 위해 외주 테스트 업체를 투입한다면 일정 내에 요구사항서를 분석하고 테스팅할 수 있을 것인가?	5	7	35	4

2. 테스트 접근법 설정

위험성을 분석해서 테스팅을 수행하는 방식은 우리가 가장 많이 사용하고 있는 '위험기반 테스팅(Risk based testing)'이라고 이야기합니다. 이 방식이 가장 사랑받는 이유는 '효율적'인 테스팅을 할 수 있기 때문입니다. 대부분 프로젝트에서 테스팅을 진행하는 접근법은 위험기반 테스팅을 많이 선택하게 되는데, 시간과 비용을 최대한 효율적으로 사용하는 것이 강력하게 요구됩니다.

리스크 기반 접근법을 활용하여 테스팅 대상을 분석할 경우 제품의 리스크 영역을 중요도별로 반드시 테스트해야 하는 영역(Must Test)과 테스트해야 하는 영역(Should Test, Could Test), 테스트하지 않는 영역(Wont' Test) 등으로 구분한 뒤 적절하게 테스트 항목들을 영역별로 배치해서 최대한의 효율을 높이는 방식으로 진행합니다. 이번 사례에서는 앞서 진행된 분석과정에서 식별된 위험성 기반의 접근법으로 진행하는 것으로 선택해서 진행하도록 하겠습니다.

3. 테스트 유형 선택

테스트 목표를 달성하기 위해서는 다양한 전략 전술들을 등장시켜야 합니다. 테스팅 일정을 지키기 위해서 추가인력을 투입하기도 하고, 선택과 집중을 하기도 하며, 추가적인 테스트 커버리지를 높이기 위해서 'Ad-hoc 테스트'(무작위 테스팅)를 하기도 합니다. 테스트 설계기법과 테스트 방법들을 국제 표준이나 품질특성, 기존의 테스트 수행 유형을 참고해서 선택합니다. 기본 기능에 대한 구현 여부에 대한 부분과 비기능성 부분의 점검 사항들을 고민하며 현재 프로젝트에 꼭 확인해야 하는 호환성 테스트 유형을 포함합니다. 그 외에 다양한 Ad-hoc 테스트를 통한 완성도를 높이는 활동을 포함합니다.

4. 테스트 환경 및 고려사항, 팀 운영방식 결정

테스팅을 진행하는 데 필요한 결함 관리 시스템, 성능 테스트 도구(Tools), 자동화 테스트 도구들과 같은 테스트 도구은 어떤 것을 사용할 것인지를 결정합니다. 또한 테스트 사이클(Test Cycle)과 팀 운영방식 등을 결정합니다. 프로젝트 목표를 달성하기 위해서 협의해야 할 내용과 고려해야 할 상황들도 함께 고민합니다. 이번 프로젝트에서는 일정 준수와 테스트 팀의 전문성도 함께 필요하므로, 비용이 더 많이 소요되더라도 다양한 채널의 테스팅 수행을 진행하고 외주테스트 업체를 통해서 전문성도 함께 확보할 필요가 있습니다.

5. 테스트 주요 관리지표 수립

자세한 주요 관리지표는 테스트 계획서를 수립하면서 작성하겠지만, 테스트 시작 조건이나 종료 조건과 같이 주요 관리지표들을 식별하고 선택합니다. 이번 프로젝트에서는 구현율이 매우 중요하고 일정 관리도 중요하기 때문에 테스트 종료 조건의 주요 항목들을 테스트 전략에 포함해 보겠습니다.

지금까지 분석된 내용을 기준으로 아래와 같이 테스트 전략을 수립했습니다. 작성 기준은 지금까지 식별된 내용 중 가장 중요한 항목들을 기준으로 작성해 보았습니다.

이 전략의 결과는 테스터의 시각적 차이에 의해서 달라질 수 있으며 형식도 모두 달라질 수 있습니다. 하지만 명확한 것은 이런 예시를 통해서, 테스트하는 제품에

표 3.3 테스트 전략 수립 결과

항목	수행 내용	담당자	수행 시기 및 비고
테스트 접근법	리스크 기반 테스팅	테스트 팀	위험도 분석을 통해 각 테스트 레벨별 중요 테스트 케이스를 중심적으로 테스트 수행
테스트 사이클	테스트케이스 수행	테스트 팀	차수별 3일간 총 3회
테스트 유형	기능 테스트	테스트 팀	차수별 수행
	호환성 테스트	테스트 팀	기능성 테스트 완료 시점
	회귀 테스트	테스트 팀	모든 차수가 완료된 시점
	Ad-hoc 테스트	테스트 팀	차수별 기능 테스트 완료 후
테스트 종료 조건	모든 테스트 케이스 완수	테스트 팀	모든 테스트 케이스는 통과
	모든 테스트 사이클 완수	테스트 팀, 개발부서	3번의 테스트 사이클을 모두 수행
고려사항	개발 일정 미준수 시	개발부서	테스트 아웃소싱 전문업체 투입
	모바일 테스트 시료 확보 필요	개발부서, 프로젝트 리더, 테스트 리더	타 부서에서 사용 중인 모바일 테스트 시료 모두 확보
	신규인력 요구사항 분석 시간 부족	테스트 팀 리더, 개발 리더	신규인력을 위한 요구사항 설명회 개최, 질의 응답시간 확보

대한 통찰력이 얼마나 중요한 것인지를 인식해야 합니다.

테스트 전략을 수립하는 것에 대한 연습을 위해서는 검색을 통해서 다양한 제안 요청서(RFP)에 포함된 내용을 분석하고, 이 중 추진전략이나 과제 요청사항 등 현재 시스템의 문제점이나 개선 요청사항들에 대한 항목들을 찾아보며 실제로 전략을 세우는 연습을 해보면, 좀 더 향후 전략을 세우는 데 도움이 될 것입니다.

테스트 전략은 테스트 도중 발생할 수 있는 여러 상황에 대해 대처하는 방법이며, 미리 철저히 분석할수록 테스트 진행 시 생길 수 있는 이슈 발생률을 많이 낮출 수 있는 좋은 방법입니다.

이렇게 만들어진 테스트 전략을 바탕으로 최종적으로 테스트 계획서를 작성한다면 'WBS(Work Breakdown Structure)'를 작성하여 세부적인 인적자원의 소요비용 분석과 일정 확정, 테스트 툴 사용 내용과 구체적인 환경 구축 계획, 테스트 주요 관리지표들을 정리해서 작성하면 됩니다.

테스트 전략과 계획 수립에 있어서 잊지 말아야 할 가장 중요한 부분은 실제로 지킬 수 있는 계획을 수립하는 것입니다. 계획을 수립하면서 검토된 내용은 실제 프로젝트를 수행하면서 얼마든지 변경이나 수정을 할 수 있습니다. 하지만 처음부터 불가능에 가까운 계획을 수립하면 아무리 변경을 하더라도 계획을 지키기 어려울 뿐더러 그에 따른 손실비용도 함께 누적됩니다. 테스트 프로젝트를 직접 수행한 경험이 많고 도메인 지식이 풍부한 테스터일수록 정확한 분석을 통해서 실현할 수 있는 계획을 수립할 수 있게 되기 때문에, 최대한 다양한 크고 작은 프로젝트를 경험하는 것이 이런 간극을 줄이는 방법입니다.

04 테스트 계획서 작성법

지금까지 준비하고 분석한 내용을 중심으로 테스트 계획서의 주요 절차별 수행 항목들을 설명하면서 구성해보도록 하겠습니다. 해당 작성 절차는 'IEEE/IEC 829' 문서의 제안 방식으로 구성했습니다. 형식과 순서는 프로젝트마다 조금씩 차이가 있을 수 있습니다.

1. SW 제품의 분석

테스팅을 수행할 제품의 정보를 분석해서 어떠한 제품인지, 어떠한 서비스인지 파악하는 과정입니다. 첫 번째로 인터뷰를 통해서 최대한 다양한 자료들을 확보해서 테스팅을 수행할 때 활용할 수 있는 테스트 베이시스를 확보합니다.

또한 비슷한 제품들을 사용하면서 미리 어떠한 기능들이 형상화된 모습으로 나타날지 익숙해지는 과정을 수행합니다. 이런 과정들은 테스트 전략을 수립할 때 매우 큰 도움이 됩니다.

사이즈가 크고 복잡한 제품일수록 명확한 테스트 대상을 식별해야 테스팅의 목적이나 범위가 결정될 수 있습니다.

2. 테스트 전략 설계 및 작성

테스팅을 성공적으로 수행하기 위해서는 테스트 레벨, 유형, 사람, 도구, 절차, 방법, 자원 등과 같은 테스트 필요 요소들에 대한 접근방법을 타당한 근거를 기반으로 결정해야 합니다. 테스트 계획 수립 중 가장 핵심적인 부분이며 테스트 전략 문서는 테스트 매니저에 의해 작성됩니다. 자세한 내용은 3.2절을 참고하시면 됩니다.

3. 테스트 목표 정의

테스트 목표는 테스트 수행의 전반적인 목적과 성취하고자 하는 방향성을 수립하는 것입니다. 테스트 전략에서 수립된 테스트 목적(Goal)을 구체적으로 어떠한 방법으로 수행할지, 구체적인 목적지로 가기 위한 방향성을 정하는 것을 의미합니다.

- 가능한 많은 소프트웨어 결함을 찾아내는 것
- 테스팅 중인 소프트웨어에 버그가 없는지 확인한 후 릴리스하는 것
- 이번 프로젝트에서 수행해야 하는 구체적인 목표를 수립하는 것

목표를 수립하기 위해서는 전략 단계에서 파악된 테스트 대상의 기능들을 나열해서 구체적으로 어떤 활동들이 목적에 맞는 활동들인지 작성합니다.

테스트 목표 수립 사례

- 실제 비즈니스 환경에서 테스트 대상 기능이 오류나 버그 없이 정상적으로 작동하는지 확인
- UI 등 웹 사이트의 외부 인터페이스가 정상적으로 동작하고 있는지와 고객의 요구사항을 충족하는지 확인
- 다양한 플랫폼에서 동일하게 기능이 작동되는지 확인, 호환성 문제가 발생하는지 확인
- 외부 API 연동을 통한 서비스 가입 이후 사용에 문제가 없는지 확인

4. 테스트 기준 정의

테스트 기준은 테스트 절차나 테스트 판단의 근거가 될 수 있는 표준이나 규칙을 수립합니다. 대표적으로 사용되는 기준들은 다음과 같습니다.

- **시작 조건(Entry Criteria)** 테스트 수행 시작에 대한 기준을 의미합니다. 테스팅이 시작되기 위한 최소한의 조건과 환경 상황을 의미하며, 이것이 만족되지 않으면 테스팅을 시작하지 못하게 됩니다.
- **중단 조건(Suspension Criteria)** 테스팅에 대한 중요 중단 기준을 의미합니다. 테스팅 중에 중단 기준을 만족하면, 기준이 해결될 때까지 활성화된 테스트 사이클이 중단됩니다.
- **재개 조건(Resumption Criteria)** 중단 조건이 해결되면 다시 테스트 사이클이 재가동됩니다.
- **완료 조건(Exit Criteria)** 해당 테스트 레벨이나 전체 테스트 사이클의 성공적인 완료를 나타내는 기준을 의미합니다. 종료 기준은 테스트의 목표(Object, Goal) 결과이며, 다음 개발 단계로 넘어가기 전에 꼭 조건을 만족해야 합니다.

여기서 중요한 조건은 종료 기준입니다. 테스팅이 끝나려면 결국 완료 조건을 만족해야 하기 때문입니다.

대표적인 완료 조건들은 테스트 케이스의 수행률과 성공률입니다. 이 중에 수행률은 특별한 사유가 있지 않은 한 모두 수행되어야 합니다. (범위가 제외되거나 기능이 삭제되는 경우와 같이 불가피한 경우) 성공률은 최대한 높아야 하며, 성공률을 높이기 위해서 타 부서와 협상을 하거나 조율을 하는 것은 올바른 방식은 아닙니다. 하지만 이런 지표를 달성하기 위해서 무작정 강요하는 것이 아니라 프로젝트의 흐름상 조율이 필요한 부분들은 충분한 논의가 필요하며, 절대로 품질부서가 문지기가 되는 형태로 수행하게 되면 안 됩니다. 스타트업 업체의 경우는 더욱 프로젝트의 방향성과 맞는 품질인지를 판단해서 조율하는 것이 필요합니다.

5. 자원활용 계획

자원활용 계획은 프로젝트 태스크를 완료하는 데 필요한 모든 유형의 리소스에

표 3.4 인적자원(Human Resource): 테스트 진행 시 필요한 인력구성

No	역할	투입인원	비고
1	테스트 리더	1	테스트 총괄 관리 수행 및 테스트 수행
2	테스터	1	테스트 수행 및 결과 작성

표 3.5 시스템 자원(System Resource): 웹서비스 테스트 시 필요한 시스템 자원

No	자원	설명
1	서버	· 테스트 대상 웹 애플리케이션 설치 · 별도의 웹 서버, 데이터베이스 서버 및 애플리케이션 서버 포함
2	테스트 툴	· 테스트를 자동화하고, 사용자 작업을 시뮬레이션하며, 테스트 결과를 생성하는 것 · Selenium, Soup UI, JIRA 등과 같이 이 프로젝트에 사용할 수 있는 다양한 테스트 도구
3	네트워크	· 실제 비즈니스 및 사용자 환경을 시뮬레이션하려면 LAN 및 인터넷이 포함된 네트워크가 필요
4	컴퓨터	· 사용자가 웹 서버를 연결하는 데 자주 사용하는 PC

대한 상세 요약입니다. 리소스(자원)는 프로젝트를 완성하는 데 필요한 인력, 장비와 자재가 대상입니다.

리소스 활용 계획은 프로젝트에 사용할 자원(직원, 장비 등)의 수를 결정하는 데 도움을 주기 때문에 테스트 계획의 중요한 요소입니다. 테스트 관리자는 리소스 계획 통해 프로젝트에 대한 정확한 일정과 추정을 할 수 있는 중요한 기준입니다.

6. 테스트 환경 구축 계획

테스트 팀이 테스트케이스를 실행할 소프트웨어와 하드웨어를 설정해야 합니다. 테스트 환경은 실제 비즈니스 및 사용자 환경과 서버, '프론트엔드(Front-End)' 실행 환경과 같은 물리적 환경으로 구성합니다. 불가피할 경우 '에뮬레이터'나 '테스

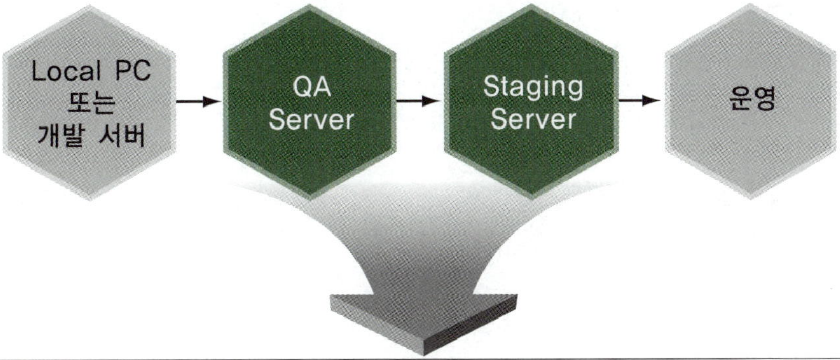

- Staging 서버를 운영해서 운영 환경과 유사한 독립된 테스트 환경을 구성
- 최신 환경 데이터를 이용해서 테스트를 수행
- 개발 운영 건의 운영 서비스 방영 이전에 동일한 환경에서 테스트를 수행함
- 신뢰성과 안전성 확보

그림 3.5 테스트 환경 방안(샘플)

트 하네스'와 같은 보조도구들을 활용할 수 있습니다. 테스팅에 필요한 인프라에는 테스트 시료의 확보도 매우 중요합니다. 실제로 테스트 시료의 숫자가 테스팅 인원이 많은 것보다 더 큰 도움이 될 수 있습니다. 10명의 테스터가 각각 하나의 테스트 시료를 가지고 테스팅을 하는 경우와 6명의 테스터가 각각 3~4개의 테스트 시료를 가지고 테스팅을 수행하는 경우 후자가 더 효율이 높을 때가 많습니다. 테스트 시료 확보 계획과 테스트 시료 사용 일정도 같이 고려해서 테스트 기간 내 원활한 테스트 수행 계획을 수립할 수 있도록 해야 합니다.

7. 스케줄 & 추정(Schedule & Estimation)

테스트 예측 단계에서 전체 프로젝트를 작은 업무(Task)로 나누고 각 업무에 대한 추정을 진행합니다. 추정이 진행된 뒤 해당 결과를 바탕으로 스케줄을 작성(WBS 작성)합니다. 테스트 계획서의 견고한 스케줄을 작성할수록 테스트 관리자는

표 3.6 테스트 업무별 스케줄 및 소요일 추정표

Schedule				
업무	시작일	종료일	소요일	담당자
요구사항 분석	20-Sep-2022	22-Sep-2022	3	All
테스트 계획 수립	23-Sep-2022	24-Sep-2022	2	홍길동
기능 테스트 케이스 작성	30-Sep-2022	21-Oct-2022	14	홍길동
회귀 테스트 케이스 작성	22-Oct-2022	22-Oct-2022	1	홍길동
단위 테스트 리포트 리뷰	25-Oct-2022	25-Oct-2022	1	홍길동
BVT 수행	26-Oct-2022	26-Oct-2022	1	홍길동
기능 테스트 수행	27-Oct-2022	11-Nov-2022	11	홍길동
회귀 테스트 수행	12-Nov-2022	12-Nov-2022	1	홍길동
배포 파일 레이블링 작업	15-Nov-2022	15-Nov-2022	1	홍길동
서비스 배포	16-Nov-2022	16-Nov-2022	1	홍길동
상용 서비스 모니터링 및 테스팅 종료 활동	17-Nov-2022	19-Nov-2022	3	홍길동

테스트 프로젝트 진행을 모니터링하기 위한 도구로 사용할 수 있습니다. 이런 활동은 예상하지 못했던 비용이 초과되는 것을 제어할 수 있게 합니다.

테스트 계획서를 작성하는 시점에서의 스케쥴과 추정은 프로젝트를 수행하는 도중 얼마든지 조정이 할 수 있으며 변경할 수 있다는 관점에서 작성되어야 합니다. 비슷한 프로젝트를 수행한 경험이 많을수록 최대한 근사치에 가깝게 업무를 수행하는 데 필요한 기간을 추정할 수 있게 됩니다.

8. 테스트 결과물 결정

테스트 결과물들은 테스팅 활동을 지원하기 위해 개발하고 유지해야 하는 모든 문서, 도구 및 기타 구성요소 목록을 의미합니다. 이런 산출물들, 결과물들을 '테스트웨어'라고도 부릅니다. 소프트웨어 개발 수명주기의 모든 단계에서 다양한 테스트 결과 자료가 제공되며 해당 산출물은 크게 테스트 이전, 테스트 도중, 테스트 이후, 총 세 가지로 구분될 수 있습니다. 모든 것을 다 작성해야 하는 것은 아니며 필요한 것들만 활용하면 됩니다.

테스트 이전 단계에서 배포되는 문서들

- 테스트 계획서(Test Plans Document)
- 테스트 케이스(Test Cases Documents)
- 테스트 설계 상세(Test Design Specifications)

테스트 도중 단계에서 배포되는 문서들

- 테스트 스크립트(Test Scripts)
- 테스트 데이터(Test Data)
- 테스트 추적성 매트릭스(Test Traceability Matrix)
- 오류 로그 및 실행 로그(Error Logs and Execution logs.)

테스트 이후 단계에서 배포되는 문서들

- 테스트 결과/리포트(Test Results/Reports)
- 결함 리포트(Defect Report)
- 설치/테스트 절차 가이드라인(Installation/Test Procedures Guidelines)
- 릴리즈 노트(Release Notes)

인터넷 검색을 통해서 발견할 수 있는 다양한 테스트 계획서 중에는 국가직무능력표준(NCS) 테스트 계획서 학습모듈이 도움이 될 수 있습니다. 'NCS(National Competency Standards, 국가직무능력표준)'는 산업현장에서 직무를 수행하는 데 필요한 능력(지식, 기술, 태도)을 국가가 표준화한 것입니다. NCS에는 IT 테스트로 제공되는 학습모듈이 있습니다(https://www.ncs.go.kr/).

해당 학습모듈의 검색 분류는 '20.정보통신>01.정보기술>04.정보기술관리>03.IT 테스트'로 되어 있으며 테스트 계획서 이외에도 다양한 NCS 학습모듈이 제공되고 있으니 꼭 활용해 보기 바랍니다(https://www.ncs.go.kr/unity/th03/ncsSearchMain.do).

국가에서 지원하는 다양한 교육 자료와 학습모듈을 최대한 활용하는 것도 국제표준과 국내 IT 산업과의 괴리를 좁혀주는 좋은 방법입니다.

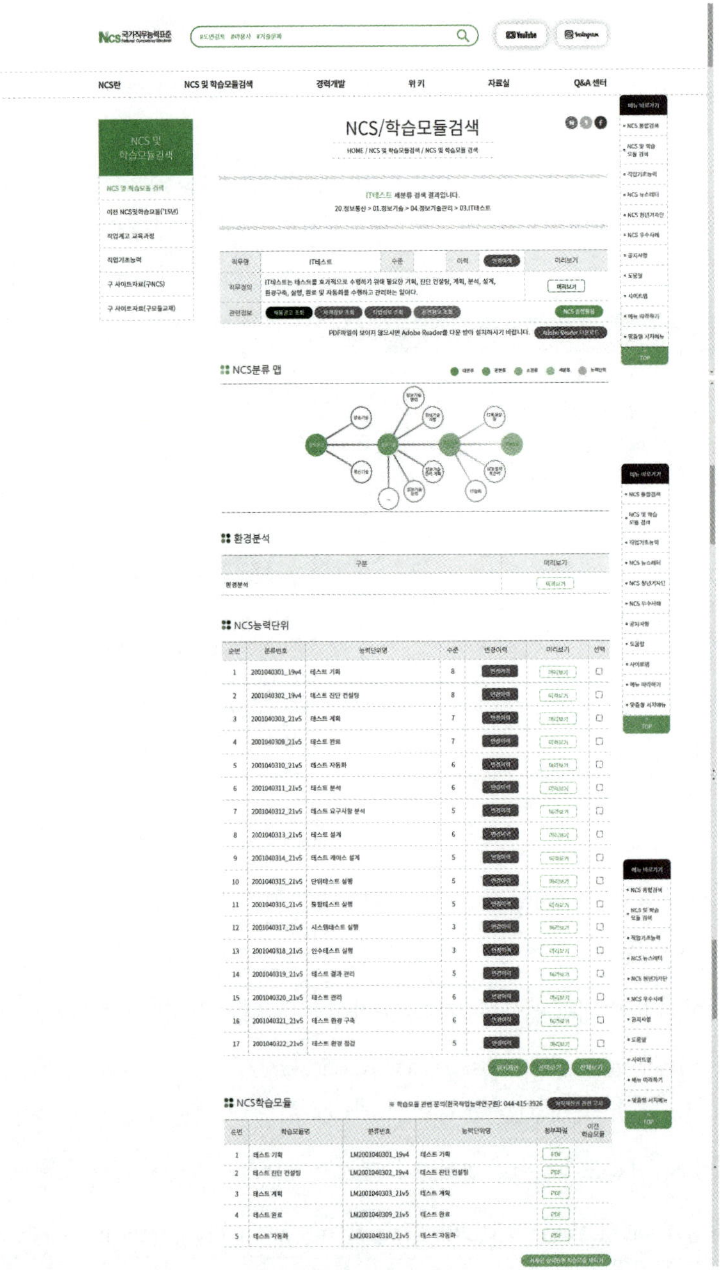

그림 3.6 NCS 능력 단위 IT 테스트 모듈 리스트 화면
출처: https://www.ncs.go.kr/unity/th03/ncsSearchMain.do

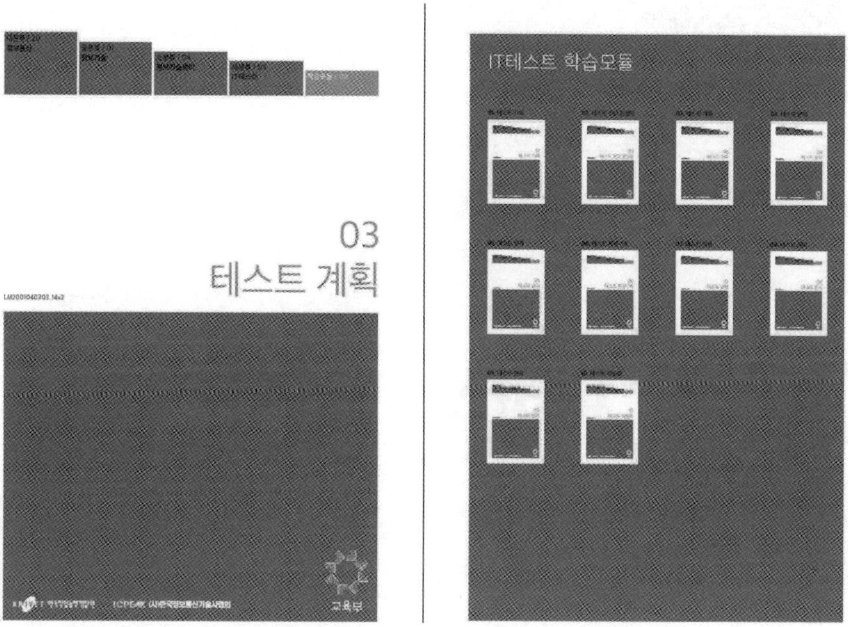

그림 3.7 테스트 계획서 학습모듈 표지
출처: https://www.ncs.go.kr/unity/th03/ncsSearchMain.do

지금까지 테스트 계획서를 작성하기 위해 알아야 하는 필수 내용과 사례 등을 살펴보았습니다. 테스트 계획은 한번 수립하면 끝나는 것이 아니라 지속해서 업데이트 및 변경될 수 있으며, 테스팅을 수행하는 전반적인 과정에서의 모니터링과 관리를 하는 기준이 됩니다.

테스트 계획서가 모든 테스팅 프로젝트에 다 필요하지는 않지만, 어느 정도의 규모(버전 1.0에서 2.0 수준의 주요 업그레이드와 같은)의 변경 혹은 처음 소프트웨어 제품을 만드는 경우와 같이 일상화되지 않은 개발 과정상에서는 필요한 절차입니다. 테스트 계획서는 테스팅을 수행하는 일종의 지도와 같은 역할을 하는 만큼, 품질 조직의 역량을 장기적으로 강화하고 관리역량을 높이고 싶다면 꼭 작성해보기 바랍니다.

exploration

4

모든 것에는 순서가 있다! 순서대로 하는 테스트 프로세스

이 장에서는 테스트 프로세스(Process)에 대한 기본 개념과 단계별로 수행해야 하는 테스트 항목들을 알아보도록 하겠습니다. 테스트 프로세스는 때로는 귀찮기도 하고 개발과정을 지연시키거나 추가적인 노력이 들어가야 하는 어려움이 발생하기도 하지만, 운영했을 때에 얻게 되는 장점이 훨씬 더 크기 때문에 반드시 고민해야 하는 품질 관련 활동입니다. 또한 다양한 테스트 수행 절차들을 소개하면서 참고할 수 있는 사례들을 공유하고자 합니다. 기본적으로 알아야 하는 일반 지식을 바탕으로 다양한 사례들을 최대한 참고하면서 자신이 수행해야 하는 테스팅에 적합한 테스팅 절차를 설계해보세요.

01 테스트 프로세스란?

'테스트 프로세스(Testing Process)'를 이해하기 위해서는 가장 먼저 '프로세스(Process)'라는 개념부터 이해해야 합니다. 한국어로는 '절차'라는 말로 함께 사용합니다. 프로세스라는 단어는 일을 치르는 데 거쳐야 하는 순서나 방법을 의미합니다. 여기서 절차를 영어로 '프로시듀어(Procedure)'와 혼란을 겪는 상황이 생기기도 합니다. 프로시듀어가 단순하게 어떠한 순서를 정해서 순차적으로 수행하는 것을 의미한다면, 프로세스는 좀 더 넓은 의미로 특정한 결과를 달성하기 위한 과정을 의미합니다. 누가 무엇을 위해서 어떻게 해야 하는지를 단계별로 필요한 상호작용을 모두 포함하고 있는 활동으로 이해하면 됩니다.

그리고 프로세스는 소프트웨어 공학적으로도 매우 중요한 의미가 있습니다. 소프트웨어를 개발하는 프로젝트상에서 실패할 확률을 줄여주고 일정한 제품의 품질 수준을 유지하기 위해서 꼭 지켜야 하는 활동이기 때문입니다.

아무리 소규모 스타트업이라고 하더라도 개발 절차가 모두 무시되고, 요구사항이나 기획도 없이 곧바로 개발자가 스스로 코딩을 한 후 서비스를 배포하는 형태로 수행하는 것에는 너무나 다양한 문제가 생길 수 있습니다. 따라서 2장에서 배웠던 개발 절차와 테스팅 절차와의 관계에서 프로세스는 여러 가지가 존재하고, 우리는 통상적으로 알고 있는 기본 절차들을 이해해야 할 필요가 있습니다.

1. V-모델

국내에서 알려진 가장 대표적인 테스팅 관련 개발 프로세스로 알려진 모델이자, '개발 프로세스상(Product Development Life Cycle, PDLC)'에서 테스팅 과정을 강조한 모델을 'V-모델(V-Model)'이라고 부릅니다. 아마도 국내에서 출간된 대부분 테스

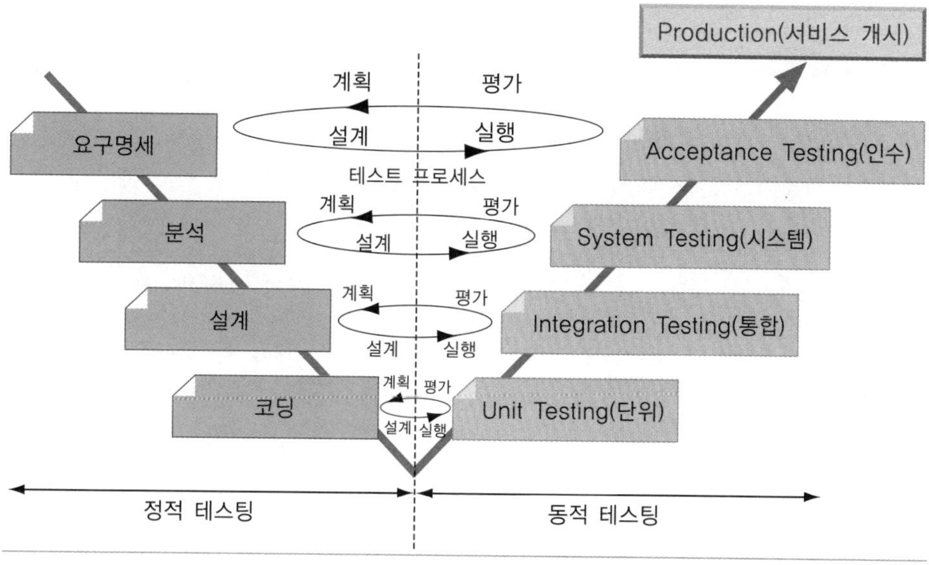

그림 4.1 V-모델

팅 서적에서 빠지지 않고 등장하는 이 모델은 소프트웨어 생명주기를 모형화했으며, 기존의 폭포수형 모델에 테스트 단계를 강조한 V-모델에서 알기 쉽게 그림 형태로 표현한 모델입니다.

IT 업계 근무자들이라면 익숙할 순차 모델인 폭포수형 개발 모델에서, 코딩 단계가 완료된 이후 테스트 수행단계를 세분화하여 각 테스트 단계별로 수행해야 할 테스트 수행 목적과 수행 방법들을 차별화를 시켜 완성도를 높이는 절차로 이해하면 됩니다.

이 모델은 소프트웨어 개발모델 중 폭포수형 모델을 중심으로 개발된 모델로, 테스트 단계를 강조한 부분이 정적 테스트 부분인 요구명세, 분석, 설계, 코딩 단계와 각각 대응되는 모습을 나타내고 있습니다. 이는 도화지 위에 물감을 바른 뒤 반으로 접었다 펴면 나타나는 그림인 데칼코마니(Decalcomanie)처럼 상호 대칭을 이룬다고 해서 이름이 붙여진 모델입니다.

코딩 이후의 테스트 단계들을 '테스트 레벨(Test levels)'이라고 부르며 레벨별로 수행하는 테스팅 기법 또는 방법이 달라집니다. 특히 테스트 레벨상에서 단계별로 수행하는 테스팅 방법들은 아주 세부적으로 구분될 수 있으며 단순히 기능테스트, 비-기능 테스트로 구분되는 큰 구분만 있는 것이 아니라 위의 언급한 수많은 유형을 각각 제품의 특성에 맞춰서 테스팅을 진행합니다.

실제로 4개의 테스트 레벨이 모두 수행되지 않고 통합된 표현으로 하나의 테스트 단계로 수행되기도 하고 일부분만 수행되기도 합니다. 그리고 각 단계에서 수행되는 다양한 테스팅 방법들과 수행 조건들은 개발 프로젝트 상황에 선택되고 조정될 수 있습니다. 하지만 이런 일련의 절차들이 대부분의 개발 프로세스상에서 뼈대가 되는 역할을 하며, 각 테스트 단계별로 수행되는 필수 항목들을 숙지하는 것이 품질부서의 테스터들에게 꼭 필요한 내용입니다. 최근 개발 방법론 중에 많이 사용되는 '에자일(Agile), 칸반(Kanban)' 등과 같은 개발 기법들 또한 기본적인 개발 절차를 활용해서 변화를 주는 것이지, 기존의 개발 방식을 모두 무시한 채로 개발되지는 않기 때문입니다.

이 프로세스를 기준으로 활용하여 처음 테스팅 절차를 수립해야 하는 테스터들은 품질 정책 수립을 시작해야 합니다.

2. ISTQB 지식체계의 테스트 프로세스

국내에서 가장 많이 사용되고 있는 테스트 프로세스는 국제자격증으로 가장 많은 사랑을 받는 'ISTQB 지식체계'의 테스트 프로세스입니다.

국내에서 전문 테스팅 자격증으로는 'ISTQB(International Software Testing Qualifications Board)'와 TTA(한국정보통신기술협회)에서 운영하는 'CSTS(Certified Software Test Specialist)'가 대표적인데, 이 중 ISTQB에서 제공하는 지식체계에 수록된 테스팅 절차를 기준으로 테스트 프로세스를 수립하는 경우가 많습니다.

앞서 이야기한 V-모델이 개발 프로세스의 형태라면, ISTQB의 절차는 테스트 프로세스이며 테스팅 수행에 대한 절차를 구분한 것입니다.

테스팅을 수행하는 데 필요한 기본적인 절차가 설명되어 있는데, 이는 테스팅 프

그림 4.2 ISTQB 기초단계 실라버스(Foundation Level Syllabus)에 소개된 테스트 프로세스 다이어그램

로젝트가 성공적으로 수행되기 위한 가장 기본적인 형태의 모습을 말하고 있습니다. ISTQB 지식체계의 테스트 프로세스는 테스팅 절차를 설계할 때 V-모델과 함께 쌍으로 이용하는 절차입니다.

테스트 프로젝트를 성공적으로 수행하기 위해 테스트 계획을 수립하는 것이 가장 중요합니다. 테스트 계획 단계에서 전체 테스트 수행 중 계획대비 실제로 수행이 잘 되고 있는지 판단할 수 있는 모니터링 항목들과 제거가 필요한 지표들과 목표 등을 설정합니다. 실제 테스트 프로세스를 수행하는 동안 프로젝트가 목표대로 수행하고 있는지 판단하기 위한 기준이 바로 테스트 계획서에 수록되어야 하기 때문입니다.

테스트 대상에 대한 분석을 통해 어떤 제품인지 혹은 어떤 항목을 테스트해야 하는지 식별하고, 설계 단계에서는 식별된 대상에 대하여 어떤 방법으로 테스트를 수행할 지 테스트 케이스 작성이나 테스트에 필요한 다양한 준비들을 수행하며, 테스트 구현 단계에서는 테스트 환경에 대한 구축과 테스트 케이스 수행의 순서(Test Procedure), 묶음(Test Suite)등을 만들어서 테스트를 수행할 준비를 합니다.

테스트 실행 단계에서는 테스터들이 가장 많은 활약을 하는 단계로, 지금까지 준비된 모든 테스트 케이스 수행과 결함 발견, 발견된 사건(모든 관련 비정상 이벤트, Incident)들을 보고하고 현재의 테스트 대상의 현재 상태를 빠르게 판단할 수 있는 다양한 결과물(보고서)들을 만들어냅니다. 모든 테스트 실행이 마무리되면 테스트 프로세스가 완료되고, 테스트 프로젝트 수행에 대한 전반적인 평가와 함께 자산화 등 다양한 완료 활동을 수행하면서, 다음 테스트 프로젝트에 재사용할 수 있는 자산 등을 정리하고 마무리합니다.

이와 같은 테스트 프로세스는 하나의 규칙이라기보다 테스트 프로젝트의 성공 확률을 가장 높여주는 방식이라고 생각하면 되며, 초기 기업의 경우에는 계획 분석 단계를 하나로 합치고 설계 구현을 통합해서 수행하는 방식도 효율을 높이는 방법입니다. 단계가 세분될수록 지키기 어렵기도 하고 그만큼 다양한 세부적인 절차들이 늘어날 수 있기 때문입니다.

3. ISO/IEC/IEEE 29119 표준에서의 프로세스

다양한 국제표준들이 국내에서 소개되고 있는데 최근 가장 많이 알려지고 홍보되는 표준이 바로 'ISO/IEC/IEEE 29119'입니다. ISO/IEC/IEEE 29119는 소프트웨어 테스팅의 개념 및 체계적인 프로세스, 원리, 가이드를 제시하는 국제표준입니다.

'표준(Standard)'이라는 단어만 등장하면 머리부터 아프지만 그래도 용어들에 대해서 먼저 이해하고 해당 표준이 어디에서 평가를 받았는지 알아야 할 필요가 있습니다.

우리가 업무를 수행하면서 접하는 대부분 표준에서 위의 세 가지 중 한, 두 가지는 꼭 포함되어 있습니다. 그러므로 이러한 국제표준 용어들을 먼저 익숙해지고 이해할 필요성은 있습니다. ISO 표준은 국제표준들 대다수에 포함된 대표적인 국제표준화 기관입니다. 이 표준은 국가 간의 제품이나 서비스 교환 등을 통일시켜서

- ISO International Organization for Standardization(국제표준화기구)
- IEC International Electrotechnical Commission(국제전기기술위원회)
- IEEE Institute of Electrical and Electronics Engineers(국제전기기술자협회)

그림 4.3 국제표준 ISO, IEC, IEEE 로고들

협력하고 사용하는 데 이질감이 없게 하는 것이 큰 목표입니다. IEC는 전기 및 전자 기술 분야를 국제 규격으로 평가하고 ISO의 전기, 전자 부분을 담당하고 있습니다. 둘의 관계는 일종의 포함 관계라 거의 쌍으로 다니는 편입니다. 마지막으로 IEEE는 미국의 전기 학회와 무선학회가 합병해서 설립된 전기, 전자 기술에 대한 세계 최대규모의 학회입니다. 합쳐서 미국 연방 통신 위원회라고 부르기도 합니다. 표준과 관련한 정의를 참고하려면 다음의 사이트(http://bsiblog.co.kr/archives/2352)를 참고하시면 됩니다.

다양한 표준협회에서 만들어진 표준 중에는 소프트웨어 네스터라면 한 번은 들어봤을 세 가지 표준들이 있습니다. 바로 'ISO/IEC 9126'과 'ISO/IEC 25010',' ISO/IEC/IEEE 29119'입니다. 이 중 ISO/IEC 9126과 ISO/IEC 25010은 소프트웨어 제품의 품질특성에 대해서 정의를 한 표준입니다. 9126이 먼저 발표되었으며 이후에 25010으로 대체되었습니다. 그러니까 이 두 가지는 같은 표준이라고 봐도 무방합니다. 좀 더 발전된 표준이 25010이니까요.

하지만 이 표준은 테스트 프로세스에 대해서는 정의되어 있지 않습니다. 다양한 품질특성들에 대한 정의와 구분이 되어 있지만, 테스트 수행 절차에 대해서는 수록되어 있지 않습니다. 하지만 ISO/ICE/IEEE 29119에는 전반적인 테스트 프로세스에 관한 내용이 정의되어 있습니다. 그러니까 3개의 대표 표준 중에서 절차에 관한 내용이 알고 싶다면 29119을 파악해야 한다는 것이죠.

그림 4.4 ISO/IEC 9126 모델의 라이프사이클
출처: https://www.iso.org/standard/22749.html

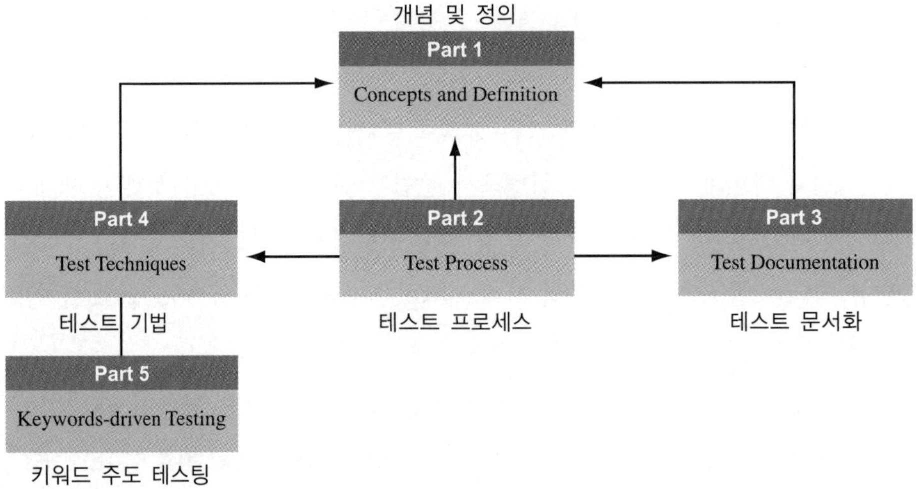

그림 4.5 KSTQB ISO 29119 F/L, ISO/IEC/IEEE 29119 Testing Standards의 프레임워크

총 5개의 파트로 이루어진 ISO/IEC/IEEE 29119는 그림 4.5와 같은 구성을 하고 있습니다. 이 중 Part 1~4가 가장 많이 사용되며 Part 2에 수록된 프로세스를 중심으로 각 Part를 운영하는 형태로 구성되어 있습니다. 이제 여기서 테스트 프로세스가 수록된 Part 2에 대해서 조금 더 살펴보도록 하겠습니다.

ISO/IEC/IEEE 29119 테스팅 스탠다드(Testing Standards)에서 제시하는 테스트 프로세스는 크게 3개의 계층으로 구성되어 있습니다.

조직 관점의 테스트 프로세스는 조직 테스트 명세를 개발, 검토 및 유지 관리를 위한 활동으로 구성되어 있습니다. 이는 조직 내에 테스트 정책과 테스트 전략과 같은 테스트 명세서들을 개발하고 도입할지를 결정하며 모니터링하고 제어하는 최

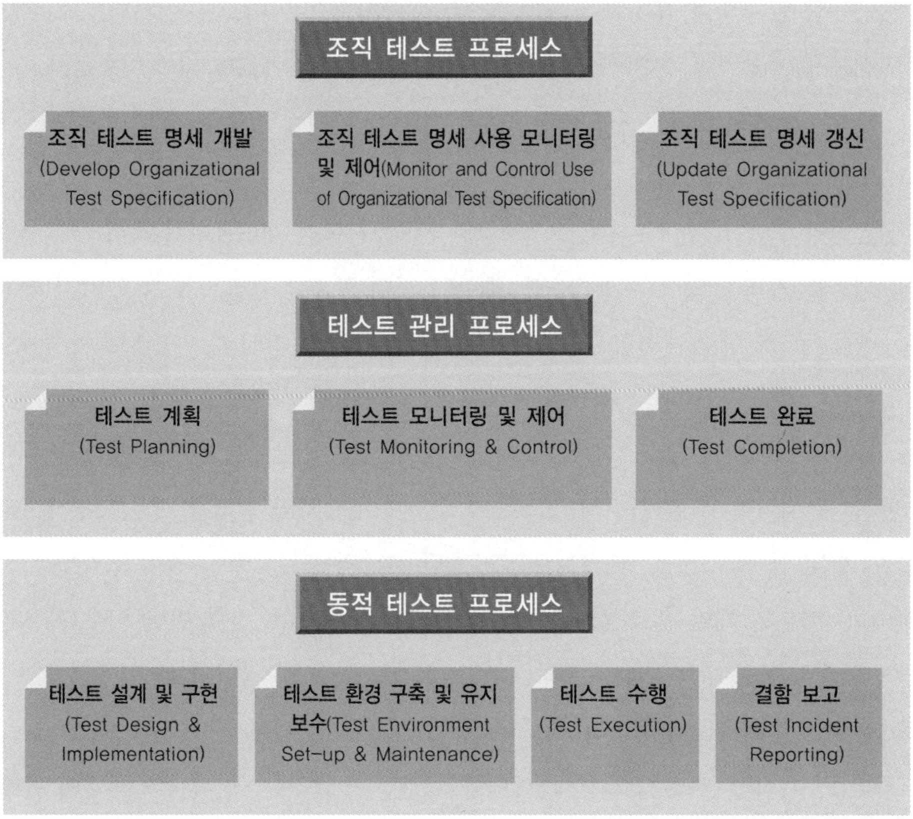

그림 4.6 ISO/IEC/IEEE 29119 테스트 프로세스 모델(Test Process Model)
출처: KS X ISO/IEC/IEEE 29119-2:2013

상위 프로세스입니다.

두 번째 테스트 관리 절차는 프로젝트 관리를 위해 요구되는 하위 프로세스를 포함하며 테스트 계획, 테스트모니터링 및 제어, 테스트 완료의 순으로 진행됩니다. 앞서 배운 일반적인 테스트 프로세스상에서 관리에 필요한 절차 부분만 선별된 것이라고 볼 수 있겠죠.

마지막 동적 테스트 프로세스는 수립된 테스트 계획을 기반으로 테스트의 특정 단계 또는 유형 내에서 동적 테스트를 수행하는 것입니다. 테스트 설계와 구현,

테스트 환경 구축과 유지보수, 테스트 수행 마지막으로 테스트 인시던트 리포트(Incident Report)까지 수행하는 일반적인 테스트 프로세스가 포함되어 있습니다.

필자는 초기의 스타트업에 가장 중요한 것은 최상위에 있는 조직 관점의 테스트 프로세스라고 생각합니다. 그 이유는 테스트 정책을 수립하는 것이 경영원칙들과 가장 연관이 있고, 실제로 테스트를 위해 아무리 촘촘한 계획을 수립하더라도 명확한 테스트 정책이 없이 수행한다면, 해당 조직에 필요한 품질 목표가 없이 실행되는 형태이므로 단순히 결함을 찾고 제품의 구현 여부만 확인하는 형태로 이루어지기 때문입니다.

조직 관점에서의 테스트 프로세스는 조직이 사용할 테스트 명세를 개발하고 관리하는 단계이며, 이는 단순히 테스트 조직만이 아닌 조직 전체를 대상으로 작성되어야 합니다. 다시 말해, 테스트 프로세스란 하나의 프로젝트를 넘어 조직에서 진행하는 대부분 개발 프로젝트에서 수행해야 하는 테스트 전략 등을 아우릅니다. 즉, 일종의 활동 규범과도 같아서 'QA(Quality Assurance)' 관점이 더 크다고 볼 수 있습니다. 다른 두 계층은 프로젝트 관점이므로 앞서 살펴본 두 가지 프로세스들을 참고하면 되지만, 최상위 프로세스인 조직 테스트 프로세스는 하나의 조직이 나아

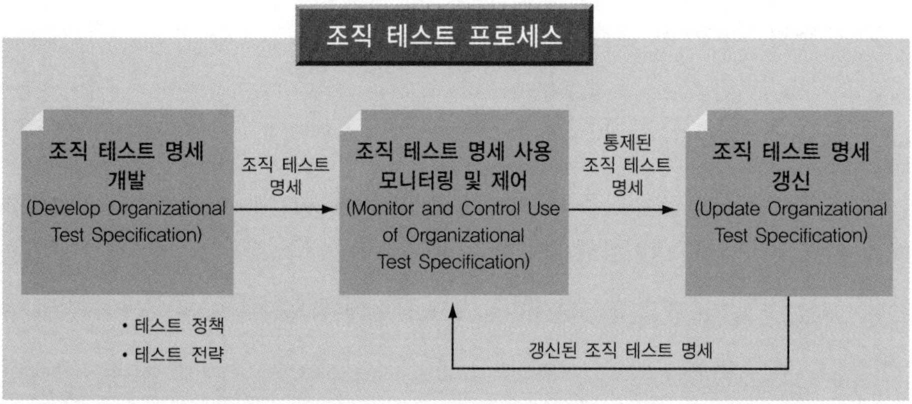

그림 4.7 조직 테스트 프로세스의 상세도

출처: KS X ISO/IEC/IEEE 29119-2:2013

가야 하는 방향성이므로 조직문화에 대한 고민까지도 함께 되어야 합니다.

조직 테스트 프로세스는 크게 세 가지 단계로 진행되며 가장 먼저 조직 테스트 명세 개발, 조직 테스트 명세 사용 모니터링 및 제어, 조직 테스트 명세 갱신 이렇게 세 가지 단계로 수행됩니다.

어려운 개념 같지만 실제로 내용을 살펴보면 단순합니다. 조직 내에서 진행해야 하는 테스트 활동(테스트 정책)들을 정의하고, 테스트 목표를 정하고 모니터링과 관리를 할 것인지 이후에 지속적으로 테스트 프로젝트를 수행하며, 명세서들을 업데이트하면서 조직에 맞게 최적화를 시키는 과정들입니다.

지금까지 꼭 알아야 하는 다양한 테스트 프로세스들에 대해서 알아봤습니다. 테스트 프로세스는 기본적인 가이드 역할을 하지만 다양한 요인들로 인해서 변경되고 삭제되기도 하며 추가되기도 합니다. 조직의 크기, 개발문화, 경영 정책 등에 가장 크게 영향을 받는 것이 바로 테스트 프로세스이기 때문입니다. 이 세 가지 프로세스들은 너무나 중요해서 반드시 이해해야 하며, 이를 기준으로 자신의 조직에 맞는 테스트 프로세스를 만들어 보기 바랍니다.

02 테스트 사이클

테스트 프로세스와는 별개로 다양한 세부적인 테스트 수행 절차들이 존재합니다. 그중 '테스트 사이클'은 설계된 테스트 케이스나 테스트 프로시듀어(Procedure)들을 수차례 반복하는 것을 의미합니다. 성공적인 테스트 프로젝트를 위해서는 단 한 차례의 테스트만으로는 부족하며 여러 차수의 테스트를 반복적으로 수행하면서 완성도를 높여갑니다.

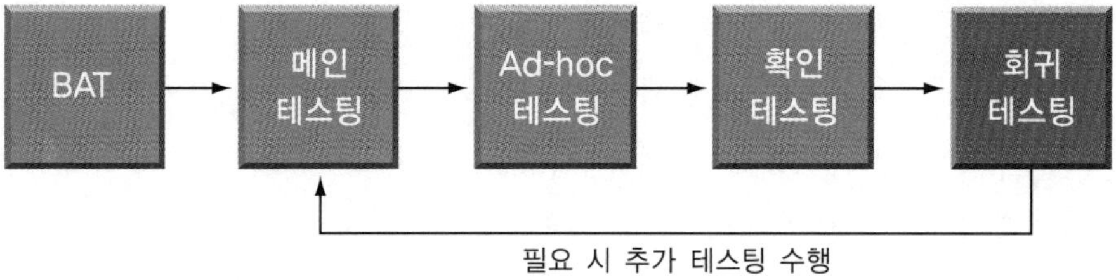

그림 4.8 테스트 사이클의 기본 예제 1

테스트 사이클의 기본 예제 1에서 보여주는 테스트 사이클은 반복적(Iteration)인 테스트 사이클에서의 일반적인 형태를 보여주고 있습니다. 'BAT(Build Acceptance Testing)'는 정규 테스트(Main Testing)를 시작하기 전에 테스트 환경 설정 및 테스트를 할 수 있는 버전의 소프트웨어나 바이너리 파일에 대한 평가를 진행하는 것입니다. 다른 말로 'BVT(Build Verification Testing)'라고 사용하기도 합니다. 스모크 테스팅(Smoke Testing)의 관점으로 주요 기능들이 제대로 동작이 되는지 위주로 테스트를 수행하는 데 테스트 진행 여부를 결정하는 사전 테스팅 개념입니다. 개발된 소스에서 빌드가 된 소프트웨어 바이너리 파일을 빠르게 주요 기능을 검토해서 테스팅을 진행할 수 있는지를 판단하는 방식입니다. BAT와 BVT의 의미와 목적은 같지만 용어를 사용하는 데 있어서의 차이는 해당 테스팅의 주체에 있습니다. BAT는 주로 테스터들이 수행한다면(테스팅을 수행할 버전을 인수한다는 의미에서) BVT는 개발자들이 수행합니다. 테스터들이 절차를 만들 때는 주로 BAT로 사용합니다. 하지만 이는 꼭 정해진 것은 아니며 BVT의 경우에는 자동화 테스팅을 통해 많이 시켜 빠르고 넓게 결과를 확인하는 형태로 진행하는 경우가 많아, 이를 주로 개발자들이 수행하는 경우가 빈번해서 이렇게 실행 주체를 나눠서 보는 관점들이 있습니다.

그 이후로 정규 테스트에서는 사전에 준비된 테스트 케이스, 테스트 스위트, 테스트 스크립트 등을 수행하는 것을 말합니다. 메인 테스트가 진행된 이후로는 Ad-hoc 테스팅을 진행해서 메인 테스팅에서 찾지 못한 결함을 추가적으로 검증한 후에 본 차수의 검증을 마무리합니다. 그 이후로 개발 부서에서 디버깅(Debugging)이

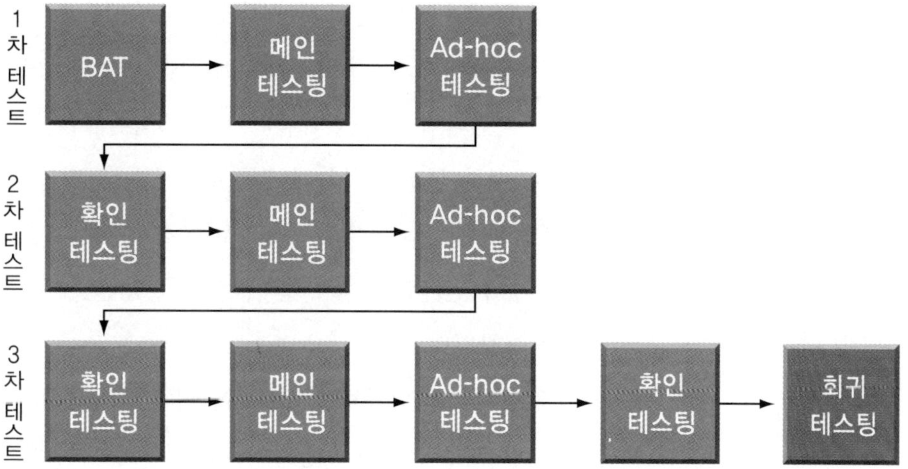

그림 4.9 테스트 사이클의 기본 예제 2

모두 끝난 다음, 검증 차수를 시작하기 전 기존에 등록한 결함에 대한 수정 여부를 확인하는 '확인 테스팅(Conformation Testing)'을 진행합니다. 확인 테스팅이 끝나고 난 뒤에는 결함 수정으로 인한 다른 영향, 부작용(Side effect) 여부를 검증하는 회귀 테스팅(Regression Testing)을 진행합니다.

회귀 테스팅은 다음 메인 테스팅을 진행하기 전에 하는 것이 좋습니다. 그 이유는 확인 테스팅을 진행한 후에 기존의 결함 수정으로 인해 기존의 버전에 어떠한 영향을 주었는지를 알 수 있기 때문입니다.

지금까지의 설명은 하나의 테스트 사이클을 수행하는 데 관한 것입니다. 단 한 번의 테스트 사이클로는 좋은 소프트웨어 품질을 확보하기 어려울 수 있으므로, 보통은 테스트 사이클을 여러 번 반복적으로 수행하는 방식으로 구성합니다.

그림 4.9의 예제는 여러 차수의 테스트 사이클을 수행하는 경우입니다. 총 3차수의 테스트를 진행하고 마지막 차수가 끝난 뒤에 회귀 테스트를 진행하는 방식입니다. 차수마다 BAT를 수행할 때도 있고 테스트 사이클 1차에만 시작할 때 BAT를 추가해서 수행할 수도 있습니다.

3차 테스트가 완료된 후 그동안 발견된 모든 결함의 수정에 관한 확인 테스트를 진행합니다. 마지막 차수가 끝난 다음에는 모든 결함에 대한 수정이 완료되어야 하며, 만일 수정이 되지 못하는 결함이 있다면 결함을 삭제하거나, 결함을 서비스 배포 이후 언제까지 수정할 것인지에 대한 일정을 확인해서 종료하는 등의 활동으로 모든 결함을 최종 종료합니다. 확인 테스트에서 결함이 추가로 발견되거나 기존 결함이 다시 재현되어 리오픈(Reopen)이 된다면 결함 등급에 따라 결함을 수정할지 그냥 무시할지를 의사 결정해서 진행합니다.

발견된 결함이 모두 해결되지 않았다고 하더라도, 테스트 계획을 수립할 때 중요 평가지표로 설정한 테스트 종료 조건에 부합이 되는 상황이라면 꼭 모든 결함을 수정할 필요는 없기 때문입니다.

이 과정이 끝난 다음에 회귀 테스트를 진행해서 테스트 진행을 완료하게 됩니다. 회귀 테스트는 단위 테스트부터 인수 테스트까지 전체 테스트 레벨상에서 모두 수행될 수 있지만, 테스트 사이클에서 마지막 한 번만 수행하는 이유는 여러 차수의 테스트 사이클을 수행하므로 지속적인 코드 변경으로 인한 다른 영향이 생길 수 있기 때문입니다. 또한 다음 차수에서 메인 테스트를 항상 진행하기 때문이기도 합니다. 매 차수를 수행할 때마다 회귀 테스트를 수행하면 더욱 좋은 품질을 확보할 수 있겠지만, 현실적으로 매번 회귀 테스트를 하는 것은 어려움이 있습니다.

이렇게 반복 차수로 수행되는 경우에는 회귀 테스트의 형태를 단순히 부작용(Side effect)뿐만 아니라, 다양한 이해관계자 및 실제 사용자를 참여시켜 다양한 형태의 인수 테스트 형태의 테스트를 수행하기도 합니다.

테스트 사이클을 구성하는 형태는 초기 기업들에는 테스트 사이클을 최대한 유연하게 설계해서 해당 차수를 반드시 수행해야 하는 형태보다는 실제 현 상황에서 중요한 품질 지표를 달성했는지를 평가하고, 프로젝트 상황을 함께 확인해서 꼭 진행해야 하는 활동들을 골라 수행하는 것이 품질담당자의 가장 중요한 역할이기도 합니다.

03 테스팅 절차의 실제 사례 소개

지금부터는 실제로 사용 중이거나 활용되고 있는 다양한 테스트 수행 절차들이나 사례들을 살펴보도록 하겠습니다. 특히 스타트업들이 초기에 선택하는 다양한 테스트 프로세스를 소개해보고자 합니다.

1. 테스트 아키텍처 구성 방식

가장 먼저 소개할 절차는 한국소프트웨어공학네트워크(K.Sen)에서 주관하고 운영하며, '테스트 디자인 컨테스트(Test Design Contest, 이하 TDC)'에서 소개된 테스트 프로세스입니다. 테스트 디자인 컨테스트는 테스트 디자인을 설계하는 역량을 평가해서 우수한 참가자를 시상하는 국내의 테스트 관련 행사이기도 합니다. TDC에서 제시하는 테스트 프로세스는 테스트 설계를 수행할 때 집중해야 하는 테스트 계획 및 통제와 분석, 설계 단계에 역량을 평가하기 위해 제작되었습니다.

테스트 프로젝트 초기의 테스트 계획 및 통제와 테스트 분석과 설계 단계에서 테스트 전략을 수립하고, 테스트 아키텍처를 설계하는 과정을 중요하게 강조하고 있습니다. 테스트 설계 활동에서 가장 큰 그림을 그리는 테스트 아키텍처를 구성하는 것은 품질이 높은 테스트 설계 활동을 위한 가이드 역할이 되기 때문입니다. 전체 테스트를 어떤 구조와 구성으로 수행할지를 설명하고 근거를 제시하는 것이 테스트에 필요한 활동들에 대한 당위성을 부여하게 됩니다.

여기에서 제시하는 테스트 아키텍처는 테스트 관점(View Point)들로 구성이 되어 있습니다. 테스트 관점은 구체적이지 않은 추상적인 테스트 케이스라고 생각하면 됩니다. 테스트를 수행해야 하는 항목들을 스케치하듯 표현한 것이고, 이는 테스트 컨디션(Test Condition)과 같은 개념으로 보아도 됩니다. 테스트 관점은 테스트 베이

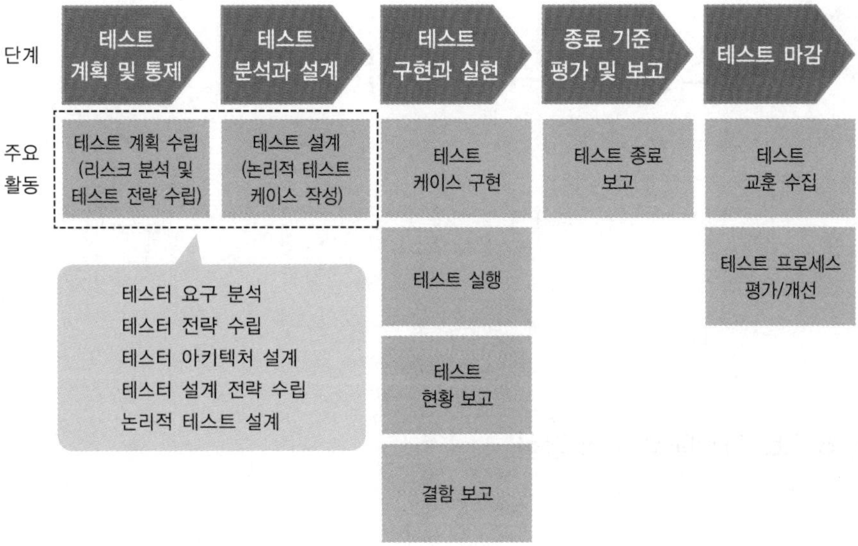

그림 4.10 TDC에서 제안하는 테스트 프로세스 사례

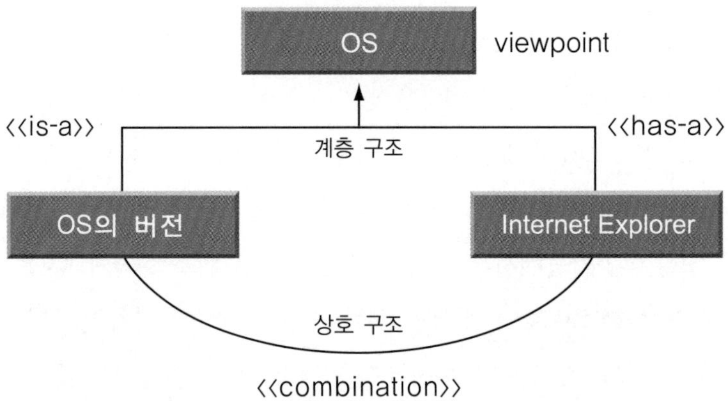

그림 4.11 뷰 포인트(View Point)의 표현 방법

시스(Test Basis)인 테스트 요구사항에서 도출합니다. 그리고 도출된 테스트 관점 간의 관계를 고려합니다.

테스트 관점의 표현 방법은 마인드맵(Mind Map) 방식이나 하향식(Top-down),

상향식(Bottom-Up) 형태로 구성할 수 있습니다. 하나의 뷰 포인트에 관련되는 계층구조를 구성해서 전체적으로 수행하는 테스트 항목들과 상호관계를 한눈에 보이게 하는 것이 핵심입니다.

그림 4.12는 테스트 아키텍처는 테스트에 필요한 계층을 세 가지로 구성해서 해당 계층별로 필요한 테스트 항목들의 테스트 관점들을 구성한 사례입니다. 테스트 프로세스 내의 테스트 아키텍처를 구성하여 요구사항의 구조화와 상호작용을 파악해서 반드시 챙겨야 하는 항목들을 식별하는 방식입니다.

이런 방식은 초기에 테스트 정책과 테스트 전략의 연계성을 시각적으로 표현하여 테스트 프로젝트 초기에 중요하고 집중해야 하는 부분들을 식별하는 방식입니다. 한번 테스트 아키텍처를 구성해 놓는다면 같은 조직 내에서 비슷한 테스트 프로젝트를 수행 및 활용할 때, 테스트 설계도를 좀 더 쉽게 만들 수 있을 것입니다. 테스트 관점은 레이어 아키텍처 외에도 필터 아키텍처, 복합형 아키텍처 등 다양한

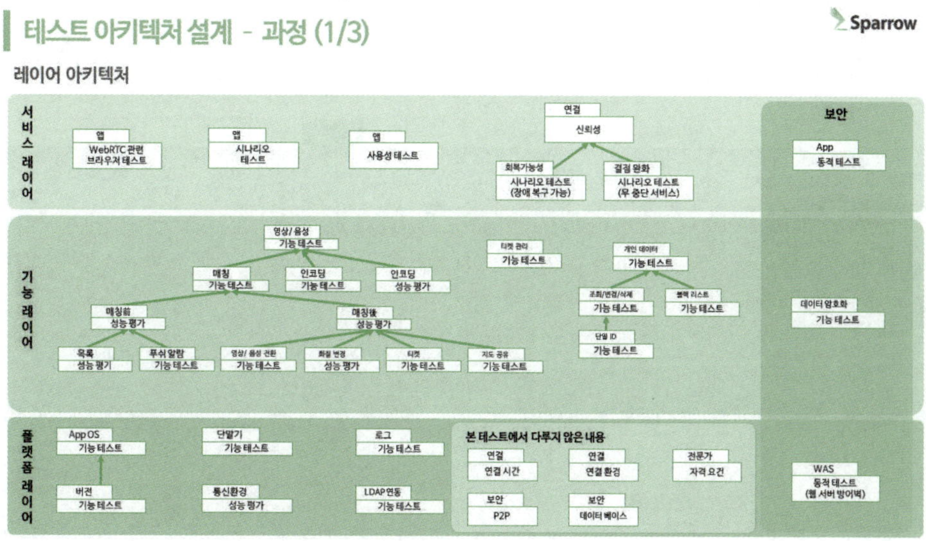

그림 4.12 TDC 3회 대회의 우승팀 스패로우(Sparrow)팀의 테스트 아키텍처 설계화면 사례
출처: http://www.tqconsulting.co.kr/?page_id=152

형태의 구성으로 작성될 수 있습니다.

TDC 주최측인 K.Sen에서는 관련 홈페이지(http://www.tqconsulting.co.kr/)에 자료들을 공유하고 있으니 다양한 경연팀들의 발표 자료들을 활용하시기 바랍니다. 최근에는 TDC 행사가 기업별(대규모 테스트 인력이 있는 기업들이 갑자기 많이 등장함에 따라 직원들 역량 강화 및 동기부여의 목적으로)로도 지속적으로 진행되고 있습니다. 앞으로는 기업, 대학 등 각 조직의 상황에 맞춰 다양한 형태의 TDC가 개최되어 테스트 엔지니어들의 기량을 알릴 기회가 많이 주어졌으면 합니다.

2. 내부 사용자 테스트 방식

㈜크리에이터링크(Creatorlink) 사는 포트폴리오 홈페이지를 무료로 쉽게 만들 수 있는 서비스를 제공하는 기업입니다. 개발자 및 디자이너, 기업들과 프리랜서 등 다양한 사용자들에게 자신만의 포트폴리오를 쉽게 만들 수 있는 서비스를 제공하고 있으며 많은 분에게 사랑받고 있는 서비스입니다.

해당 회사에서는 제품에 대한 테스트 프로세스를 다음과 같은 절차로 진행합니다.

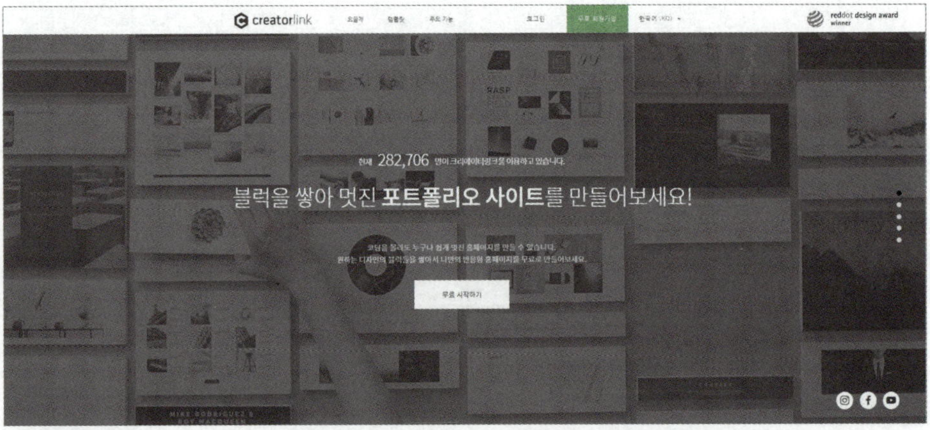

그림 4.13 크리에이터링크 홈페이지
출처: https://creatorlink.net/

- 테스트 팀을 중심으로 특정 시간 동안 '회원가입부터 포트폴리오 사이트 제작'까지의 과정을 진행 : 다양한 Ad-hoc 테스트 동시 실시
- 결함과 UX 개선점 등을 각자 정리해서 함께 발표(버그는 바로 수정, 사용성은 중요도에 따라 우선순위 정리)
- 바로 처리해야 할 일과 다음으로 미룰 일을 나누어 정리 후, 수정 작업 착수
- 수정 작업 종료(보통 1~3일 정도 소요) 후 다시 테스트 진행
- 기능에 따라 다르지만, 스프린트(Sprint) 주기를 짧게 잡아서 효율성을 높임

해당 프로세스를 수행할 때의 직원 수는 10~20명 사이의 직원이 근무하고 있는 초기 단계였습니다. 이렇게 단순하고 간단한 절차에도 테스팅 활동 중에 중요한 수행 항목들과 절차들이 대부분 들어있습니다. 전체 절차상에서 구성원들이 이슈들을 모두 함께 리뷰하고 의사결정에 참여함으로써 소속된 회사의 의사결정 기준을 자연스럽게 습득하게 되는 것이 중요한 특징입니다.

또한 기업 내의 구성원들이 모두 품질에 대한 책임감과 함께 불필요한 문서작업을 최소화하며 빠르게 대응해야 하는 이슈와 그렇지 않은 이슈에 대한 구분을 통해서 작은 스타트업에 최적화된 절차를 구축하여 운영하는 좋은 사례라고 볼 수 있습니다.

이런 형태의 절차는 빠르게 성장해가는 기업이 서비스를 주기적으로 배포할 때의 품질관리 비용의 부담을 덜어주는 사례입니다. 주요 기능에 대한 비즈니스 플로우(Business Flow)의 중심선에서 파생되는 다양한 테스트 경로들을 수시로 파악해서 빠르게 품질을 높이고 효율성을 높이는 장점이 있습니다. 장기적으로 프로덕트 크기가 커지는 경우와 스타트업의 특징 중 하나인 내부 인원의 교체로 인한 이력 관리 정보가 제대로 관리되지 않거나 전달되지 않는다면, 기존에 발생했던 이슈가 반복적인 발생할 수 있다는 점과 명세기반의 테스트를 수행하지 않으므로 주요한 이슈들을 놓칠 수 있는 단점도 함께 가지고 있습니다.

하지만 초기 기업에는 불필요한 문서작업들을 최소화하고 자연스럽게 학습과 품질 확보를 동시에 할 수 있는 내부 사용자 테스트 방식이 아주 쉽게 도입해서 운영할 수 있는 좋은 사례라고 생각합니다.

3. 에자일(Agile) 대응방식

이 사례는 한때 스타트업 테크(Tech) 관련 사이트에서 많은 호응과 공유가 됐던 내용입니다. 바로 스타일쉐어의 QA 프로세스입니다.

㈜스타일쉐어는 패션, 뷰티 커뮤니티 기반의 커머스 'Styleshare'를 운영하는 회사입니다. 일반인도 패셔니스타로 활동할 수 있어서 패션피플(일명 패피)들에게 아주 인기가 높은 서비스입니다.

스타일쉐어 블로그(https://medium.com/styleshare)의 '소규모팀에 적합한 QA 프로세스 구축기'에서 소개된 테스트 프로세스는 앱 릴리즈 전에 진행하는 사용성 테스트를 중심으로 소개가 되었습니다. 현재는 대형 기업으로 성장해서 아래와 같은 프로세스로 진행되지는 않겠지만, 소규모 기업에서는 충분히 참고할 만한 모델입

그림 4.14 스타일쉐어 홈페이지
https://www.styleshare.kr/

그림 4.15 스타일쉐어 테스트 프로세스
출처: https://medium.com/styleshare/

니다. 해당 절차는 테스트 프로세스라고 봐야 하지만, 해당 블로그에서는 QA로 표현되어 있어서 QA로 표기하겠습니다.

- 앱 업데이트 주기는 4주에 1회 진행
- 1주 단위의 스프린트(Sprint)가 3주 진행
- 4주차 스프린트 시 QA 및 릴리즈 스프린트 진행(실제 QA 단계)
- 구성원과 QA 담당자의 동시 테스트 진행
- 1차 QA의 버그 수정 후 베타버전 빌드(Build)와 확인 테스트 진행
- 앱(App)을 마켓에 배포(안드로이드는 단계적 출시)

해당 절차는 에자일 방식으로 개발되고 있는 프로세스상에서 맨 마지막 주 4주차 스프린트(Sprint)에 수행하는 테스트 프로세스를 설명하고 있습니다. 해당 절차에서는 주요 사용 케이스의 동작에 대한 정상 여부와 수많은 사용 패턴에 대한 대응을 목표로 수행하고 있습니다. 앱 업데이트 당 걸리는 시간은 3일이며, 해당 시간에 테스트, 수정, 릴리즈를 수행하는 모든 시간을 통틀어서 걸리는 시간이 책정되었습니다. 마이너 버그 수정 버전을 테스트할 때에는 별도로 QA를 진행하지 않아 효율성을 높입니다.

실제 테스트를 수행하는 4주차에서는 기존에 작성된 명세기반의 테스트 케이스로 수행이 되고, 테스트 케이스는 핵심적인 기능과 주로 사용하는 케이스에 관

한 내용을 테스트 수행합니다. 또한 교차 테스트(Peer Test)를 통해서 수많은 시각의 테스트를 거쳐 혹시 모를 예외 케이스나 다양한 결함을 발견하고 아이디어를 제시하는 데 활용합니다. 최종 확인 단계에서 확인 테스트를 수행한 뒤 제품책임자(Product Manager)가 마지막으로 확인 작업한 후 릴리즈가 됩니다. 앱 서비스의 릴리즈 방식도 단계적 배포를 통하여 예상하지 못한 이슈들이 발생하는지 모니터링해서 백업 플랜까지 함께 고려되어 있습니다.

해당 테스트 프로세스는 테스트 케이스 작성 및 관리와 다양한 시각의 테스트를 동시에 수행함으로써 명세기반과 경험기반의 장점을 모두 합친 사례입니다. 수행 방법이 복잡하지 않지만 최소한의 비용을 투여하면서 효율성을 높일 방법입니다. 또한 품질관리를 위한 절차가 패턴화되어 있지만, 패턴 안에서의 자율성이 보장되는 장점이 있어 많은 개발업무를 수행하는 엔지니어들에게 활용되고 있는 방식입니다.

하지만 기능이 지속적으로 추가되어 복잡도가 높아지는 테스트 항목에 대해서는 충분히 명세에 대한 분석과 설계 과정이 없이 수행될 수 있으므로, 서비스의 크기가 커지면 커질수록 해당 노력과 절차로는 해결할 수 없는 상황이 생길 수 있다는 단점은 고민할 부분입니다.

4. 테스트 정책(Test Policy) 중심 수행방식

㈜모두싸인은 계약서, 신청서, 동의서 등 서명이 필요한 문서에 종이 없이, 대면할 필요도 없이 서명할 수 있는 간편 전자 계약 서비스인 '모두싸인'을 운영하는 회사입니다.

최근에 비대면 업무가 점차 많아지는 추세라 전자 계약 서비스와 같은 수요가 점차 많아지고 있으며, 'SasS(Software as a Service, SaaS)' 형태로 서비스되는 제품들이 늘어나고 있어서 해당 서비스를 제공하는 회사에서는 안정적이고 지속적인 품질 유지가 중요합니다.

모두싸인은 가장 중요한 품질 정책을 다음과 같이 정의하고 있습니다.

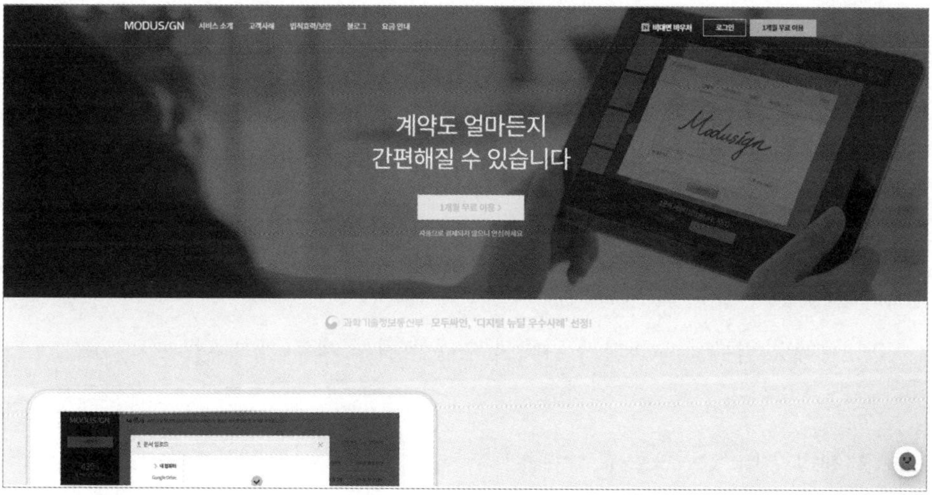

그림 4.16 모두싸인 홈페이지
출처: https://www.modusign.co.kr/

- 서비스의 핵심 기능에 장애가 없는 상태에서 배포한다.
  - 핵심 기능에 대한 정의를 명확히 한다(예: 모든 서명 참여자가 서명을 완료했을 때 정확한 위치에 서명이 입력된 PDF가 생성되고, 모든 참여자의 이메일로 서명 완료 PDF와 감사 추적 인증서가 전송되어야 한다).
  - 체계적인 테스트 프로세스를 수행해서 품질 검수의 누락을 최소화한다.
- 모든 운영체제, 브라우저에서 문제없이 기능이 동작해야 한다.
  - 운영체제, 브라우저를 테스트할 수 있는 기기 등 테스트 환경 준비한다.
- 로그 분석을 위한 데이터가 제대로 기록되어야 한다.
  - 배포 전 로그 분석 툴에서 제대로 로그가 기록되는지 확인한다.
- 품질 장애가 일어났을 때 바로 확인하고 조치할 수 있어야 한다.
  - 장애 로그 발생 시 바로 확인할 수 있는 모니터링 툴을 사용한다.
- 반복되는 장애를 파악하고, 그 빈도를 줄여야 한다.
  - 장애 현황에 대한 문서화를 수행해서 반복적으로 리뷰한다.

이처럼 간단하나 핵심적으로 지켜야 하는 품질 목표를 테스트 정책으로 수립해서 테스트 수행 시 확인하며 테스트를 수행합니다. 여기서 중요한 항목은 첫 번째 항목인 '서비스의 핵심 기능에 장애가 없는 상태에서 배포한다'입니다. 이 기준을 달성하기 위해서는 체계적인 프로세스를 만들고 꼭 필요한 문서작성이 필수입니다. 특히 계약과 관련된 서비스이기 때문에 문서작업 없이 수행하기는 너무 큰 위험요소들이 존재하기 때문입니다.

다음은 해당 업무를 수행하기 위해서 수립한 활동 계획들입니다.

- 체계적인 테스트 프로세스 수립
  - 배포 전 요구사항 개발에 관련된 테스트와 배포 후 발생한 에러 케이스 테스트를 구분해서, 각각 별도의 테스트 프로세스를 마련
- 테스트는 반드시 문서작성 후 진행 및 각 리스크 아이템 우선순위 부여
  - 요구사항 명세서가 완료되면 테스트 케이스를 작성해 개발 부서에 전달
  - 개발 완료 후 테스트 케이스를 바탕으로 인수 테스트 진행
  - 우선순위가 낮은 리스크 아이템은 100%가 아니더라도 우선 배포
- 반복적으로 테스트해야 하는 기능의 자동화
  - 실제 코드 작성 전 테스트 코드를 작성해 테스트 자동화(TDD 형태)
- 에러 케이스 기록 및 에러 케이스 전 구성원 공유
  - 에러 케이스에 대한 환경, 시점을 기록해서 문서화
  - 에러 케이스 발생 시(에러 모니터링, 고객 문의) Zendesk와 Slack을 활용해서 전 구성원이 공유

다음은 이와 같은 활동 항목들을 수행하기 위해 작성된 테스트 프로세스입니다.

테스트 프로세스를 작성한 기준은 테스트 정책이며 기업에서 정의한 테스트 목표와 정책을 지키기 위한 배포 전과 후로 나눠서 프로세스를 구성했습니다.

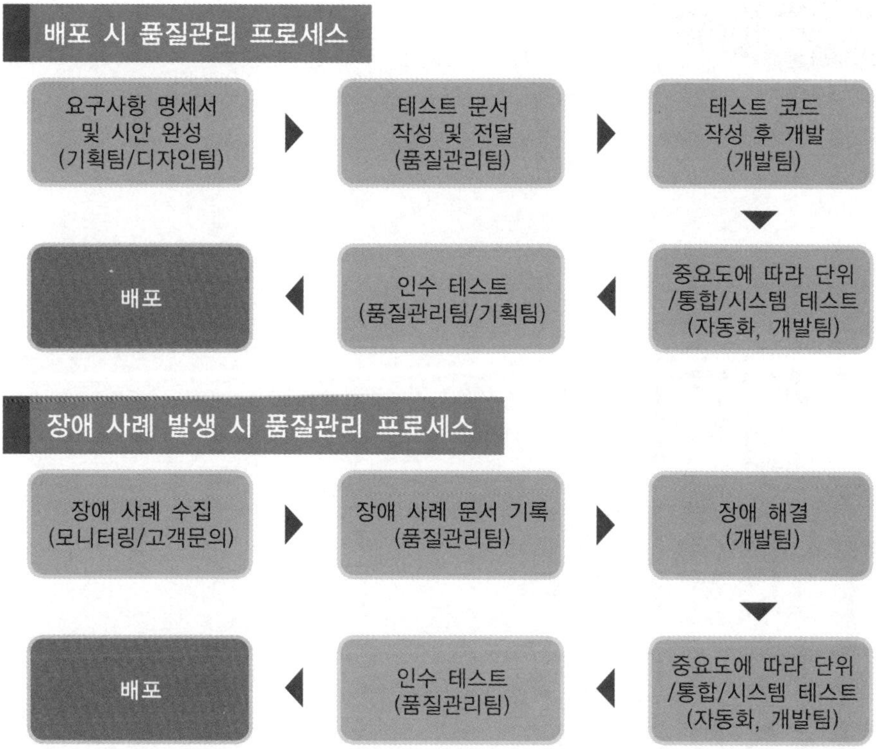

그림 4.17 모두싸인의 이중화 테스트 프로세스 사례

많은 기업에서는 프로덕션 이전과 이후로 나눠진 품질관리 절차를 설계하고 운영하지만 실제 테스트 정책과 정렬이 된 테스트 프로세스는 더욱 효과적인 목표달성을 하는 데 있어서 중요한 부분입니다. 그리고 해당 목표를 실제 한 방향 정렬이 된 프로세스로 갖추는 것의 중요성은 고객의 신뢰가 최우선인 분야에서 참고하기에 좋은 사례라고 생각합니다.

지금까지 다양한 테스트 프로세스에 관해 소개하고 이야기해보았습니다. 이 이외에도 기업별로 가지고 있는 자체적인 절차들을 최대한 수집해서 알아보며, 자신의 조직에 적용할 수 있는 부분들을 찾아본다면 나만의, 우리 회사만의 조직문화와 맞는 품질 프로세스를 만들 수 있을 것입니다.

exploration

5

의심하고, 확인하며, 검증하라

테스팅 실전 기술

이 장에서는 테스터들이 소프트웨어 테스팅 실무를 수행하는 데 있어서 가장 많이 사용하고 꼭 필요한 실전 기술들을 소개하고자 합니다. 테스팅을 수행할 때 제일 많이 사용하는 기술은 크게 테스트 케이스를 작성하는 법, 작성된 테스트 케이스를 수행하는 법, 그리고 테스트 결과를 보고하는 법, 마지막으로 테스팅에 필요한 추적성이 중요한 이유를 설명합니다.

01 테스팅 실행을 위한 설계 문서작성

테스트 케이스 작성은 주로 테스트 절차에서 분석 단계 이후 설계 및 구현 단계에서 집중적으로 수행합니다. 테스트 케이스를 작성하기 위해서는 무엇보다 테스트 베이시스(Test Basis)의 철저한 분석과 추적성(Traceability)이 확보되어야 합니다. 그 이후에 어떤 항목과 이벤트들을 테스팅할 것인지 테스트 조건(Test Conditions)을 작성하는 게 정형화된 지식체계에서 나오는 업무의 흐름입니다. 이 전제 조건들이 달성됐다는 전제하에 진행되는 것이 바로 테스트 설계를 수행하는 것입니다.

테스트 설계할 때 활용하는 문서작성 형태는 크게 세 가지로 구분됩니다.

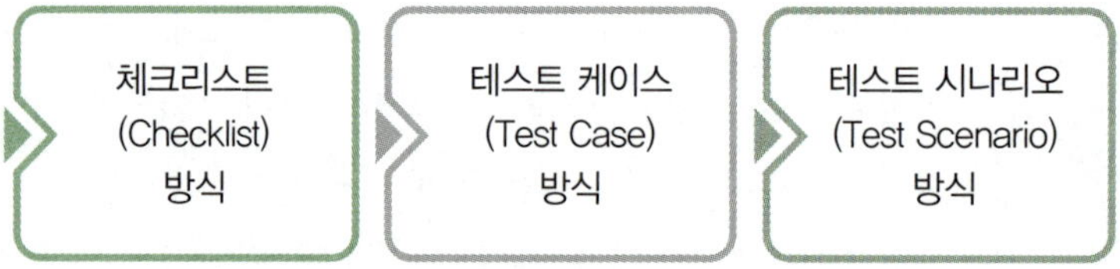

물론 이 이외에도 다양한 형태의 문서작성 형태들이 있지만 가장 많이 사용되는 방식들입니다. 이 문서들의 개념과 작성 방법들만 정확히 알고 있어도 어느 정도 테스팅을 수행하는 데 필요한 산출물과 품질을 판단하는 기초 품질지표는 식별할 수 있습니다.

1. 체크리스트 방식

체크리스트라는 개념은 무엇인가를 꼭 확인해야 하는 항목들에 대한 나열입니다. 다음은 캠브릿지 사전에서 제시하는 체크리스트의 정의입니다.

a list of things that you must think about, or that you must remember to do

이를 읽어보면 반드시 생각하거나 기억해야 하는 것들의 목록이라고 정의되어 있습니다.* 이런 체크리스트의 정의는 우리가 업무 중에 꼭 챙겨야 하고 기억해야 하는 중요 업무에 관한 정의로 활용할 수 있습니다.

체크리스트를 흔하게 볼 수 있는 곳은 공용 화장실입니다. 화장실에 가보면 그림 5.1과 같은 문서가 벽에 붙어있는 것을 본 적이 있을 겁니다. 이 항목들은 매번 화장실을 관리할 때 빠짐없이 점검하고 확인해야 하는 항목들입니다. 그것도 일정한 시간 간격으로 체크를 하게끔 되어있습니다. 이런 형태의 문서가 대표적인 체크리스트입니다.

현대서비스㈜ 화장실 점검 진단표

점검 기간 : 22. 3. 21 - 22. 3. 26

점검사항	세부 점검 내용	점검일자	점검일자	점검일자	점검일자	점검일자	점검일자	비 고
		월	화	수	목	금	토	
세면대	거울 정리정돈 상태(얼룩,먼지 유무)	•	•	•	•	•		
	세면대 청결(물때,머리카락,오물 유무)	•	•	•	•	•		
	배수 상태	•	•	•	•	•		
양변기	배수 상태(물내림 고장 유무)	•	•	•	•	•		
	양변기 청소 상태	•	•	•	•	•		
	각종 부위 누수	•	•	•	•	•		
소변기	감지기 작동상태	•	•	•	•	•		
	배수 상태(물내림 고장 유무)	•	•	•	•	•		
	청소 상태	•	•	•	•	•		
문 짝	문고리,옷걸이 상태	•	•	•	•	•		
	문짝 파손	•	•	•	•	•		
건조기	건조기 작동 유무	•	•	•	•	•		
	건조기 청소상태	•	•	•	•	•		
환 경	악취/냄새	•	•	•	•	•		
	바닥 물기	•	•	•	•	•		
	조명 (정상 작동)	•	•	•	•	•		
	휴지통 청결	•	•	•	•	•		
비 품	휴지/휴지걸이	•	•	•	•	•		
	손 세정제 비치	•	•	•	•	•		
	방향제	•	•	•	•	•		
	페이퍼타올 비치	•	•	•	•	•		
	청소도구 정리(눈에 안 보이는 곳에 보관)	•	•	•	•	•		
점 검 자								

그림 5.1 화장실 점검 체크리스트 사례

* https://dictionary.cambridge.org/ko/%EC%82%AC%EC%A0%84/%EC%98%81%EC%96%B4/checklist

체크리스트를 작성하려면 가장 먼저 목록을 구성할 구분을 정해야 합니다. 이때 참고할 수 있는 대표적인 평가항목이 품질특성으로 구분된 ISO/IEC 25010 국제표준입니다. 해당 표준에서 제시하는 품질특성들을 참고하여 기능성, 사용성, 보안성 등 필요한 특성들로 구분해서 점검해야 하는 항목들을 선별합니다.

체크리스트를 구성할 때에는 크게 품질특성으로 구분하는 항목들과 기능 리스트로 구분하는 항목들로 나눠서 구성합니다. 먼저 기능 리스트로 구성하는 방식을 소개하겠습니다. 하향식(Top-Down)으로 구성되는 기능리스트를 구성하고 해당 기능의 정상 작동 여부를 체크하는 방식입니다. 이때 두 가지를 반드시 고려해야 합니다.

1. 해당 기능의 중요도 또는 우선순위
2. 기능의 적절성

첫 번째 고려대상인 해당 기능의 중요도나 우선순위는 기능의 리스크 분석을 통해서 진행 항목의 필수 수행 여부를 판단하거나 먼저 수행해야 하는 항목이 무엇인지를 판단하는 기준입니다. 체크리스트의 생명은 꼭 해야 하는 항목들의 나열입니다. 모든 것이 중요하겠지만 그중에서도 순서는 정할 수 있습니다. 이때 등장하는 개념이 바로 '리스크 기반 테스팅(Risk Based Testing)'입니다.

리스크 기반 테스팅이라는 것은 기본적으로 제품에서 발생할 수 있는 결함의 발생 위험성을 평가해서, 해당 부분을 집중적으로 테스팅하는 방식이라고 할 수 있습니다. 리스크 기반 테스팅은 테스팅을 진행할 대상보다 자원이 부족할 경우, 테스팅을 진행할 우선순위를 정하고 테스팅을 진행할 인원을 배치해서 효율적인 테스팅을 하는 방식입니다. 리스크 기반 테스팅에 대해서는 5.2.2절에서 보다 자세히 설명하겠습니다.

두 번째로 구성하는 방식은 품질특성별로 구성하는 방식입니다. 애플 사의 App Store에 앱(App)을 서비스하기 위해서는 심사 지침을 따라야 합니다. 해당 심사 지

 Developer 둘러보기 디자인 개발 배포 지원 계정(영문)

App Store 개요 새로운 사항 기능 문서 지침 개발자 인사이트

App Store 심사 지침

앱은 세상을 바꾸고 있습니다. 앱을 통해 사람들의 삶은 풍요로워지고, 여러분과 같은 개발자들은 전에 없던 새로운 방식으로 혁신을 이루고 있습니다. 이에 따라 App Store는 수백만 명의 개발자와 10억 명 이상의 사용자들이 이용하는 흥미롭고 생동감 넘치는 생태계로 성장했습니다. 여러분은 초보 개발자일 수도 있고, 다수의 숙련된 프로그래머로 구성된 팀일 수도 있습니다. 누구든 상관없이 Apple은 바로 여러분이 App Store용 앱을 제작하고 계신 것을 기쁘게 생각하며, 앱 심사 절차를 신속하게 통과할 수 있도록 Apple 지침을 이해하는 데 도움을 드리고자 합니다.

서론
제출하기 전에
1. 안전성
2. 성능
3. 비즈니스
4. 디자인
5. 법적 요구 사항
제출 후

서론

App Store의 기본 원칙은 간단합니다. 사용자에게는 안전하게 앱을 이용할 수 있는 경험, 개발자에게는 뛰어난 앱을 개발할 수 있는 훌륭한 기회를 제공하는 것입니다. 이를 위해 Apple에서는 모든 콘텐츠를 세심하게 엄선한 App Store를 제공합니다. App Store의 모든 앱은 전문가들이 심사하고 에디터 팀은 사용자가 매일 새로운 앱을 발견하도록 콘텐츠를 작성합니다. 그 외 모든 것은 언제든 인터넷을 사용하면 됩니다. App Store 모델 및 지침이 여러분의 앱 또는 비즈니스 아이디어에 적합하지 않다면, 뛰어난 웹 환경을 제공하는 Safari를 통해서도 여러분의 서비스를 제공할 수 있습니다.

다음 페이지에는 안전성, 성능, 비즈니스, 디자인 및 법적 요구 사항의 5개 섹션으로 명확하게 정리된 Apple의 최신 지침이 제공됩니다. App Store는 고객 및 제품 요구 사항을 충족하기 위해 변화와 개선을 거듭합니다. App Store에서 앱을 유지하려면 꾸준한 변화와 개선이 필요합니다.

몇 가지 달라진 요점은 다음과 같습니다.

- 현재 수많은 아이들이 App Store에서 다양한 앱을 다운로드하고 있습니다. 유해 콘텐츠 차단 기능으로도 탁월하게 아이들을 보호할 수 있지만 여러분이 수행해야 할 역할도 있습니다. Apple이 아이들에 대해 지속적인 관심을 두고 있다는 점을 유념하십시오.
- App Store는 전 세계 수억 명의 사용자에게 앱을 소개할 수 있는 좋은 방법입니다. 단순히 가족이나 친구에게 보여주기 위해 앱을 제작하는 경우, App Store를 이용하는 것이 적절하지 않을 수 있습니다. Xcode를 사용하여 기기에 앱을 무료로 설치하거나 Apple Developer Program 회원에게 제공되는 Ad Hoc 배포를 사용하는 것이 좋습니다. 이제 막 시작하신 경우 Apple Developer Program에 대한 자세한 내용을 확인해 보십시오.
- Apple은 앱이 서로 다른 의견을 가진 사용자를 존중하고 우수한 앱 경험을 제공하는 한 App Store에 제시되는 모든 견해를 지지합니다. Apple이 정해 놓은 선을 넘는 콘텐츠나 동작이 있는 앱은 반드시 거절당합니다. 어떤 선인지 궁금하십니까? "직접 보면 알 수 있다"는 미국 연방 대법관의 말처럼 선을 넘는 순간 여러분도 알 수 있을 것입니다.

그림 5.2 App Store 심사 지침 안내

출처: https://developer.apple.com/kr/app-store/review/guidelines/#safety

침을 보면 체크리스트의 형태가 품질특성으로 구분이 되어있습니다.

해당 심사 지침에는 안전성, 성능, 비즈니스, 디자인, 법적 요구사항 등으로 구성되어 있습니다. 이제 세 번째 항목인 비즈니스 항목을 살펴보겠습니다.

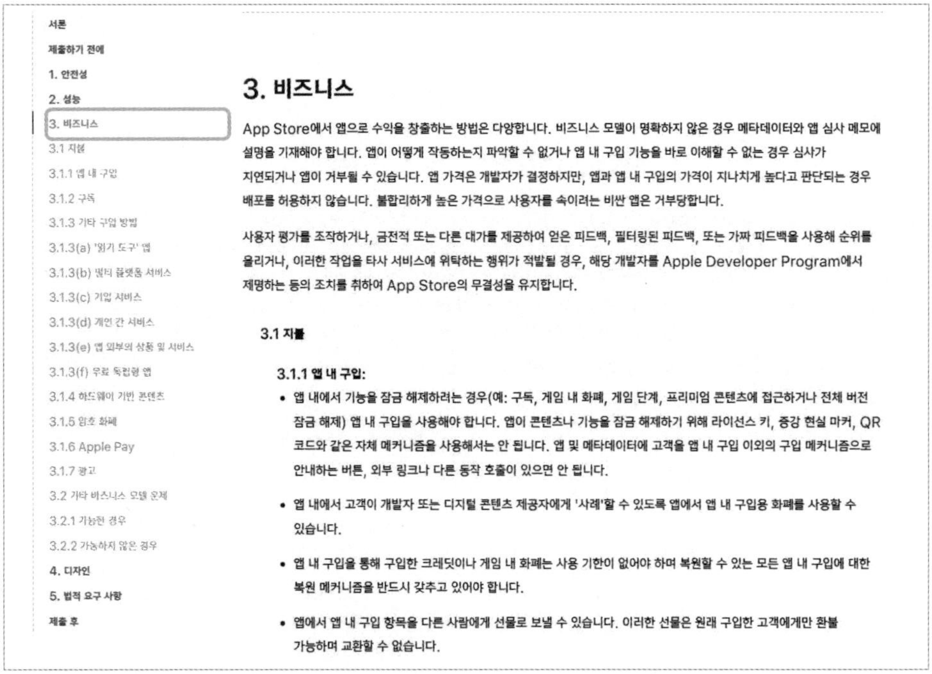

서론
제출하기 전에
1. 안전성
2. 성능
3. 비즈니스
3.1 지불
3.1.1 앱 내 구입
3.1.2 구독
3.1.3 기타 구입 방법
3.1.3(a) '읽기 도구' 앱
3.1.3(b) 멀티 플랫폼 서비스
3.1.3(c) 기업 서비스
3.1.3(d) 개인 간 서비스
3.1.3(e) 앱 외부의 상품 및 서비스
3.1.3(f) 무료 독립형 앱
3.1.4 하드웨어 기반 콘텐츠
3.1.5 암호 화폐
3.1.6 Apple Pay
3.1.7 광고
3.2 기타 비즈니스 모델 문제
3.2.1 가능한 경우
3.2.2 가능하지 않은 경우
4. 디자인
5. 법적 요구 사항
제출 후

3. 비즈니스

App Store에서 앱으로 수익을 창출하는 방법은 다양합니다. 비즈니스 모델이 명확하지 않은 경우 메타데이터와 앱 심사 메모에 설명을 기재해야 합니다. 앱이 어떻게 작동하는지 파악할 수 없거나 앱 내 구입 기능을 바로 이해할 수 없는 경우 심사가 지연되거나 앱이 거부될 수 있습니다. 앱 가격은 개발자가 결정하지만, 앱과 앱 내 구입의 가격이 지나치게 높다고 판단되는 경우 배포를 허용하지 않습니다. 불합리하게 높은 가격으로 사용자를 속이려는 비싼 앱은 거부당합니다.

사용자 평가를 조작하거나, 금전적 또는 다른 대가를 제공하여 얻은 피드백, 필터링된 피드백, 또는 가짜 피드백을 사용해 순위를 올리거나, 이러한 작업을 타사 서비스에 위탁하는 행위가 적발될 경우, 해당 개발자를 Apple Developer Program에서 제명하는 등의 조치를 취하여 App Store의 무결성을 유지합니다.

3.1 지불

3.1.1 앱 내 구입:

- 앱 내에서 기능을 잠금 해제하려는 경우(예: 구독, 게임 내 화폐, 게임 단계, 프리미엄 콘텐츠에 접근하거나 전체 버전 잠금 해제) 앱 내 구입을 사용해야 합니다. 앱이 콘텐츠나 기능을 잠금 해제하기 위해 라이선스 키, 증강 현실 마커, QR 코드와 같은 자체 메커니즘을 사용해서는 안 됩니다. 앱 및 메타데이터에 고객을 앱 내 구입 이외의 구입 메커니즘으로 안내하는 버튼, 외부 링크나 다른 동작 호출이 있으면 안 됩니다.
- 앱 내에서 고객이 개발자 또는 디지털 콘텐츠 제공자에게 '사례'할 수 있도록 앱에서 앱 내 구입용 화폐를 사용할 수 있습니다.
- 앱 내 구입을 통해 구입한 크레딧이나 게임 내 화폐는 사용 기한이 없어야 하며 복원할 수 있는 모든 앱 내 구입에 대한 복원 메커니즘을 반드시 갖추고 있어야 합니다.
- 앱에서 앱 내 구입 항목을 다른 사람에게 선물로 보낼 수 있습니다. 이러한 선물은 원래 구입한 고객에게만 환불 가능하며 교환할 수 없습니다.

그림 5.3 App Store 심사 지침 비즈니스 항목
출처: https://developer.apple.com/kr/app-store/review/guidelines/#business

그림 5.3에서 단계별로 체크해야 하는 항목들이 자세히 기술되어 있는 것을 보실 수 있습니다. 이는 단순하게 기능을 하향식으로 구성한 것이 아니라 일정한 품질 기준을 지키기 위해 구성된 항목들의 묶음으로 표현되고 있음을 알 수 있습니다. 이렇게 구성된 항목들의 형식에 맞춰서 여러분의 제품의 품질 체크리스트 항목을 구성해보기 바랍니다.

마지막으로 체크리스트는 최대한 작동이 단순하고 반복적으로 수행되어야 하며 누구라도 쉽게 수행할 수 있도록 작성되어야 합니다. 그래야만 빠르게 해당 항목들을 점검할 수 있기 때문입니다.

2. 테스트 케이스 방식

테스팅을 수행하면서 가장 많이 사용되는 문서는 바로 '테스트 케이스(Test Case)' 입니다. 테스트 케이스는 특정한 프로그램의 경로나 기능을 실행해보거나, 특정한 요구사항의 구현 여부, 정상 동작 여부를 확인하기 위해서 작성된 입력값, 실행 조건, 그리고 예상된 결과의 집합을 뜻합니다.

테스팅을 본격적으로 진행하기에 앞서 작성되는 테스트 산출물은 테스트 계획서와 테스트 케이스입니다. 테스트 계획서를 테스트 매니저, 리더들이 작성한다면 테스트 케이스는 테스트 엔지니어와 테스터가 작성합니다. 테스트 케이스의 템플릿이나 폼을 작성할 때에는 'IEEE 829-1998(Standard for Software Test Documentation)'에서 정의한 테스트 케이스 명세서의 형태를 최대한 참고해서 작성합니다. 회사마다 테스트 케이스 형태가 다르고 구성요소에 대한 명칭이 다르지만, 문서작성 템플릿이나 폼의 출발은 이런 국제적 표준 양식이나 형태를 최대한 준수하는 게 중요합니다. 표준 문서를 기준으로 작성한다면 타 부서, 협력업체와의 협업에 유연해질 수 있기 때문입니다.

무엇보다도 테스트 케이스를 잘 작성하려면 테스트 케이스의 가독성이 높아야 합니다. 가독성은 작성자만 알아보는 것이 아닌, 다른 사람이 보고 곧바로 이해할 수 있고 그대로 수행할 수 있어야 하기 때문입니다. 대규모 테스팅 프로젝트에서는 테스팅에 참여하는 인원이 2~30명 이상일 경우도 많이 있으며, 상황에 따라 테스트 케이스 작성자가 테스팅을 수행하지 않고 다른 테스터가 테스트 케이스를 수행할 때도 빈번합니다. 따라서 다른 사람이 알아보지 못하는 테스트 케이스는 그만큼 활용도가 떨어질 수 있습니다. 표 5.1은 현업에서 가장 많이 사용하는 테스트 케이스의 가장 일반적인 양식입니다.

테스트 케이스에서 빠져서는 안 되는 핵심 구성요소는 제목(여기에서는 세부항목이 제목에 해당)과 사전조건, 그리고 테스트 단계, 마지막으로 기대 결과입니다.

이 구성요소는 제목과 형식이 조금씩 표현상 다를 수는 있지만 대부분 비슷한 형

표 5.1 인터넷 사이트의 마이페이지 기능 테스트 케이스 작성 예제

<table>
<tr><th>ID</th><th>SRS</th><th>대항목</th><th>중항목</th><th>소항목</th><th>세부항목</th></tr>
<tr><td>TC001</td><td>요구사항서 92p</td><td>마이페이지</td><td>제품등록</td><td>쿠폰 발급 팝업</td><td>[나의 쿠폰리스트 보기] 클릭 확인</td></tr>
<tr><th colspan="2">사전 조건</th><th colspan="2">진행 단계(Step)</th><th colspan="2">기대 결과(Expected Results)</th></tr>
<tr><td colspan="2">1. 관리자가 해당제품에 대해
2. 쿠폰등록을 함
3. 발급 아이디는 mbd01
4. 쿠폰 등록수는 총 5개 등록</td><td colspan="2">1. 로그인
2. 마이페이지 메뉴 이동
3. 해당 제품 등록 시 쿠폰발급 팝업 노출 확인
4. [나의 쿠폰 리스트 보기] 버튼 클릭</td><td colspan="2">나의 쿠폰 리스트 페이지로 이동된다.</td></tr>
</table>

태로 사용됩니다. 테스트 케이스의 제목을 작성할 때에는 해당 테스트의 요약이기 때문에 어떤 것을 테스팅을 하려는지 명확히 적어주는 게 좋습니다. 테스팅을 진행하면서 결함을 개발자에게 전달하면 개발자가 해당 결함이 발생한 테스트 케이스를 확인하는 경우가 있는데, 테스트 케이스의 제목이 명확하면 쉽게 테스트 절차를 이해할 수 있기 때문입니다.

테스트 케이스를 작성할 때 일어나는 가장 많은 실수는 테스트 단계와 기대 결과를 혼용해서 쓰는 경우입니다. 다음은 앞의 테스트 단계를 다음과 같이 잘못 작성한 형태입니다.

표 5.2와 같이 작성되면 테스트 단계와 기대 결과의 차이점이 모호해집니다. 테

표 5.2 잘못 작성된 테스트 케이스 예

진행 단계	기대 결과
1. 로그인 2. 마이페이지 이동 3. '해당 제품 등록 시 쿠폰발급' 팝업 노출 확인 4. [나의 쿠폰리스트 보기] 클릭 시 나의 쿠폰 리스트로 이동되는 지 확인	나의 쿠폰 리스트 페이지로 정상 이동된다.

표 5.3 수정 작성 테스트 케이스 예

진행 단계	기대 결과
1. 쿠폰 발급 아이디로 로그인 2. 마이페이지 메뉴 클릭 3. '해당 제품 등록 시 쿠폰발급' 팝업 노출 4. 쿠폰 발급 팝업에 노출되는 [나의 쿠폰 리스트 보기] 버튼 클릭	나의 쿠폰 리스트 페이지로 정상 이동된다.

스트 단계에서는 정확하게 동작까지만 표시해주고, 이로 인해 발생하는 현상은 기대 결과에 작성해주면 좀 더 명확하고 이해하기 쉬운 테스트 케이스가 완성됩니다. 그리고 진행단계에서 여러 가지 항목을 함께 점검하는 형태로 작성되면 해당 테스트 케이스가 무엇을 테스트하기 위한 것인지 목적이 불분명집니다. 테스트 케이스에서 진행단계는 한 가지의 기대 결과를 얻기 위한 절차이며, 해당 절차를 모두 수행했을 경우 최종 결과가 기대 결과로 나타나는 형태로 구성하면 됩니다.

표 5.3은 수정된 테스트 케이스이며 테스트 진행을 하는 각각의 단계를 동작과 구체적인 위치까지 업데이트했습니다. 요구사항서를 기준으로 구체적으로 어떤 동작을 순차적으로 진행해야 기대 결과에 도달할 수 있는지 명확하게 작성해야만, 테스트 케이스 작성자가 아닌 다른 테스터가 테스팅을 진행하더라도 쉽게 이해할 수 있으며 재사용성이 높아집니다.

특히 테스트 단계를 여러 단계로 작성하는 경우는 너무 복잡하므로 별도로 구분해서 작성하거나 '테스트 스위트(Test Suite)' 형태로 작성하는 것이 좋습니다. 테스트 스위트는 소프트웨어 테스트 케이스들의 집합으로 특정한 기능을 테스팅하기 위해 테스트 케이스들을 모아놓은 집합체와 같은 형태를 말합니다. 너무 많은 단계로 작성되면 최종 단계까지 도달하기 전에 결함이 발생할 때, 해당 결함이 이번에 테스팅하는 케이스의 결함이라고 보기 어려울 수도 있습니다. 또한 심각할 경우에는 하나의 테스트 케이스에서 여러 개의 결함이 발견될 때도 있어 테스트 케이스가 세밀하게 작성되지 않을 수 있습니다.

테스트 케이스의 적합성을 검토하기 위해서는 테스트 케이스 검토 체크리스트를 작성해서 테스트 케이스 리뷰를 진행해야 합니다. 또한 테스트 케이스 검토를 통해 테스트 케이스의 미비한 점을 보완해 나가는 작업을 진행해야 합니다. 통합 테스트 케이스로서 작성된 테스트 케이스에 데이터의 흐름, 에러메시지 확인, 테스트 케이스 형식에 맞게 작성되었는지, 요구사항서에 표시된 기능을 모두 포함하고 있는지, 모든 테스트 요소가 테스트 케이스에 포함되어 있는지를 평가하고 보완조치를 할 수 있는 과정을 진행해야 합니다. 테스트 케이스를 급하게 작성하고 곧바로 테스팅을 수행하는 경우가 일반적이라 현실은 테스트 케이스를 진행하기 어려울 수 있습니다. 하지만 테스트 매니저나 리더의 역할이므로 리뷰를 통한 테스트 케이스의 보완작업을 꼭 진행하길 권장하고 싶습니다. 이는 테스터에 대한 평가에 활용할 수 있어서 주요 평가지표로 충분한 가치가 있습니다. 실질적인 테스터 역량이 그대로 드러날 수 있는 부분이며, 명확한 기준과 판단근거로 평가 및 수정 보완작업이 진행된다면 더욱 좋은 테스팅 산출물들이 나올 수 있습니다. 다음은 주로 사용되는 테스트 케이스 평가항목들입니다.

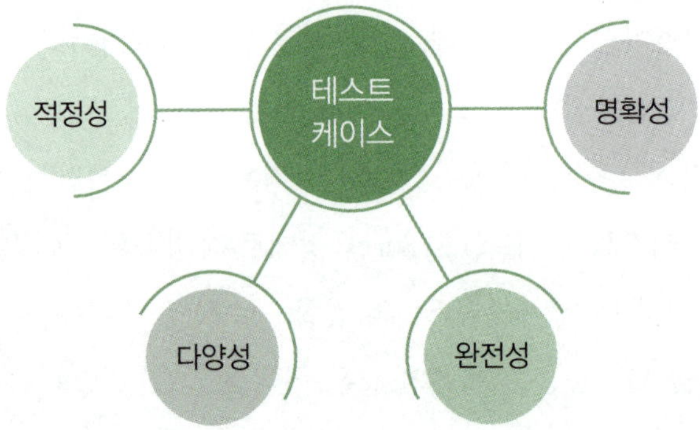

실제로 이런 내용의 리뷰는 해당 제품에 대한 이해도가 높은 시니어 직급의 리더나 동료가 해주는 것이 좋습니다. 여기에서 적정성의 경우 체계적인 테스트 설계 기법을 사용했는지, 충분한 양을 작성했는지, 너무 적은 것은 아닌지와 같이 실제

테스팅에 대한 이해도가 높은 엔지니어가 리뷰를 수행했을 때 효과가 높아집니다.

잘 작성되고 설계된 테스트 케이스는 명확한 테스팅 수행에 대한 테스트 커버리지뿐만 아니라 충분하게 테스팅이 되었음을 증명하는 도구이기도 합니다.

3. 테스트 시나리오 방식

테스트 시나리오는 작성된 테스트 케이스 중에 일련의 비즈니스 절차, 또는 사용자의 서비스 이용 시나리오를 나열한 것을 말합니다. 테스트 시나리오가 작성되려면 선행조건인 테스트 케이스가 작성되어 있어야 합니다. 그래야 테스트 케이스를 순차적으로 나열할 수 있습니다. 만약에 테스트 케이스가 없는 상황이라면 원하는 수행 활동명을 나열하는 것으로 대체될 수도 있습니다.

테스트 시나리오는 주로 주요 기능의 연계적인 흐름의 구현을 파악하기 위하거나 핵심 서비스의 기능이 처음부터 끝까지(E2E: End to End) 잘 연결이 되어있는지 파악하고자 할 때 사용합니다. 또한 특정한 사용자의 이용 규칙(pattern)에 대한 시나리오를 구성해서 각 기능상에서의 문제가 발생하는 것이 없는지를 확인하기도 합니다. 테스트 시나리오는 단독으로만 사용하는 경우보다는 대부분 테스트 케이스나 체크리스트와 함께 사용합니다.

이러한 특성상 테스트 시나리오를 기반으로 테스팅을 하는 경우는 주로 테스트 레벨상의 통합 테스팅에서 수행되거나 인수 테스팅 단계에서 수행됩니다. 통합 테스팅에서는 아주 기본적인 사용자 시나리오의 동작 여부를 판단하는 것이라면, 인수 테스팅에서는 실제 사용자의 관점에서 다양하고 복합적인 상황에서 문제가 되지 않을지 점검하기도 합니다.

그림 5.4는 테스트 디자인 컨테스트(Test Design Contest)인 TDC 4회 대회에 출품한 어니컴팀의 산출물 중 일부입니다. 컨테스트의 과제는 화상 채팅앱에 대한 설계이며 이 제품을 테스팅 할 때 필요한 테스트 시나리오를 작성한 사례입니다. 가장 먼저 요구사항을 분석해서 다이어그램으로 전체적인 서비스 흐름도의 도식화를 진행

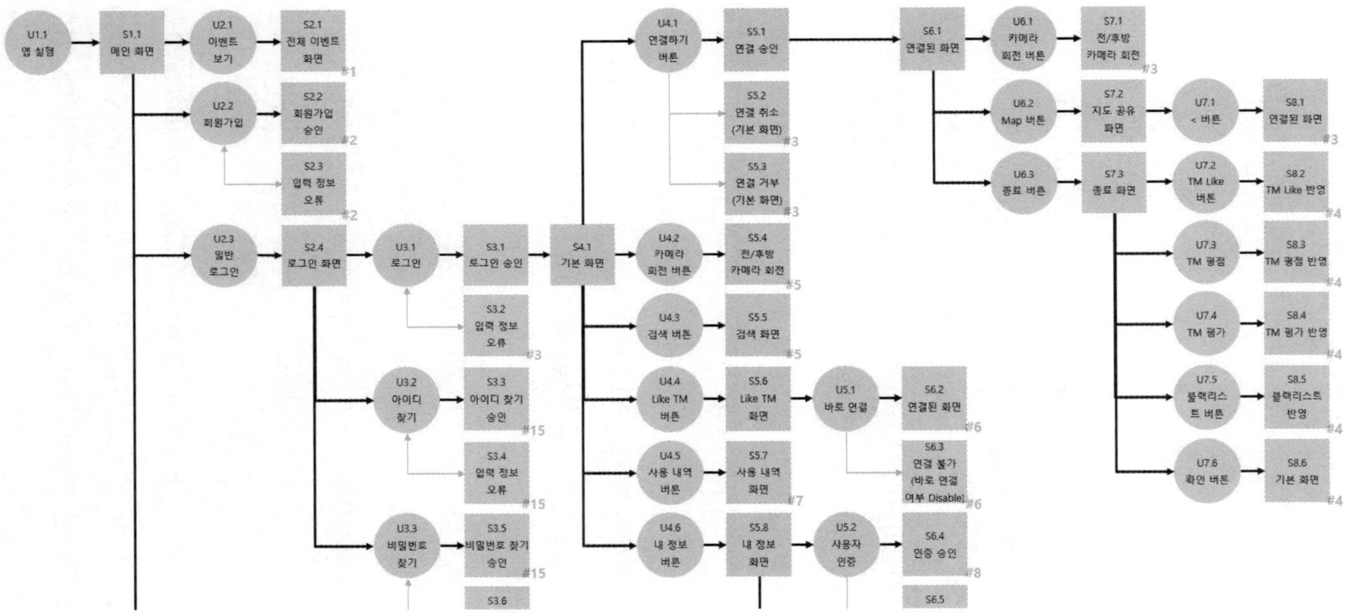

그림 5.4 프로세스 흐름 다이어그램 중 일부, TDC 어니컴팀 테스트 디자인 산출물 중 하나

출처: 해당 내용의 저작권은 모두 TDC 주최 측에 있음, http://www.tqconsulting.co.kr/?page_id=182

합니다. 이후 시나리오 테이블을 작성해서 필요한 시나리오를 실행 경로로 나열한 방식입니다. 테스트 시나리오를 구상할 때 충분히 참고할만한 내용입니다.

표 5.4 시나리오 테이블의 일부, TDC 어니컴팀 테스트 디자인 산출물 중 하나

시나리오#	#1	#2	#3	#4	#5
시나리오 이름	전체 이벤트 확인	회원 가입	지도 공유	연결 종료	Mate 검색
실행 경로	U1.1 〉 S1.1 〉 U2.1 〉 S2.1	U1.1 〉 S1.1 〉 U2.2 〉 S2.3 〉 U2.2 〉 S2.2	U1.1 〉 S1.1 〉 U2.3 〉 S2.4 〉 U3.1 〉 S3.2 〉 U3.1 〉 S3.1 〉 S4.1 〉 U4.1 〉 S5.2 〉 S4.1 〉 U4.1 〉 S5.3 〉 S4.1 〉 U4.1 〉 S5.1 〉 S6.1 〉 U6.1 〉 S7.1 〉 S6.1 〉 U6.2 〉 S7.2 〉 U7.1 〉 S8.1	U1.1 〉 S1.1 〉 U2.3 〉 S2.4 〉 U3.1 〉 S3.1 〉 S4.1 〉 U4.1 〉 S5.1 〉 S6.1 〉 U6.3 〉 S7.3 〉 U7.2 〉 S8.2 〉 S7.3 〉 U7.3 〉 S8.3 〉 S7.3 〉 U7.4 〉 S8.4 〉 S7.3 〉 U7.5 〉 S8.5 〉 S7.3 〉 U7.6 〉 S8.6	U1.1 〉 S1.1 〉 U2.3 〉 S2.4 〉 U3.1 〉 S3.1 〉 S4.1 〉 U4.2〉 S5.4 〉 S4.1 〉 U4.3 〉 S5.5
사용자 동작	1. 이벤트 보기 링크	1. 이메일로 계정 생성하기 버튼 - (Invalid) 이메일 주소 - (Invalid) 비밀번호 확인 - (Invalid) 스마트폰 번호 - (Invalid) 약관 미동의 - 이름, 이메일 주소, 비밀번호, 비밀번호 확인, 스마트폰 번호, 약관 동의 입력	1. 로그인 버튼 - (Invalid) 아이디 - (Invalid) 비밀번호 - 아이디, 비밀번호 입력 2. 연결하기 버튼 - (Invalid) 취소 버튼 - (Invalid) Mate 연결 거부 - (Invalid) 가능한 Mate 없음 3. 카메라 회전 버튼 4. Map 버튼	→ 로그인 → 연결하기 1. 종료 버튼 - TM Like 버튼 - TM 평점 입력 - TM 평가 입력 - 블랙리스트 버튼	→ 로그인 1. 카메라 회전 버튼 2. 검색 버튼 - 검색어 입력

exploration 5

시스템 피드백	1. 전체 이벤트 - 전체 이벤트 리스트 페이지로 이동됨	1. 회원 가입 - (Invalid) 회원 가입 실패 - 회원 가입 성공	1. 로그인 - (Invalid) 로그인 실패 - 로그인 성공 2. 연결하기 - (Invalid) 연결 실패 - 연결 성공 3. 카메라 회전 - 전/후방 카메라 회전 4. Map 공유 - Mate에게 Map 공유	1. 서비스 종료 - TM Like 반영 - TM 평점 반영 - TM 평가 반영 - 블랙리스트 설정 반영	1. 카메라 회전 - 전/후방 카메라 회전 2. Mate 검색 - 검색어에 맞는 Mate 검색

02 테스팅 수행방법

테스팅을 수행하는 것은 그동안 설계, 구현 단계에서 준비한 활동들을 실제로 실행하면서 문제점이 없는지 확인하는 활동입니다. 그런데 이때 실무적으로 요구되는 것이 바로 '속도'입니다. 참 아이러니한 부분입니다. 테스팅을 수행하는 데 고품질을 원하면서 속도까지 빨라야 한다는 점이 서로 상충하기 때문입니다. 이런 어려움을 극복하기 위해서 계획된 부분을 수행하는 것들도 있지만 빠르게 품질을 확보하는 것이 필요할 때 사용하는 방법들을 소개합니다.

1. 경험기반 테스팅 기법

경험기반 테스팅은 현재 테스팅을 진행해야 하는 테스터가 해당 제품 영역이나 소프트웨어를 이용했던 경험을 바탕해서 직감적으로 테스팅을 하는 기법을 말합니다. 이 기법은 테스터가 가지고 있는 경험과 IT지식, 테스팅 기술을 중심으로 테스트 케이스를 작성합니다. 이렇게 작성된 테스트 케이스로 테스팅을 진행하는 것이 경험기반 테스팅 기법입니다. 경험기반 테스팅에도 다양한 설계 기법이 존재합니다. 표 5.5는 경험기반 테스팅 기법의 종류를 분류한 표입니다.

여기에서 가장 많이 테스터들 사이에 논의되며 자주 쓰이는 방식은 '탐색적 테스팅(Exploratory testing)'입니다. 탐색적 테스팅은 '탐험적 테스팅'이라는 말로도 혼용되고 있습니다. 이를 제일 처음 주창한 사람은 제임스 바크(James Bach)입니다. 그는 테스트 케이스를 작성하는 시간을 최소화하고, 해당 작성기반을 제품에 대한 이해나 테스팅을 직접 수행하는 곳에 집중해서, 탐색적 테스팅이 테스터의 개인 역량을 최대한 활용한 테스팅을 하는 방식이라고 주장했습니다. 그리고 바크의 블로그를 인용하면 탐색적 테스팅의 핵심 정의는 학습과 테스트 설계 그리고 테스팅을 동시에 수행하는 것이라 정의하고 있습니다. "Exploratory Testing is simultaneous learning, test design, and test execution." 즉, 테스터가 제품을 직접 사용하고 기능을 익히면서 곧바로 테스트 설계를 하는 것이 바로 시간과 비용을 아끼는 방법이라

표 5.5 다양한 경험기반 테스팅 기법의 종류

종류	설명	비고
탐색적 테스팅	테스트 목표와 차터(Charter)를 작성해서 정해진 시간 내에 테스트 설계, 수행, 기록과 학습하는 테스팅 기법 명세가 거의 없고 시간이 부족한 경우 적합	일반적인 명세 · 구조 기법을 보충해주는 역할
체크리스트 기반 (Checklists)	문서 기반의 TC를 작성할 때도 체크리스트의 경험과 노하우를 반영	일반적인(General) 내용 위주로 리스트가 작성됨. 중요 기능 누락방지용으로 활용
에러 추정 (Error Guessing)	발견 가능한 결함의 목록을 미리 정리하고 이를 발견하기 위한 테스트 케이스 작성하는 테스팅 기법 발견 가능한 결함은 상식, 기존 경험과 데이터를 기준으로 도출	테스터가 제품에 대한 이해도가 높을 때 사용되며 가장 많이 사용하는 경험기반 테스팅 방식

고 제시한 것입니다. 탐색적 테스팅은 다음과 같은 구성요소를 가지고 있습니다.*

탐색적 테스팅

1. **테스트 차터(Test Charter)**
어떤 것이 테스팅되어야 하고 어떤 문제를 살펴야 하는지 목적을 세우는 것을 말합니다. 간단하게라도 화면 혹은 기능마다 어떤 것을 테스팅할 지 명확하게 정리하는 것을 말합니다.

2. **시간 제한(Time Box)**
테스트 차터의 항목들을 각각 얼마 정도의 시간 동안 테스팅을 할 지 정하는 것을 말합니다. 보통 1시간 단위로 구분하는 것이 일반적입니다. 제품의 복잡도나 기능, 테스트 차터의 목표 수준에 따라 시간을 시작하기 전에 배분합니다.

3. **테스트 노트(Test Note)**
테스터가 테스트 차터를 수행하면서 태스트 활동을 기록하는 것이며 일종의 로그(Log)와도 같습니다. 형식과 틀은 없으며 테스트 케이스의 역할을 하게 됩니다. 테스트 노트를 작성하지 않으면 어떤 기능을 테스팅했는지 전혀 알 수 없어서 반드시 정리를 해야 합니다.

4. **테스트 요약보고(Debriefing)**
테스트 노트를 기준으로 테스터들 또는 매니저와 함께 테스트 결과에 대한 보고 및 경험을 공유합니다. 이를 통해 많은 테스터들과 함께 경험을 공유함으로써 다른 테스터들이 좀 더 테스팅을 쉽게 할 수 있도록 도움을 줍니다.

해당 과정을 순차적으로 수행하면서 프로젝트의 상황에 따라 세션을 추가하거나 중단할 수도 있습니다. 또한 최대한 단시간 내에 성과를 내서 결함이 집중적으로 나올 것 같은 부분을 테스팅 하거나 중요한 기능들에 대한 추가적인 품질을 확보함으로써 불필요한 테스트 사이클을 추가하는 것을 막아줄 수 있습니다.

탐색적 테스팅은 초급 테스터가 하기에는 무리가 있습니다. 순간마다 해당 제품의 경험들을 기반으로 테스팅을 수행해야 할 수도 있습니다. 오히려 시간이 부족할 경우 해당 산업 전문가가 테스팅에 참여한다면 더욱 큰 도움이 될 수 있습니다. 테스트 차터의 목표를 수립하거나 실제로 테스팅을 같이 진행한다면 훨씬 효율적일

* 권원일·이현주·최승희·이승호·박은영 저, 『개발자도 알아야할 소프트웨어 테스팅 실무 3판』, STA, 2010.

수 있습니다. 그리고 탐색적 테스팅은 단순히 경험적인 측면으로만 보는 것이 아닌 제품을 사용하면서 학습하는 학습형 테스팅이나 에자일(Agile) 테스팅과 비슷한 시각으로 보는 의견도 있습니다.

2. 리스크 기반 테스팅 기법

'리스크 기반 테스팅(Risk Based Testing)'은 국내 대부분의 테스트 계획서나 업무 제안서 같은 곳에 효율화라는 단어가 들어가야 한다면 대부분 같이 쌍으로 들어가 있는 친구 같은 존재입니다. 핵심은 '비용(Cost)'이기 때문입니다. 우리에게 주어진 자원은 무한하지 않습니다. 따라서 가진 자원 내에서 최대한의 효율을 높이는 방식으로 가장 중요한 게 무엇인지 파악해서 해당 부분에 더욱 집중적인 노력을 투입하는 것이 핵심입니다. 리스크 기반 테스팅이 주로 사용되는 테스트 절차상의 시점은 테스트 계획 내의 전략 수립에서 많이 사용됩니다. 자세한 분석이 시작되기 전 어떤 프로젝트상의 위험과 제품상의 위험요소들이 있는지 판단한 뒤 분석작업을 시작하는 것이 효율적이기 때문입니다.

리스크 기반 테스팅을 진행하려면 가장 먼저 진행해야 하는 것은 리스크의 식별입니다. 리스크 식별은 설계 기법 중 하나인 경험기반 설계 기법 중 오류 추정처럼, 결함이 많이 발생할 수 있을 것 같은 취약점을 식별하는 것입니다.

리스크라는 것을 수치로 표현하기가 매우 어렵지만 장애가 발생할 가능성과 장애발생으로 얻는 손실 비용으로 정의해서 그 값을 산출하는 방식을 주로 사용합니다.

리스크	=	장애 가능성	×	손실	[Reynolds, 1996]
(Risk)		(Chance of failure)		(Impact, damage)	

장애 가능성은 해당 기능의 사용 빈도와 결함 가능성을 곱한 값으로 볼 수 있습니다. 그리고 리스크는 결국 사용하는 빈도가 높을수록 결함으로 인해 생기는 결과

exploration 5

표 5.6 리스크 분석 평가 사례

구분	리스크 아이템	장애발생 가능성						영향					종합 점수
		복잡성	상호관계	크기 (Size)	기술의 난이도/최신성	개발팀의 경험 미흡	합계	사용자의 취급 중요도	경제적·안전적 피해	사용 빈도	외부적 가시성	합계	
결제	결제 실패	7	7	5	3	5	27	9	7	1	5	22	594
	결제 완료 후 미충전	7	7	5	3	5	27	9	9	1	5	24	648
기술 사용 중 오류	무료 기술	9	7	9	7	9	41	5	1	9	9	24	987
	유료 기술	9	7	9	7	9	41	9	5	9	9	32	1312
	유료 운세 기술	9	7	9	7	9	41	9	7	9	9	34	1394
	유료 코칭 프로그램	9	5	7	7	7	35	9	9	1	3	22	770
	유료 리포트 기술	9	5	7	7	7	35	9	7	1	3	20	700
	오늘만 무료 기술	7	3	7	5	3	25	9	1	9	9	28	700

가 커진다는 사실을 알 수 있습니다. 많이 사용하지 않는 기능일수록 그만큼 리스크는 낮아지는 것입니다. 실제로 테스팅을 진행하는 동안 가장 자주 등장하는 단어가 바로 리스크입니다. 테스트 계획을 수립할 때도, 테스트 케이스를 설계할 때도, 테스팅을 진행하면서 결함 리포트를 등록하면서도 리스크를 고려합니다. 그 이유는 제시된 공식에서 보여주듯이 리스크 관리를 하지 못한다면 테스팅을 진행하는 동안 감당하기 힘든 비용적인 부담을 할 수 있기 때문입니다. 반대로 리스크가 높아질 수 있는 기능에 집중한다면 비용을 줄일 좋은 방법일 수 있는 것입니다.

표 5.6은 작성된 기능 리스트에서 장애발생 가능성(Likelihood)과 영향(Impact, Damage)을 측정한 사례입니다. 복잡성, 상호관계, 크기, 기술의 난이도, 개발팀의 경험을 장애발생 가능성 평가항목으로, 사용자의 취급 중요도, 경제적인 피해, 사용빈도, 외부적 가시성을 영향 평가항목으로 구성한 뒤, 각 항목을 1점에서 9점까지 평가하여 점수를 입력해서 총합 점수를 계산하면 아이템별로 우선순위를 결정할 수 있습니다.

또한 리스크 분석 항목들은 기업의 상황에 맞춰 필요한 부분만 적용해서 사용하시면 됩니다. 하지만 장애발생 가능성을 제외하거나 영향을 아예 삭제하면 리스크

표 5.7 리스크 분석에 사용하는 주요 항목 사례

리스크 분석 항목	설명
복잡성	해당 기능 구현의 복잡성, 사용의 어려움, 많은 입력데이터 등
상호관계	타 기능, 서비스와의 관련성, 연결성
크기	해당 기능의 크기(볼륨, 코드 라인 수 등)
기술의 난이도	해당 기능을 구현하는 데 필요한 기술 수준, 최신기술 여부
개발팀의 경험	현재 개발부서, 담당 부서의 개발 경험의 정도
사용자 취급 중요도	사용자 직접적으로 관련 있는 기능성의 중요도
경제적 피해	실제 기업 및 사용자에게 미치는 경제적 영향
사용 빈도	사용자의 사용빈도 수
외부적 가시성	사용자에게 보여지는 빈도 수

분석 방식이라고 할 수 없기에 최소한의 항목들은 구성해야 합니다.

앞의 분석을 평가하고 등급을 정하기 위해서는 1차적으로 테스트 매니저가 리스크 분석을 진행한 후에, 내부 조직 또는 프로젝트 매니저와 함께 논의해서 등급 설정에 대한 평가를 받아 객관성을 확보해야 합니다. 왜냐하면 테스트 매니저 혼자만의 독선에 빠질 수 있을뿐더러 타 부서와의 마찰이 생길 수 있는 부분이기 때문입니다. 그리고 다른 사람들의 시각으로 중요도를 판단할 수 있어, 함께 고민하면서 정보 공유와 함께 한 방향 정렬도 가능해집니다.

또한 해당 리스크 분석 방법은 분석된 결과를 X축은 영향도, Y축은 장애발생 가능성으로 활용하여 2차원적인 '리스크 매트릭스(Risk Matrix)'를 통해서 집중해야 하는 영역을 네 가지로 나눠서 구분한 뒤 테스팅을 수행할 항목들을 영역별로 도출할 수 있습니다.

제품의 기능을 리스크 아이템으로 식별한 후 각각의 장애발생 가능성과 영향도

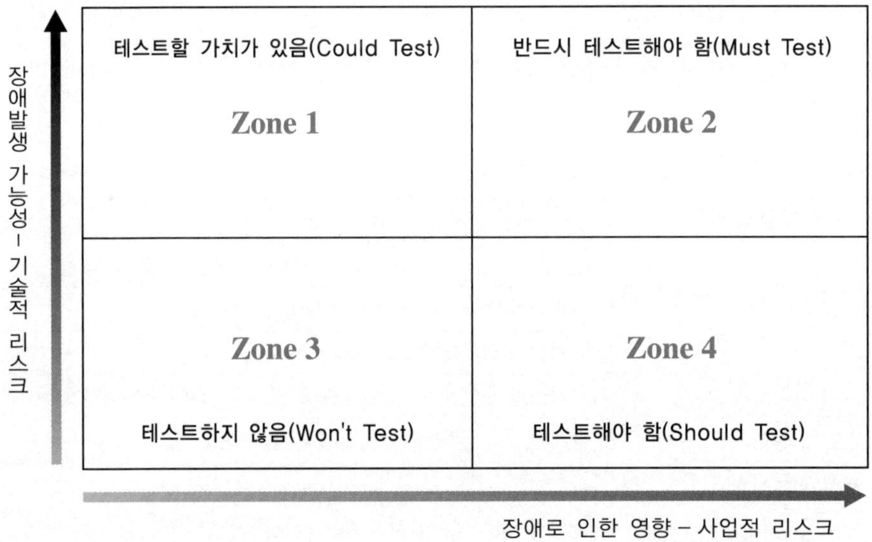

그림 5.5 리스크 매트릭스
출처: Erik Veenendaal, Risk Based Testing, STARREAST, 2006

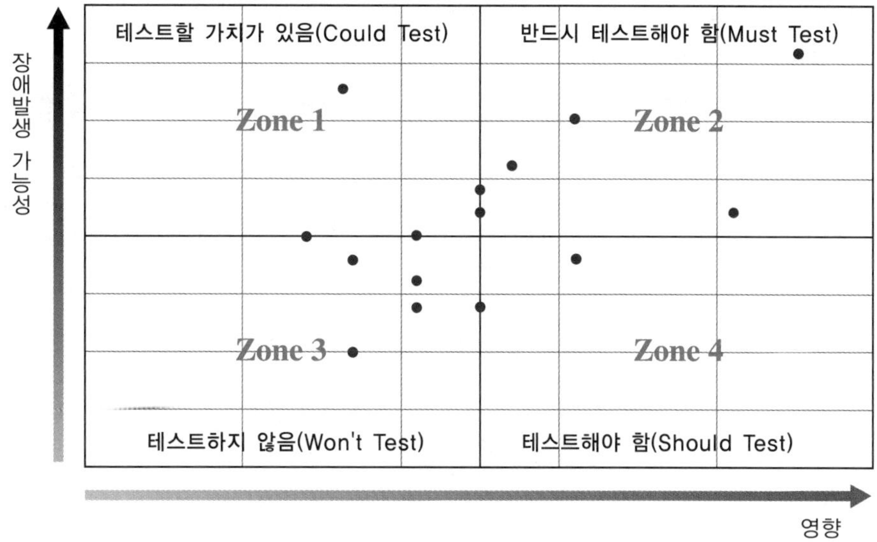

그림 5.6 분석된 리스크 평가 결과를 리스크 매트릭스에 적용한 사례

를 분석한 사례입니다. 해당 표를 기준으로 영향도의 합계를 X축, 장애발생 가능성의 합계를 Y축으로 사용해서 리스크 매트릭스로 표현할 수 있습니다.

이런 평가를 거치고 난 뒤에는 1차원적으로 일정한 구간을 설정하여, 총합 구간 별로 우선순위가 높은 부분을 대입해서 매우높음, 높음, 보통, 낮음 등의 형태의 우선순위를 부여하면 됩니다. 또는 영향을 X축, 장애발생 가능성을 Y축으로 리스크 매트릭스를 만들어서 우선순위를 정하는 방식도 있습니다.

이와 같은 리스크 매트릭스를 구성하여 반드시 테스트해야 하는 영역(Zone 2)은 가장 많이 시간을 투입하고 테스트하지 않음 영역(Zone 3)은 가장 적게 테스팅하는 형태로 진행함으로써 작업의 효율성을 높일 수 있습니다.

해당 분석이 모두 끝나면 실제 작성된 기능 리스트에 우선순위나 대상 영역 등을 대입합니다.

표 5.8 리스크 분석을 통해 우선순위가 제품 항목별로 작성된 체크리스트에 적용된 사례(띵스플로우 라마마 타로 챗봇 체크리스트 중 실제 사례를 바탕으로 재구성된 예시)

대분류	중분류	소분류	우선순위	항목	수행 결과
친구들	목록	한 줄 공지	낮음	사용자는 한 줄 공지 닫기 버튼 터치를 통해 한 줄 공지를 숨길 수 있다	PASS
			낮음	한 번 닫은 한 줄 공지는 자정이 지난 후 다시 볼 수 있다	PASS
		최근 조회한 스킬	보통	조회한 스킬이 없는 사용자는 최근 조회한 스킬이 없다는 안내와 함께 임의의 스킬을 추천받는다	FAIL
			높음	조회한 스킬이 없는 사용자가 추천받은 스킬을 터치하면 해당 스킬의 상세화면을 볼 수 있다	PASS
			높음	사용자는 최근 조회한 스킬 좌측 리스트에서 조회한 코칭 프로그램을 최신순으로 볼 수 있다	PASS
			낮음	코칭 프로그램, 일반 스킬 둘 다 조회한 사용자는 구분선을 통해 두 리스트의 구분을 명확히 알 수 있다	PASS
			높음	사용자는 최근 조회한 스킬 우측 상단 편집 버튼 터치를 통해 최근 조회한 스킬 편집 모드로 진입할 수 있다	PASS
			높음	사용자는 최근 조회한 스킬 편집 모드에서 각 스킬 항목 우측 상단의 - 아이콘을 통해 각각의 항목을 숨길 수 있다	PASS
			높음	사용자는 최근 조회한 스킬 편집 모드에서 우측 상단 완료 버튼을 통해 편집 모드를 종료할 수 있다	PASS
			낮음	최근 조회한 코칭 프로그램을 모두 삭제하는 경우 리스트 구분선이 사라진다	PASS
			낮음	최근 조회한 일반 스킬을 모두 삭제하는 경우 리스트 구분선이 사라진다	PASS
		챗봇	높음	사용자는 친구들 탭에서 챗봇 목록을 확인할 수 있다	PASS
			보통	사용자는 친구들 목록 상단의 헤더를 통해 내가 볼 수 있는 챗봇 친구의 수를 확인할 수 있다	PASS

친구들	목록	챗봇	높음	사용자는 친구들 목록에서 각 챗봇의 프로필 이미지를 확인할 수 있다	PASS
			높음	사용자는 친구들 목록에서 각 챗봇의 이름을 확인할 수 있다	FAIL
			높음	사용자는 친구들 목록에서 각 챗봇의 한 줄 설명을 확인할 수 있다	PASS
			보통	사용자는 친구들 목록에서 각 챗봇의 주요 능력(?)을 확인할 수 있다	FAIL
			보통	사용자는 친구들 목록에서 새 스킬이 업데이트 된 챗봇을 확인할 수 있다	PASS
			낮음	사용자는 친구들 목록에서 새 커버 사진이 업데이트된 챗봇을 확인할 수 있다	PASS
			높음	사용자는 친구들 목록에서 (sponsored) 표기를 통해 광고 챗봇을 구분할 수 있다	PASS
			보통	사용자는 친구들 목록에서 오픈 예정인 챗봇을 확인할 수 있다	PASS
			높음	사용자는 친구들 목록에서 챗봇 친구 항목 터치를 통해 해당 챗봇의 프로필 화면으로 이동할 수 있다	FAIL
			높음	사용자는 친구들 목록에서 광고 챗봇 친구 항목 터치를 통해 해당 챗봇의 채팅방 화면으로 이동할 수 있다	PASS
	프로필	공통	높음	사용자는 챗봇 프로필 화면에서 챗봇의 프로필 이미지를 확인할 수 있다	PASS
			높음	사용자는 챗봇 프로필 화면에서 챗봇의 커버 이미지를 확인할 수 있다	PASS
			높음	사용자는 챗봇 프로필 화면에서 챗봇의 이름을 확인할 수 있다	PASS
			높음	사용자는 챗봇 프로필 화면에서 챗봇의 주요 능력을 확인할 수 있다	PASS
			보통	사용자는 챗봇 프로필 화면 우측의 공유 버튼을 통해 헬로우봇 앱 설치 링크를 공유할 수 있다	PASS
			높음	사용자는 챗봇 프로필 화면 좌측 상단의 닫기 버튼을 통해 프로필 화면을 닫을 수 있다	PASS

표 5.8은 이렇게 분류별로 작성되어 판단된 우선순위를 구성한 사례입니다. 해당 우선순위를 부여해서 테스팅 하는 방식은 체크리스트나 테스트 케이스 등 어느 곳에서 사용할 수 있습니다.

3. 블라인드 테스팅 기법

1980년대 TV 광고에서 리포터가 길을 가는 행인에게 콜라를 두 잔을 마셔보라고 합니다. 그리고 맛있는 콜라가 어떤 것인지 골라보라고 합니다. 한잔은 코카콜라, 다른 한잔은 펩시콜라입니다. 행인은 맛으로만 평가해서 시음해본 콜라 중 자신이 생각하기에 마음에 드는 콜라를 지목합니다. 이처럼 실제 고객의 사전 지식과 고정 관념을 깨기 위한 테스트 방식을 블라인드 테스팅이라고 합니다. 블라인드 테스팅 방법은 미각, 후각, 촉각, 청각, 시각 등 오감을 모두 적용할 수 있습니다.

이 테스팅 방법을 소프트웨어 테스팅에 적용할 수 있습니다. 어떠한 제품 정보를 받지 않고 테스팅을 진행하면서 일반적인 기능을 테스팅 하게끔 하는 것입니다.

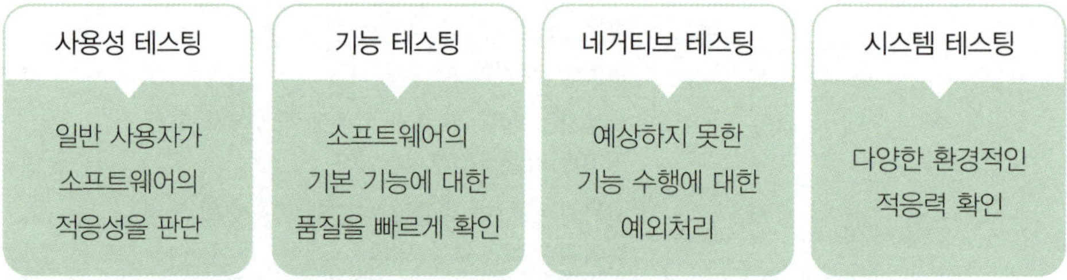

블라인드 테스팅 진행은 목적에 따라 다양한 형태로 진행할 수 있습니다. 실제로 현행 프로젝트에 도입하여 테스팅을 진행할 때에는, 어느 정도 테스팅이 진행된 이후로 해당 프로젝트에 전혀 관련 없는 테스터를 초대해서, 해당 기능에 대한 Ad-hoc 테스팅을 블라인드 테스팅으로 진행하기도 합니다. 이렇게 진행할 경우, 테스팅 결과를 토대로 기본 기능에 대한 품질 지수와 예외처리와 관련된 결함을 분석해서 제품의 완성도를 판단하는 방법으로 사용하게 됩니다.

테스팅을 진행하는 방식은 시간을 정해 놓고 진행하는 '타임 존(Time Zone)'과 '테스트 차터(Test Charter)' 방식을 함께 제시하는 경우가 일반적이며 블라인드성을 높이기 위해서는 테스팅을 진행하는 영역만을 지정하는 정도의 테스트 차터를 제공하고 진행합니다. 테스팅을 진행하는 시간은 제품의 사이즈에 따라 다르지만, 일반적으로 2~3일 이내로 끝마칩니다.

이런 테스팅 방식은 게임회사에서 진행하는 알파, 베타 테스팅에서도 부분적으로 적용시켜 진행할 수 있습니다. 블라인드 테스팅을 진행하는 목적이 단순하게 품질을 확인하는 것도 있지만, 사용성을 판단하기 위해서도 진행하기 때문에 사용성이 떨어지는 제품이라는 판단이 내려지면 다시 UX/UI적인 기획을 다시 진행하기도 합니다.

블라인드 테스팅은 위의 목적 외에도 다른 목적으로 사용할 수 있습니다. 일정상 급박할 경우, 전혀 테스팅을 하지 않은 상태에서 제품을 출시해야 하는 상황이 다가왔다면 실제로 출시를 해도 괜찮을지를 판단할 지표로 실사용자를 초대해서 진행할 때도 있기 때문입니다. 실제로 하루 이틀 정도만 블라인드 테스팅을 진행하여 나온 결과를 분석해서, 심각도가 높거나 우선순위가 높은 결함이 적다면 출시를 결정하고 만약 결함이 많이 검출됐다면 출시 일정을 늦추는 의사결정을 위해서 사용하는 것입니다. 일종의 제한된 인원이 수행하는 클로즈드 베타 테스팅(Closed Beta Testing, CBT)과 같은 형태입니다. 서비스를 잘 모른 채로 제한된 사람들에게 이용하게 해보고 발견된 문제점들의 수준으로 현재 제품의 품질을 판단하기도 합니다.

지금까지 소요 비용을 줄일 수 있는 테스팅 기법에 대해서 알아보았습니다. 상용화되는 제품 테스팅을 진행하면서 위의 세 가지 기법 중 한 가지만을 선택해서 테스팅을 진행하는 경우는 거의 없습니다. 특히 유료 소프트웨어이거나 결제 기능이 포함된 소프트웨어를 일반 설계 기법을 활용한 테스팅을 하지 않고 위의 세 가지 기법만을 이용하는 경우는 더욱 적다고 볼 수 있습니다. 왜냐하면 이러한 세 가지 기법이 도출된 본 목적은 더 많은 결함을 찾거나 다양한 테스팅 방식을 통한 품질을 안정시키기는 방안이기 때문입니다.

하지만 테스트 전략 수립 시 명세기반의 테스트 차수와 경험기반 테스트 기법을 같이 진행하게 설계하거나 리스크 기반 테스팅과 탐색적 기법을 겹쳐서 진행하게 설계하는 식의 결합형 테스팅을 기획한다면, 실제로 진행되는 기간의 조정이나 테스트 인력 투입 계획을 유동적으로 할 수 있는 방안이 생길 수 있습니다. 따라서 효율적인 품질 확보를 위한 방안으로 충분히 고려할 수 있습니다. 또한 위의 세 가지의 테스팅 방안을 복합적으로 진행하는 것도 또 다른 대안이 될 수 있습니다.

03 테스팅 결과보고 방법

'인시던트 보고서(Incident Report)'는 테스팅 진행 도중 발견한 결함이나 기대 결과와 다른 결과가 나왔을 경우 작성하는 문서입니다. 소프트웨어 테스트 문서 표준(Standard for Software Test Documentation – IEEE829와 ISO/IEC/IEEE 29119)에서 정의한 결함보고서를 참조하면 됩니다.

'테스트 상황 보고서(Test Status Report)'는 소프트웨어 테스팅 결과로 나타난 품질 현황을 테스트 팀, 개발팀, 품질담당자 등 이해관계자와 공유하는 과정을 의미하며, 결함 내역이나 결함 정보 및 품질 지표 등을 주간, 월간, 프로젝트 진행 중 주요 시점 등에 작성합니다.

여기서 한가지 짚고 넘어가야 하는 것은 인시던트 리포트와 결함 리포트의 차이입니다. 인시던트 리포트는 테스팅 도중에 발견된 모든 이상 상황들을 보고하는 것을 의미합니다. 즉, 결함인지 아닌지 확실하지 않지만 일단 이상 현상을 보고하는 것입니다. 그 이후 테스터가 등록한 인시던트 리포트를 개발자가 확인해본 뒤 결함이 옳다고 판단되고, 그대로 수정에 들어가게 되면 그때부터 인시던트 리포트는 결함 리포트로 확정되게 됩니다. 만약 결함이 아니라고 판단되면 그대로 인시던트가 거부되어 종료될 수 있습니다. 이렇게 구분 짓는 이유는 테스터들이 중복으로 결함을 등록하거나 이해를 정확하게 하지 못해서 잘못 등록하는 경우들, 서버 환경이나 해당 상황에만 발생한 특별한 상황들이 모두 개발자의 잘못으로 지표가 관리될 수 있기 때문입니다. 그래서 구분해주기는 하지만 실무에서는 통합으로 그냥 결함 리포트, 버그 리포트라고 사용합니다.

인시던트 보고서에 포함되는 내용은 결함 제목, 테스트 케이스 정보, 테스트 환경, 재현 절차, 소프트웨어 버전, 발견자 등을 필수적으로 기재하고, 재현율, 테스터 의견, 심각도, 우선순위 등의 정보를 부가적으로 기재합니다.

결함 관련 메트릭은 결함 수, 수정된 결함 수, 심각도 별 결함 수, 결함 발생 메뉴별, 결함 재발 비율, 평균 처리 시간 등을 조합한 정보를 그래픽으로 구성해서 소프트웨어의 품질관리 추이를 한눈에 쉽게 파악하는 것이 목적입니다. 결함 리포트가 모여서 메트릭을 분석할 수 있게 되고 이를 기반으로 테스트 상황 보고서나 최종 테스트 리포트를 작성할 수 있습니다.

결함 리포트의 주요 내용

- 이슈 발생 날짜, 조직의 이슈, 작성자(Author)
- 결함의 제목(요약)
- 기대 결과와 실제 결과
- 심각도(Severity), 우선순위(Priority), 발생빈도(Repetition Rate)
- 테스트 버전, 결함이 발생하는 환경
- 테스트 팀 또는 형상항목(Configuration Item)의 식별과 환경(Environment)
- 소프트웨어나 시스템의 수명주기에서 결함이 발견된 시점
- 로그(Log), 데이터베이스 덤프(Dump)나 스크린샷(Screen Shot)을 포함한 결함에 대한 설명: 제품의 재생산과 결함의 해결이 가능하도록 최대한 작성

결함 리포트는 최대한 발견된 현상을 자세하게 기술하는 것이 중요합니다. 재현할 수 없는 것에 대해 부담을 갖지 않고 본 현상을 그대로 기술하는 것이 필요하기 때문입니다. 결함 리포트를 관리하고 보고할 수 있는 시스템을 '버그 추적 시스템(Bug Tracking System)'이라고 하며 이렇게 등록된 결함들은 발견하고, 수정하고, 해결되는 과정을 겪게 되는데 이것을 '결함의 생명주기(Defect Lifecycle)'라고 합니다.

이를 처리하는 일련의 '워크플로우(Workflow)'를 가지는데, 그 과정을 정리하면 그림 5.7에 정의된 상태들이 다이어그램에 표시된 흐름으로 진행됩니다.

결함이 최초로 등록되면 개발자에게 할당되고 개발자가 수정을 시작한 뒤에 수정이 완료됐다면 테스터가 확인한 후 최종 종료를 하는 것이 하나의 프로세스입니다. 수정완료 상태에서 수정이 안 됐으면 리오픈(Reopen)해서 결함을 다시 수정하게끔 합니다. 이처럼 결함의 발견과 최종 수정완료까지의 과정을 결함의 탄생과 죽음으로 표현해서 결함의 생명주기라고도 표현하는 것입니다.

결함을 등록하면서부터 개발자와 많은 양의 커뮤니케이션이 동시다발적으로 진행됩니다. 주로 결함 추적 시스템을 통해서 커뮤니케이션이 진행되나 이메일과 전화, 직접 미팅을 통해서 결함의 현상에 대한 설명 또는 결함에 대한 판정을 진행하

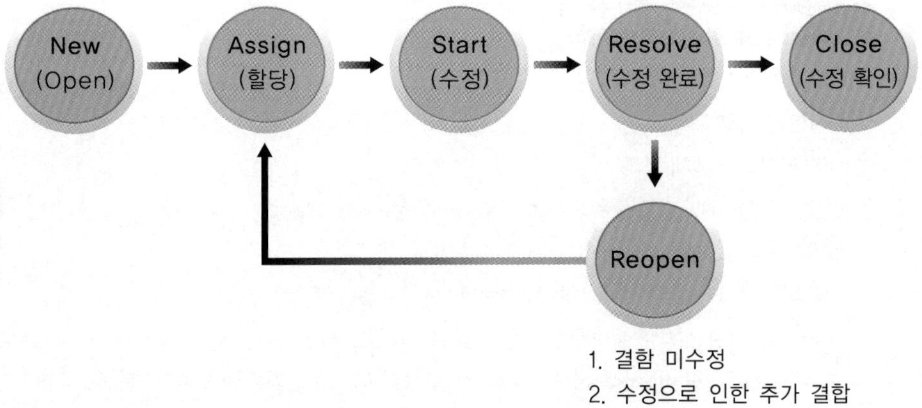

그림 5.7 결함의 일반적 워크플로우 예제

표 5.9 결함 생명주기의 상태별 처리 담당부서 구분표

상태	설명	처리
New(Open)	결함이 검출되어 최초로 보고된 상태	테스트 팀
Assign	결함 내용의 처리가 개발자에게 할당됨	개발팀
Start	결함 수정 중	개발팀
Resolve	결함 수정완료	개발팀
Reopen	Resolve 상태의 결함 확인 결과 수정되지 않았거나 수정으로 인해 추가 결함이 발생	테스트 팀
Close	결함 해결	테스트 팀

게 됩니다. 테스터들이 결함으로 등록한 결함 리포트들이 모두 그대로 결함으로 결정되는 것이 아니라, 개발자나 기획자로부터 결함이 아니라는 판정을 받은 결함 리포트의 수를 관리해서, 테스터와 테스트 팀을 평가하기도 하며 '결함의 품질(Defect Quality)' 항목으로 별도의 통계를 내기도 합니다. 시간이 촉박한 프로젝트의 경우에는 테스터가 요구사항 분석이나 테스트 케이스에 대한 설계를 하지 않고 곧바로 테스팅을 진행할 경우, 해당 현상이 결함인지 아닌지 판단하기가 어려우므로 곧바로 결함 리포트를 작성해서 결함 추적 시스템에 등록하여 테스팅을 진행합니다. 해당 결함에 관한 판단을 개발자가 하는 것이 더 효율적일 수 있어서, 이런 형태로 결함을 등록하는 절차로 운영된다면 별도로 결함의 품질은 관리하지 않습니다.

결함 리포트를 가장 집중해서 잘 작성해야 하는 부분은 결함의 제목입니다. 결함 리포트를 제일 처음 보는 사람은 할당(Assign)된 해당 개발자이며, 해당 제목을 보면서 곧바로 결함을 수정해야 해서 요약을 명확히 해주는 것이 좋습니다. 가장 좋은 작성 방법은 '어떤 위치에서 어떤 현상의 결함이 발생됐다'라는 형태로 적어주는 것이 중요합니다. 작은 규모의 프로젝트에서는 크게 상관이 없을 수 있으나 하루에 50개 이상의 결함이 등록되는 프로젝트에서는 수백 개 이상의 결함을 검색해서 보기에는 관리가 어렵기 때문입니다. 따라서 최대한 해당 제목만 확인해도 곧바로 어

떤 결함인지 알 수 있도록 작성하는 것이 꼭 필요합니다.

결함 추적 시스템에 등록된 결함을 하나씩 다시 클릭해서 내용을 다시 파악해야 하는 수고를 덜어주려면 결함 리포트의 제목을 명확하게 써주는 것이 중요합니다. 이는 일정한 규칙을 정해서 작성하면 더욱 편하게 관리할 수 있습니다.

발견한 결함의 심각도나 우선순위는 결함의 등급과 현재 품질 수준을 판가름할 수 있는 주요 지표가 됩니다. 개발자로서 자신에게 등록되는 결함의 수도 민감하지만 '얼마나 심각한 결함이 많이 포함되어 있는가?'가 개발 품질에 대한 척도가 될 수 있기 때문입니다. 테스트 진행 차수가 어느 정도 진행되고 테스트 진행 완료를 위한 결함에 대한 리뷰를 진행하면서 결함 수정 여부의 기준점이 되기도 하므로, 테스터가 등록한 결함에 대해서 1차적으로는 테스트 리더와 매니저가 결함 등급이 높은 결함에 대해서는 반드시 리뷰를 하고 개발부서에 전달할 수 있도록 해야 합니다.

정식 테스팅이 진행되는 동안 개발자가 테스터들에게 희망하는 첫 번째 요구사항이 바로 발견한 결함을 빠르게 등록하는 것입니다. 테스터가 결함 하나를 발견했다면 곧바로 발견된 결함을 'BTS(Bug Tracking System)'에 등록하는 테스터가 있을 겁니다. 반면에 발견한 결함을 한꺼번에 모아서 등록하는 테스터 역시 있을텐데 이 경우 개발자들이 결함을 수정하는 데 어려움을 겪게 됩니다. 특히 중요 결함일 경우에는 곧바로 개발자에게 구두로 설명해준 뒤에 수정할 수 있는 시간을 확보해주고 BTS에 등록해야 좀 더 유연하게 결함을 수정할 수 있습니다. 결함이 빨리 수정될수록 그만큼 블록(Block)이 된 항목에 대한 테스팅이나 테스트 케이스 수행율이 높아지기 때문에 상호 간에 좋은 영향을 줄 수 있습니다. 하지만 테스터들마다 결함을 등록하는 성향이 달라서 테스팅을 먼저 진행한 뒤에, 발견된 결함을 천천히 등록하는 성향이 있는 테스터라면 이를 잘 지키지 않을 수 있습니다. 테스트 매니저와 리더가 결함을 발견 즉시 등록하라고 안내하면서 지속적으로 테스트 진척률이나 BTS 모니터링을 통해서 확인하는 게 제일 확실하고 좋은 방법입니다. 적어도 심각도가 높거나 우선순위가 높은 결함들은 발견 즉시 보고되어야 합니다. 결함이 심각할수록 수정이 어려울 수 있기 때문입니다.

다음은 결함 리포트를 작성할 때 명심해야 하는 조언(tip)들입니다.

- ☑ 발견 즉시 등록한다
- ☑ 결함 리포트의 제목은 최대한 명확하고 간결하게 작성한다.
- ☑ 재현되지 않는 것도 모두 결함으로 등록한다.
- ☑ 결함에 대한 설명이 어려운 경우 비디오로 녹화해서 전달한다.
- ☑ 우선순위가 높은 1순위 결함은 발견 즉시 개발자나 프로젝트 매니저에게 내용을 전달한 뒤에 BTS에 등록한다.
- ☑ 내가 담당하지 않는 기능을 테스팅 도중 발견했을 경우, 해당 기능담당 테스터에게 결함에 대한 현상을 이야기해준다(중복되더라도 테스터들끼리 서로 체크하는 것이 좋다).
- ☑ 발견된 결함의 현상을 가능하면 모두 스크린샷(Screen Shop)과 함께 BTS에 등록한다.
- ☑ 발견된 결함으로 인해 테스팅이 진행되지 못하는 기능들(Block된 기능들)이 많다면 테스팅 진행 여부를 판단할 수 있도록 테스트 매니저와 즉시 협의한다.
- ☑ 결함 리포트에 상세 내역에 어떤 테스트 데이터로 테스팅을 수행했는지 함께 등록하면 개발자에게 크게 도움이 된다(예: 테스트 ID, 검색단어, 입력 값, 업로드파일).
- ☑ 재현되지 않는 결함에 대한 대비책으로 테스팅이 진행되는 스크린 화면을 24시간 비디오 녹화를 하는 방식도 좋은 방법이다.

테스팅을 진행할 때 경험이 많은 테스터들은 테스트 케이스와 상관없이 직관적으로 먼저 테스팅을 진행합니다. 경험기반의 테스팅을 진행하면서 핵심적인 기능이 구현되었는지, 테스팅이 가능한지를 확인하고 주요 기능 결함에 대한 점검을 가장 처음부터 진행합니다. 그 이유는 실제로 테스팅이 가능한 버전의 소프트웨어인지를 확인하고자는 것이면서, 개발자에게 빠르게 주요 결함을 전달하기 위해서입니다. 이런 테스팅을 'BAT(Build Acceptance Testing)'라고 부르며 'BVT(Build Verification Testing)'라고 부르기도 합니다. 이런 활동들이 초기의 불필요한 테스팅 일정을 사용하는 것을 막아줄 수 있습니다. 이런 활동을 위해서는 BAT를 통해서 확인할 주요 항목들을 미리 선정해두는 것이 좋으며, 기능별 체크리스트 또는 테스트케이스에서 우선순위가 높은 것들을 구분해주어 가능해집니다.

이러한 몇 가지 팁만 정확히 지키더라도 테스트 프로세스상의 흐름이 원활해지는 바를 느낄 수 있을 것입니다. 테스트 매니저와 리더는 지속적으로 테스트 팀원들이 등록하는 결함을 모니터링하고 결함 리포트 등록 규칙을 잘 준수하는지, 중요도가 높은 결함의 등급이 잘못 지정되지 않았는지를 점검하며 결함의 품질을 높이는 일에 집중해야 합니다.

04 테스트 추적성(Traceability)이 중요한 이유

앞서 소개한 다양한 테스트웨어(Testware)들을 활용할 때 가장 처음부터 중요하다고 강조된 문서는 테스트 계획서입니다. 처음부터 잘 계획을 세워야 프로젝트가 성공할 수 있기 때문입니다.

그런데 테스트 계획서가 잘 수립되려면 무엇부터 잘되어있어야 할까요? 바로 소프트웨어 요구사항 명세서(Software Requirement Specification, SRS)입니다. 말 그대로 처음 출발부터 제대로 되어야 이후의 공정이 제대로 지켜지며 운영될 수 있습니다.

요구사항 명세서의 기본적인 양식을 참고하는 표준인 'IEEE Std. 830'에 의하면 요구사항의 기본 양식 중 세부 요구사항으로 외부 인터페이스 요구사항, 기능 요구사항, 성능 요구사항, 논리적 데이터베이스 요구사항, 설계 제약 사항, 소프트웨어 시스템 속성들을 정의해야 한다고 제안하고 있습니다.

특히 좋은 요구사항의 특징으로는 정확성, 명백성, 완전성, 일관성, 중요도 · 안정 우선순위, 검증가능성, 수정가능성, 추적성을 제시합니다. 우리가 집중해야 할 부분은 바로 테스트 '추적성(Traceability)'입니다.

테스팅을 수행할 때 실제 테스팅을 하게 되는 제품이 '테스트 베이시스(Test Basis)'에서의 명칭이나 정의된 기능들과 매우 다르게 표시되거나 생략된 채 구현되는 경우가 많습니다. 이런 차이와는 상관없이 효과적으로 모니터링이나 제어를 하려면 바로 테스트 추적성을 확보하는 것이 중요합니다.

추적성을 확보했을 경우 얻는 이득들은 다음과 같습니다.

- 변화로 인한 영향 분석
- 감사가 가능한 테스팅 지원
- IT 거버넌스의 기준 충족
- 테스트 진도 보고서 및 테스트 요약보고서의 이해도 향상
- 이해 당사자가 이해할 수 있는 테스트 관련 기술 관점
- 제품품질, 절차 수행력, 사업목표에 따른 프로젝트 평가를 위한 정보 제공

이외에도 다양한 이득들이 있으나 무엇보다 발견된 이슈에서 무엇인가 불확실한 상황이 있다면 해당 이슈의 근본적인 문제를 찾아가기 위한 여정을 떠나야 합니다.

만약 지라에 등록된 이슈(Issue) 중에 개발자가 이해가 어려운 이슈가 1개 발견되었다고 생각해 봅시다. 그때 개발자가 '이 결함은 어떤 테스트 케이스를 수행했을 때 나온 결함이지?'라고 생각한다면 곧바로 이슈에 등록되어 있고, 테스트 케이스가 실행된 TC ID를 확인하게 됩니다. 해당 테스트 케이스로 이동해보니 '어? 이 기능은 어디에 있는 요구사항이지? 처음 보는 내용인데?'라는 생각이 들었다면, 그때 추적이 가능한 요구사항서의 이름이나 문서의 위치 등을 테스트 케이스에서 확인하게 됩니다. 이때 해당 테스트 케이스에 관련 정보가 기술되어 있지 않다면 더 이상 추적이 어렵겠지요?

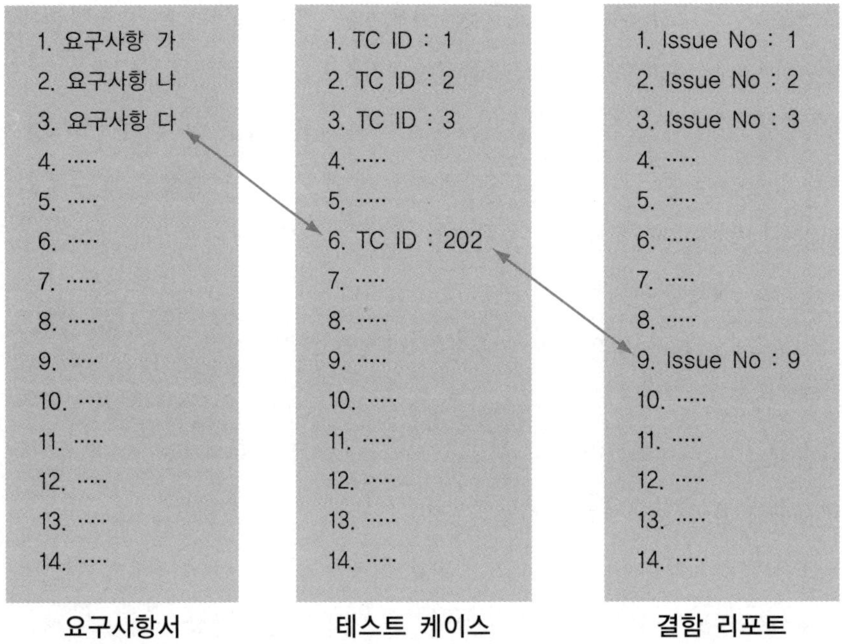

그림 5.8 테스트 추적성에 대한 추적 경로 사례

이런 문제점들을 해결하기 위해서 테스트케이스를 작성할 때에 SRS 문서 몇 페이지, 요구사항 기능 ID명, 참조 문서명 등을 다양하게 기입해서 이런 문제를 해결해야 합니다. 또한 'V&V(Verification & Validation)' 관점으로도 우리가 올바른 제품을 만들고 있는 것인지를 확인하기 위해서 요구사항이 중간에 변경되거나 삭제되는 경우, 관련 테스트 항목이 곧바로 표시되거나 인식할 수 있는 자동화된 도구들을 사용함으로써 문제점들을 해결할 수 있습니다. 특히 밸리데이션 관점은 실제 제품을 테스트하면서 우리가 고객이 요구한 제품을 만들고 있는지를 확인하는 과정이므로 이런 변경사항을 확인하는 것은 필수적입니다. 결국 좋은 요구사항서부터 잘 만들어야, 즉 소프트웨어 개발의 출발 지점부터 잘되어야 전반적인 개발 품질을 높일 수 있습니다.

하지만 소규모 기업에서 요구사항 작성의 정확도를 높이고, 완전한 문서를 만드는 것을 바라는 자체가 아이러니일 수 있습니다. 따라서 구체적인 요구사항이 만들어지지 않았을 경우, 테스팅 수행 시 반드시 점검해야 하는 항목들을 작성하는 체크리스트를 먼저 구성하기를 추천합니다. 요구사항이 없다면 테스트 담당자가 분석하고 파악하여 알고 있는 내용을 기준으로 이를 작성하고 리뷰하면서, 역으로 기획과 현업부서에서 활용할 수 있게 지원해주는 방식이 초기의 품질부서의 역할에 대한 영역을 넓히는 데 도움이 될 것입니다.

exploration

6

소프트웨어 결함 찾는 법

테스터들이 가장 많이 수행하는 활동은 실제로 동적 테스팅을 수행하는 것입니다. 그중에 결함을 찾는 것은 테스팅의 목적 그 자체이고 테스팅을 하는 이유이기도 합니다. 하지만 테스터들마다 테스팅을 하는 역량에서 차이가 발생하고 경험의 차이가 있어서 같은 제품을 테스팅을 하더라도 다른 결과, 다른 결함들이 발견됩니다.

이번 장에서는 버그 정글을 헤쳐가기 위해 필수적으로 알아야 하는 결함을 찾는 개념부터 다양한 팁들까지 알아보면서 소프트웨어 테스터로서 레벨업할 수 있는 내용을 알아보겠습니다.

01 결함 찾기 메커니즘의 이해부터

컴퓨터의 두뇌 역할을 하는 CPU(Central Processing Unit)의 주요 활동은 무엇일까요? 바로 연산(Calculate), 입출력(Input · Output), 시스템 조정 및 통제입니다. 이처럼 하드웨어의 핵심 동작을 통해서 대략적인 작동 흐름을 이해하다 보면 소프트웨어 시스템(Software System)에 대한 이해도 역시 함께 올라가게 됩니다.

우리가 테스팅을 수행해야 하는 소프트웨어는 어떨까요? 어떤 주요 동작이 있을까요? 구글(Google)과 마이크로소프트웨어에서 테스트 엔지니어로 근무했으며 『구글은 소프트웨어를 어떻게 테스트하는가』(제임스 휘태커 · 제이슨 아본 · 제프 카롤로 저, 제갈호준 · 이주형 역, 에이콘출판, 2013)라는 저서로 국내에서 유명한 제임스 휘테커(James Whittacker)는 소프트웨어의 주요 동작을 다음과 같이 정의하고 있습니다.*

> "소프트웨어라는 것은 네 가지 동작이면 끝난다. 그러므로 여러분은 네 가지 방법을 테스트하기만 하면 된다."
>
> "소프트웨어의 주요 동작인 입력, 출력, 계산, 저장에 대한 적절한 테스트를 수행하면 거의 모든 버그를 발견할 수 있습니다."

이 말의 의미는 대상 제품의 주요 동작들을 구분하는 것부터 시작해야 함을 의미합니다. 전반적인 동작이 이루어지는 구조를 이해하면 그 주요 길목들을 테스트해서 결함을 쉽게 발견할 수 있다는 것입니다.

* 타카하시 쥬이치 저, 안동현 역, 『지식 제로로부터 배우는 소프트웨어 테스트』, 남가람북스, 2015.

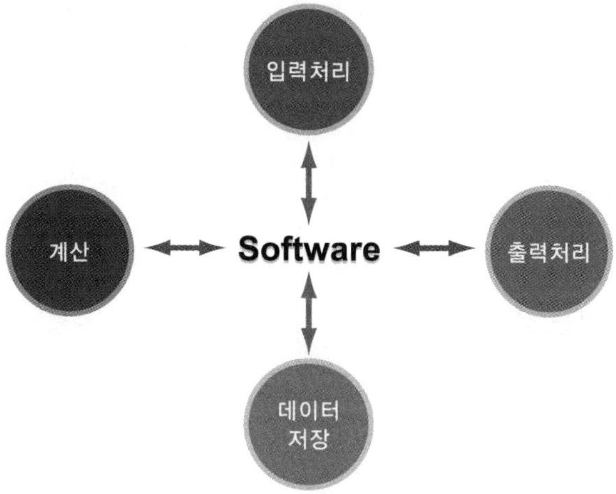

그림 6.1 소프트웨어 동작의 주요 네 가지 동작

기능정의서나 요구사항서의 내용 중에 데이터가 입력되고, 변화되고, 저장되고, 출력되는 흐름 등을 파악하면 어떤 기능에서 결함이 발생할지 이해하기가 쉬워집니다. 테스트 설계기법 중 하나인 '블랙박스 테스트 기법(Black Box Test Technique)'도 주요 동작을 기반으로 설계를 하는 개념입니다. 대부분 소프트웨어의 결함들은 데이터가 어떠한 동작 때문에 변화할 때 발생하는 것이고, 이런 개념을 기반으로 설계하는 기법이기 때문입니다.

또한 예외처리 결함들이 주로 발견되는 결함의 유형인데, 정상적인 작동 이외의 상황들에 대한 처리를 개발자들이 여러 제약 사항(특히 시간)으로 인해서 모두 막을 수 없다는 어려움이 있습니다. 따라서 이런 소프트웨어의 주요 동작들에서 많은 결함을 찾을 수 있습니다.

'CRUD(Create, Read, Update, Delete)' 테스트의 개념도 사실 거의 같은 개념으로 볼 수 있습니다. 'GUI(Graphic User Interface)'를 통해 데이터베이스를 테스팅하는 방식의 개념인 CRUD 테스트는 컴퓨터 소프트웨어가 가지는 기본적인 데이터 처리 기능이 모두 갖춰졌는지를 확인하는 개념입니다. 이메일 소프트웨어로 예를 들어

본다면 기본적인 기록(Record)의 단위는 하나의 이메일로 볼 수 있습니다.

CRUD 개념을 도입해보면 아래와 같이 기능 목록을 만들 수 있습니다.

- 새로운 이메일을 생성, 작성할 수 있다.
- 기존의 이메일을 업데이트(갱신)할 수 있다.
- 기존의 이메일을 검색할 수 있다.
- 기존의 이메일을 삭제할 수 있다.

이렇게 간단하게 CRUD의 모든 기능에 대한 리스트를 만들 수 있습니다. 이것 중 하나라도 되어 있지 않다면 불완전한 소프트웨어라고 할 수 있습니다. 기존의 이메일을 업데이트할 수 있는 경우에는 특정한 상황에만 업데이트가 될 수 있습니다. 새로 작성하는 내용을 수정하거나 임시보관함에 있는 경우에는 업데이트할 수 있습니다.

즉, 기본 기능상에서의 구현의 핵심에 대한 파악은 이런 목록에서 시작되며 해당 주요 기능의 테스팅을 수행하면서 다양한 시도를 해보면 주요 결함이 발견될 수 있

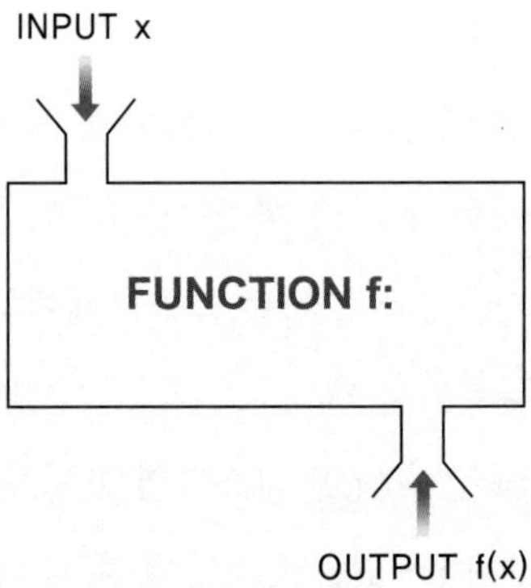

그림 6.2 IT에서의 주요임무

출처: IT에서의 주요임무, ©김헌기: 'IT 이노베이션 센터 이야기–AWS Lambda를 활용한 개발 스폰서십 확보편', http://www.slideshare.net/hnki0104/it-aws-lambda

는 것입니다. 'IT 서비스를 제공하는 회사의 대부분 개발부서의 임무는 입력값을 받아서 이를 처리하고 결괏값을 제시하는 것'이라는 말이 있습니다.

우리는 함수[F(X)]를 만드는 것이라는 말에서 대부분 소프트웨어 동작 구성이 비슷하고, 이런 구조를 잘 이해한다면 중요한 결함을 찾는 기준점을 세울 수 있음을 알 수 있습니다. 결함을 찾는 매커니즘은 결국 소프트웨어의 특성을 이해하는 것에서부터 출발해야 합니다.

02 결함 집중의 원리

다음은 테스트 국제자격증 'ISTQB Foundation Level'을 공부해본 경험이 있는 사람들이라면 모두가 알고 있을 내용은 소프트웨어 테스팅의 일반적인 일곱 가지 원리·원칙입니다. 해당 교수요목(Syllabus)에 나온 일곱 가지 원칙의 내용은 다음과 같습니다.

- 원리 1 테스팅은 결함이 존재함을 밝히는 것(Testing show presence of defects)
- 원리 2 완벽한 테스팅(Exhaustive testing)은 불가능(Exhaustive testing is impossible)
- 원리 3 개발 초기에 테스팅 시작(Early testing)
- 원리 4 결함 집중(Defect clustering)
- 원리 5 살충제 패러독스(Pesticide paradox)
- 원리 6 테스팅은 정황(Context)에 의존적(Testing is context dependent)
- 원리 7 오류 부재의 궤변(Absence–of–errors fallacy)

이 원리·원칙은 필자가 처음 공부를 하면서 접했을 때는 시험을 합격하기 위해 단순히 외우는 숙제 같은 느낌이었지만, 실제로 업무를 수행하면서는 점점 해당 원칙에 대해서 공감하게 되는 부분이 아주 많았습니다. 수많은 테스트 전문가, QA 전문가분들이 고심해서 선별한 내용인 만큼 전 세계의 선구자들도 이미 똑같은 경험에서 나온 고민을 선별해 놓은 것들이기 때문입니다.

이 중에서 우리가 결함을 찾기 위해 집중해야 하는 원리는 바로 '결함 집중(Defect Clustering)'입니다. 결함 집중은 결함이 집중적으로 발생하는 부분(모듈)이 있으며 해당하는 부분을 선정해서 집중적인 검증을 해야 한다는 의미입니다.

이것과 비슷한 개념이 파레토 법칙(Pareto Law), 8:2의 법칙이 있습니다. 이 법칙은 이탈리아 전체 부의 80%를 이탈리아 인구의 20%가 가지고 있다고 주장한 이탈리아의 경제학자 빌프레도 파레토(Vilfredo Pareto)의 이름에서 가져왔습니다.

특정한 영역에서 집중적으로 결함이 많이 발생한다는 점에서 결함 집중의 법칙과 같은 개념입니다. 앞서 우리는 리스크 기반 테스팅에 대해서 알아보았습니다. 소프트웨어 테스팅에서 리스크라고 식별되는 항목이 품질에 취약한 부분이라고 생각할 수 있고, 결함이 집중될 수도 있는 부분이기 때문에, 테스트 케이스 설계 시 위험요소가 있을 만한 곳을 분석해야 합니다. 리스크가 높고 결함이 집중적으로 발견될 수 있는 조건들은 다음과 같습니다.

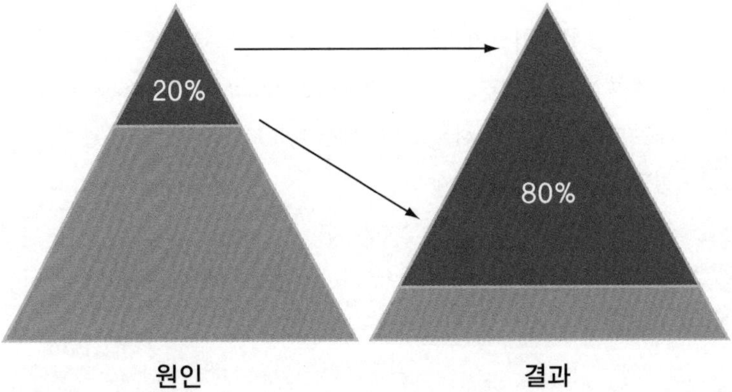

그림 6.3 파레토 법칙의 개념
출처: https://kapa21.or.kr/bbs/dictionary/7063

- 복잡도가 높고 다양한 기능이 복합적으로 개발된 모듈
- 다양한 예외처리가 필요한 기능
- 신규 기술이 도입된 서비스(보안서비스, 패치 등)
- 다양한 플랫폼에서 서비스되는 제품
- 신규 개발업체, 개발자가 개발한 소프트웨어, 모듈
- 최근에 업그레이드가 있던 기능
- 데이터 입출력이 많이 발생하는 페이지(예: 회원가입, 결제화면, 게시판 입력)

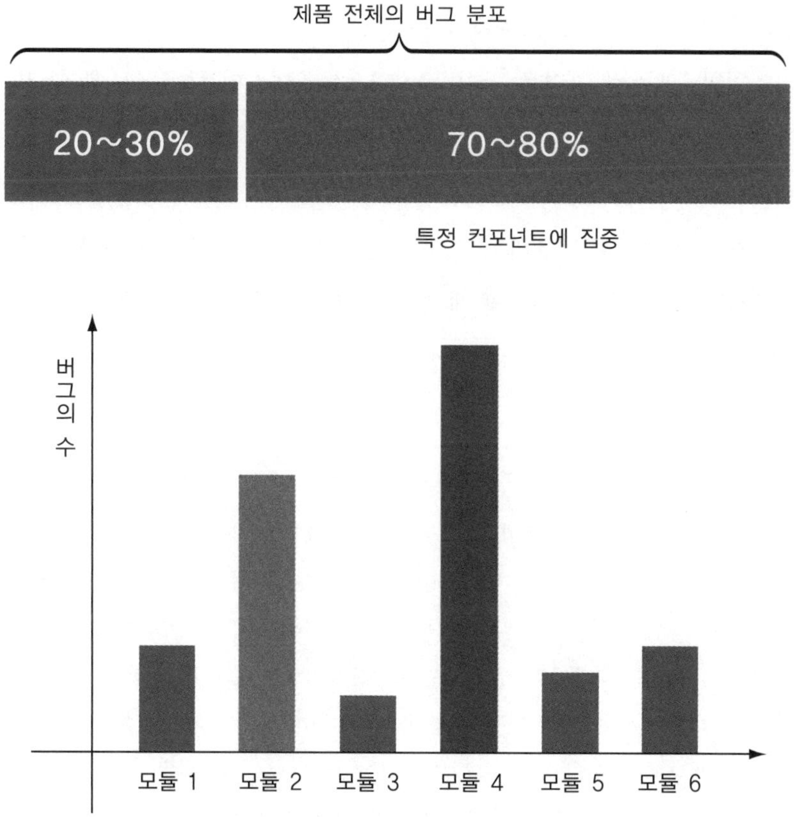

그림 6.4 테스팅 중 발견된 결함의 분포의 사례

- 동시에 다국어를 지원하는 입력창
- 기존에 많이 발견된 결함 패턴(복수의 공통 기존 결함)

위의 항목은 기술 영역에 따라서 위의 항목들은 달라질 수 있으나 전체적인 맥락으로 이해를 하면 됩니다. 결국 소스코드에 대한 변경이 많고, 데이터 입출력이 잦은 기능과 새로운 환경 변화, 멀티 환경 지원을 하는 부분에서 결함이 집중적으로 검출됩니다.

아무런 기능도 없이 이미지 하나만 노출되는 정보 안내 페이지를 10번 이상 테스팅하더라도 오타 외에는 특별한 결함이 검출될 게 없는 것처럼, 테스팅을 통해 결함을 많이 찾기 위해서는 소프트웨어 품질 취약점을 집중적으로 공략하는 것이 좋은 방법입니다. 테스팅 경력을 많이 가지고 있는 테스터들이 빠르게 많은 결함을 찾는 이유 중 하나가 이런 길목을 잘 파악해서 곧바로 취약한 지점을 공략하기 때문입니다.

하지만 여기서 한가지 딜레마에 빠지게 됩니다. 결함 집중의 원리로 생각하게 된다면 집중하지 않은 나머지는 어떻게 해야 할까요? 이 물음에 대한 답으로 '하인리히 법칙(Heinrich's Law)'을 소개할까 합니다.

1931년, 허버트 하인리히(Herbert Heinrich)가 펴낸 『산업재해 예방 : 과학적 접근(Industrial Accident Prevention : A Scientific Approach)』이라는 책에 소개된 법칙이다. 이 책이 출간되었을 당시 하인리히는 미국의 트래블러스 보험사(Travelers Insurance Company)라는 회사의 엔지니어링 및 손실통제 부서에 근무하고 있었다.

업무 성격상 수많은 사고 통계를 접했던 하인리히는 산업재해 사례 분석을 통해 하나의 통계적 법칙을 발견했다. 그것은 바로 산업재해가 발생해서 중상자가 1명 나오면 그 전에 같은 원인으로 발생한 경상자가 29명, 같은 원인으로 다칠 뻔한 잠재적

부상자가 300명 있었다는 사실이었다. 하인리히 법칙은 1:29:300 법칙이라고도 부른다. 즉, 큰 재해와 작은 재해 그리고 사소한 사고의 발생 비율이 1:29:300이라는 것이다.

큰 사고는 우연히 또는 어느 순간 갑작스럽게 발생하는 게 아니라 그 이전에 반드시 경미한 사고들이 반복되는 과정에서 발생한다는 점을 실증적으로 밝힌 것으로, 큰 사고가 일어나기 전에 일정한 기간 여러 번의 경고성 징후와 전조들이 있다는 사실을 입증했다. 다시 말하면 큰 재해는 항상 사소한 것들을 방치할 때 발생한다는 것이다.

사소한 문제가 발생했을 때 이를 면밀히 살펴 그 원인을 파악하고 잘못된 점을 시정하면 대형사고나 실패를 방지할 수 있지만, 징후가 있음에도 이를 무시하고 방치하면 돌이킬 수 없는 대형사고로 번질 수 있다는 것을 경고한다.

출처: 하인리히 법칙(Heinrich's Law, 一法則), 두산백과, https://www.doopedia.co.kr/doopedia/master/master.do?_method=view&MAS_IDX=101013001005566

기업과 프로젝트마다 테스팅하는 데 있어서의 목표는 모두 다르겠지만, 충분하게 테스팅 되었음을 파악하는 것이 우선순위가 높다면 완벽한 테스트보다는 중요하고 의미 있는 결함들을 찾는 것에 집중해야 합니다. 그리고 해당 집중 지역에 결함을 찾는 메커니즘을 대입해서 고민해본다면 모든 맥락이 이어진다는 사실을 알 수 있습니다. 파레토 법칙은 특정한 부분에서 많은 문제가 발생한다는 의미라면, 하인리히의 법칙은 문제가 많은 부분에서 중요한 결함들이 나온다는 의미라서 조금은 다른 의미로 이해해야 합니다.

상용서비스 중에 발생할 수 있는 장애(Failure) 중에는 어느 정도 감수할 수 있는 판단을 내리는 것도, 이런 하인리히 법칙이나 결함 집중의 법칙을 참고해서 테스트 설계를 진행한다면 좀 더 효율적인 테스트가 가능해집니다. 바로 선택과 집중이 필요한 이유입니다.

03 테스트 데이터의 마술

'테스트 데이터(Test Data)'는 테스팅을 진행할 때 필요한 데이터입니다. 하나 이상의 테스트 케이스를 실행하기 위한 입력값이면서, 실행 사전조건을 만족하도록 생성되거나 선택된 데이터를 의미합니다.*

보통 테스트 케이스를 작성할 때 함께 준비하는데 테스터가 준비할 수 있는 영역과 개발자가 준비할 수 있는 영역으로 나눠집니다. 개발자의 경우에는 특정한 조건이나 환경을 개발 코드상으로 넣어주거나, 다량의 데이터를 데이터 이관(Migration)을 통한 실제 서버 환경과 동일하게 맞춰주는 형태의 업무 조력을 하게 됩니다. 이런 경우는 보통 테스트 케이스를 설계하면서 개발부서에 함께 요청합니다. 그렇다면 테스터는 어떤 테스트 데이터를 준비해야 할까요?

여기서 테스터의 필살기인 테스트 데이터를 주목해봅시다. 테스트 데이터는 테스트 케이스를 실행하고 결함을 찾기 위한 일종의 도구입니다. 테스트 데이터 생성의 첫 번째 기준은 소프트웨어 요구사항서(SRS)입니다. 요구사항서에서 제품이 지원하는 스펙(Spec)이나 입력 양식(Input Type)의 기준을 제시하기 때문에, 최초의 작성 기준은 요구사항서에서 출발합니다. 다음은 테스팅 설계기법과 진행 방식을 기준으로 준비해야 합니다. 그리고 테스트 케이스를 설계하면서 함께 준비합니다. 마지막으로 정상값과 비정상값을 준비합니다.

어느 정도 경력이 있는 테스터라면 자신의 전문 사업 분야에 맞는 테스트 데이터를 가지고 있습니다. 경쟁력 있는 테스터가 되기 위해 필요한 역량 중에는 이처럼 자신의 전문 분야에 관련된 다양한 테스트 데이터를 가지고 있으며, 얼마나 다양한

* ISTQB Standard glossary, https://glossary.istqb.org/en/search/

테스트 데이터를 보유하고 있는지 역시 포함됩니다. 이에 따라서 테스터는 '빠른 테스팅 검증결과 도출 및 다양한 결함을 검출할 수 있다'라는 평가를 받게 됩니다.

동영상 플레이 소프트웨어 테스팅을 전문적으로 하는 테스터라면 다양한 형태(Type)의 테스팅 영상 데이터를 보유하고 있어야 하며 영상의 화질, 용량별, 재생시간, 플레이어가 지원하는 양식, 플레이어가 미지원하는 영상 데이터까지도 각각 가지고 있어야 합니다. 심지어는 워드 파일의 확장자 DOC를 동영상 파일의 확장자인 AVI 형태로 바꿔서 테스팅 할 정도로 다양한 크랙(Crack) 테스트 데이터까지 치밀하게 준비해야 합니다. 그래야만 개발자들이 생각하지 못했던 실사용자의 다양한 사용 환경상에서 발생할 수 있는 결함을 찾을 수 있습니다.

다음 화면은 서울시청 홈페이지의 회원가입 시 아이디 정보를 입력하는 입력창 화면입니다. 아이디 입력창에는 '영문, 숫자만 가능합니다(5~15자)'라는 제약조건을 표시하고 있습니다. 이럴 경우 아이디 입력창에 어떤 테스트 데이터를 입력해야 할까요?

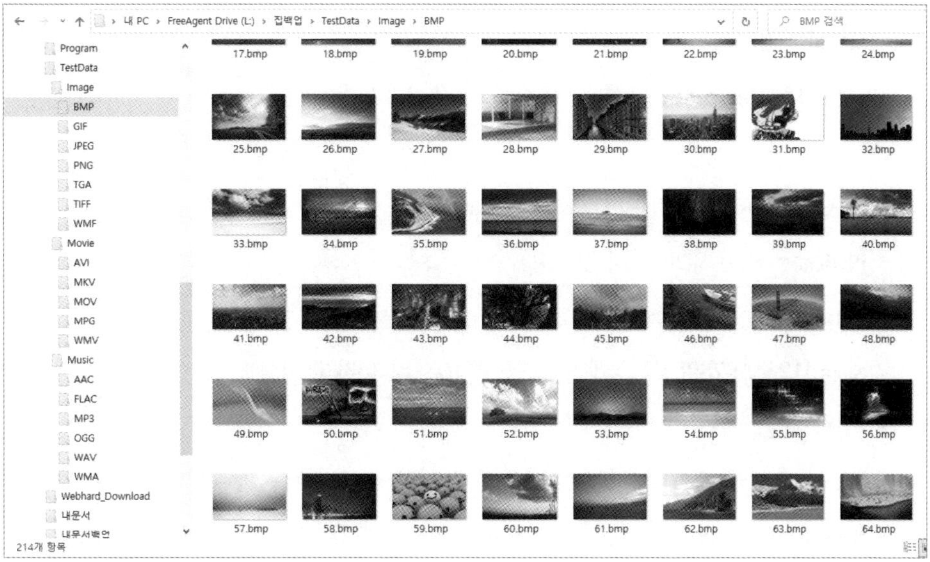

그림 6.5 테스트 데이터 폴더 구성 사례

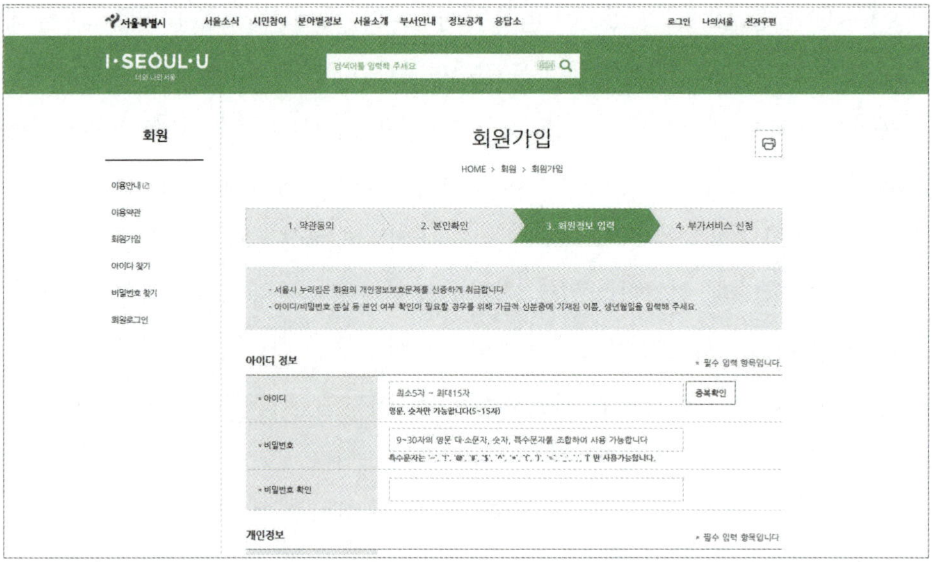

그림 6.6 서울시 홈페이지 회원가입 화면

첫 번째로는 유효한 값입니다(Positive Case).

- **seoul** 영문 5자리
- **seoul1234567890** 영문 숫자조합 15자리

다음은 비 유효한 값입니다(Negative Case).

- **Null값** (아무 값도 넣지 않는다)
- **food** 영문 4자리(5자리 미만)
- **Seoul12345678901** 영문 숫자조합 16자리(16자리 이상)
- **서울** 한글(미지원 언어)
- **seoul!@#$%^&*()** 영문 특수문자 조합(특수문자 지원여부 알 수 없음)
- **Seoul** 영문 대소문자 조합(명세서에 표시되어 있지 않음)
- **seou l** 영문 총5문자 + 공백 (Space 지원여부가 명세서에 표시되어 있지 않음)

위의 예에서 알 수 있듯이 테스트 데이터 입력값의 비 유효한 값은 얼마든지 더 많은 조합을 만들어 낼 수 있습니다. 테스트 케이스는 단순하게 '유효한 값을 입력한다', '유효하지 않은 값을 입력한다'라고 작성할 수 있지만 실제로 이런 테스트 데이터셋(Data Set)을 만들어서 테스팅을 진행하면, 실제 테스팅 시간도 절약할 수 있고 개발자가 예외처리를 하지 않은 것을 점검할 수 있게 됩니다.

이러한 테스트 데이터는 한번 작성해 놓으면 테스터가 개별적으로 여러 번 활용할 수 있습니다. 멀티미디어 플레이어를 테스팅할 경우에는 지원하는 영상, 음원, 이미지의 형식(Type)이 정해져 있고, 용량(Size)이나 해상도와 같은 것들이 새로운 업그레이드 버전으로 출시된다면 기존에 준비된 멀티미디어 파일들이 재사용될 수 있어서, 항상 테스트 데이터셋을 준비해서 테스팅을 진행하는 것이 좋습니다.

이 입력창 테스팅용 데이터셋은 데이터마다 목적이 있습니다.

- **1234567890** 숫자로 10자리 입력값 테스트
- **12345678901234567890** 숫자로 20자리 입력값 테스트이며 해당 값을 복사해서 5번 복사 & 붙여넣기로 입력하면 간단하게 100자리 입력값을 테스트할

```
1234567890
12345678901234567890
일이삼사오육칠팔구십
~!@#$%^&*()_+";'
일이삼사오육칠팔구십일이삼사오육칠팔구십
Null
123456789_0
สวสดีครบ
```

그림 6.7 텍스트 입력창을 테스팅할 데이터셋 예제

수 있습니다. 숫자로 표시한 이유는 어떤 자리에서 잘리는지, 즉 몇 바이트(Byte)까지 입력되는지 쉽게 눈으로 확인하기 위해서입니다.

- **일이삼사오육칠팔구십** 한글로도 입력하는 이유는 2바이트(Byte)로 구성되기 때문입니다. 입력창 오류 중에 10자리로 변수를 선언했을 때 바이트(Byte) 선언 오류를 발견할 수 있습니다. 10글자까지 입력할 수 있는데, 한글로는 5글자까지만 입력이 되는 경우가 해당합니다.
- **~!@#$%^&*()_+";'** 특수문자 처리를 확인하기 위해서입니다. 특히 ','의 경우 구분자로 많이 사용해서 꼭 확인해보는 특수문자입니다.
- **일이삼사오육칠팔구십일이삼사오육칠팔구십** 입력창에 엔터 값(Enter, 줄 바꿈)없이 긴 문장을 넣었을 경우 생기는 문제를 하기 위해서 길게 입력해봅니다.
- **Null** 아무것도 넣지 않은 값을 점검합니다.
- **123456789_0** 밑줄(Under Bar)은 공간(Space)을 의미하고 한 칸 띄어쓰기한 경우 생기는 이슈를 확인합니다.
- **สวัสดีครับ** 태국어로 '사와디캅'입니다. 다국어로 입력했을 경우 어떤 문제가 생기는지 점검하는 목적입니다.

이런 형태의 체크리스트는 특정한 규칙이 있다기보다는 테스터들마다 경험했던 결함의 유형을 체크하기 위한 개인적인 필살기 혹은 족보와 같은 개념이기도 합니다. 일일이 테스트 케이스로 작성하면 너무나 테스트 케이스 양이 늘어나므로, 결함을 찾기 위해서 사용하는 일종의 개인별 도구 같은 개념입니다.

또한 이러한 입력값을 테스팅을 하기 위해서 테스트 데이터를 준비할 때, 명세기반 테스팅 기법인 경곗값 분석(Boundary value analysis)기법이나 등가 분할(Equivalence partitioning)기법과 같은 활용해서 준비하면 더 많은 결함과 테스트 커버리지를 확보할 수 있습니다.

등가 분할기법과 경곗값 분석기법은 대부분 복합적으로 사용해서 테스트 케이스를 작성합니다. 등가 분할기법은 입력 테스팅을 진행할 때 등가로 분할된 영역을 커버하기 위해 작성되는 기법입니다. 테스트 데이터를 유효한 값과 비 유효값으로 그룹으로 묶어서 출력값의 테스팅을 진행하는 방식을 말합니다.

경곗값 분석은 이렇게 등가 분할을 한 경계점을 테스팅하는 케이스를 만드는 기법을 말합니다. 동등 분할의 경계 부분에 해당하는 입력값에서 결함이 주로 발견되므로, 경곗값을 포함해서 테스팅을 진행하는 방식입니다. 경계점을 기준으로 유효한 값과 비 유효한 값을 테스트 데이터로 준비해서 테스팅을 진행합니다.

단순히 테스트 데이터를 준비하는 것을 노하우만으로 해결하는 데에는 한계가 있으므로 테스트 기법을 활용한 테스트 데이터 생성 역시 병행해야 합니다. 관련된 기법에 대한 자세한 설명은 이 책에서는 생략합니다. 이미 수많은 테스팅 서적에서 이런 기법에 관해 충분히 설명하고 있습니다.

테스트 데이터는 테스트 진행률을 높일 수 있는 중요한 역할을 하며 많은 결함을 찾을 수 있는 결정적인 역할을 하는 경우가 많습니다. 그러므로 테스터들은 다양한 예외처리를 확인할 수 있는 테스트 데이터를 최대한 다양하게 준비하고 생성해야 성공적으로 테스팅을 진행할 수 있습니다.

'부국강병(富國强兵)'이라는 고사성어가 있습니다. 나라를 부유하게 하고 병력을 강하게 한다는 의미로, 부자일수록 강한 힘을 가질 수 있다는 의미이기도 합니다. 테스트 데이터가 다양하게 준비될수록 그만큼 다양한 결함들을 찾을 수 있습니다. 즉, 테스트 데이터가 풍부한 자원 역할을 하는 것입니다.

04 취약점(Weak Point)을 공략하라

액션 영화에서 악당과 주인공의 결투 장면이 있는 경우, 항상 등장하는 장면이 바로 이동하는 기차에서의 결투 장면입니다. 주인공과 악당은 지붕, 통로 등 다양한 곳에서 싸우다가 결국 기차와 기차 사이의 연결 고리를 끊어서 떨어지는 모습들이 자주 연출되곤 합니다. 그렇다면 고리를 끊는 이유가 무엇일까요? 바로 그 부분이 가장 약해서입니다. 쇼핑몰 회원 정보의 경우에는 엄청나게 다양한 정보들, 기능들이 연결되어 있습니다.

하나의 회원 정보에는 구매이력, 멤버십 등급, 할인쿠폰, 환불이력, 포인트 등이 서로 연결되어 있습니다. 따라서 하나의 정보만 바뀌어도 모두에게 연결이 되면서 한꺼번에 데이터가 바뀌는 것이 특징입니다.

커피전문점 A가 초기에 서비스했던 포인트 적립 앱에서 실제 발생한 문제입니

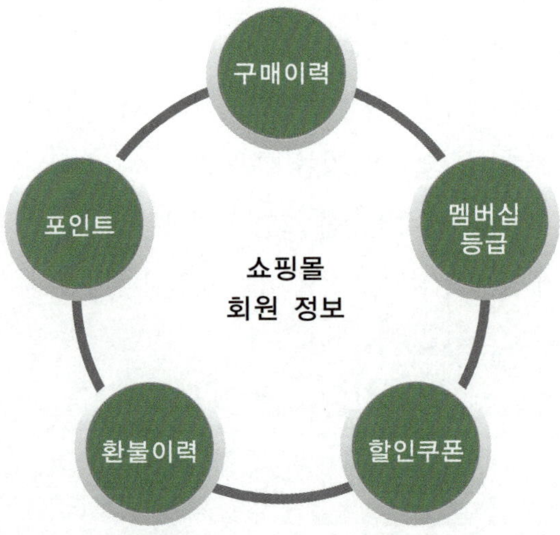

그림 6.8 쇼핑몰 회원 정보의 연결관계

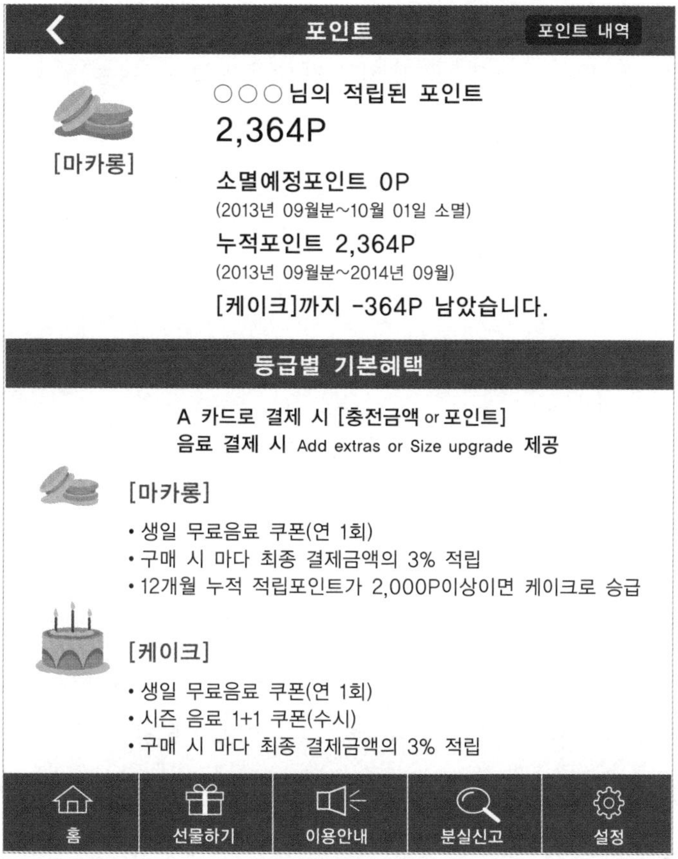

그림 6.9 커피전문점 A 앱의 포인트 적립 안내 화면

다. 현재는 모두 수정되었으며 더는 오류가 발생하지 않습니다(2013년경에 발생한 이슈).

일정한 포인트를 모으면 회원 등급이 바뀌어야 하는데 등급이 변경되지 않은 문제입니다. 여기에서 요구사항서에 해당하는 내용은 바로 등급별 기본혜택으로 명시되어 있는 맴버십 등급 설명입니다. '마카롱'에서 시작해서 누적적립 포인트가 2,000P 이상이면 '케이크'로 승급된다고 안내되어 있습니다. 하지만 현재 '○○○님의 적립된 포인트'는 2,364점이지만 케이크 등급으로 승급되지 않았으며 '[케이크]

까지 –364P가 남았습니다'라고 잘못된 정보가 표시되고 있습니다.

이 문제점들을 실제 기술적으로 확인을 해보지 않고 모르는 상태에서 발생한 원인을 고민해봅시다. 몇 가지 유추해볼 수 있는 것들은 다음과 같습니다.

- 다른 모듈, 기능과 연결된 기능 구현 미비
- 기획서상의 오류
- 특정 상태(Status) 변화 업데이트 테스팅 미비
- Batch 기능의 문제
- 부정확한 Data의 입력(관리자 기능, 백오피스 등)
- 단순한 코딩 오류

하지만 여기서 중요한 부분은 무엇인가 상태가 변화하거나 한가지 데이터가 여러 상황에 영향을 주는 부분이라는 점입니다. 단순하게 개발자가 코딩 실수를 한 것일 수도 있지만, 다른 개발자가 개발한 부분이거나 특정 상황에 대한 환경적인 문제로 개발이 누락된 부분일 수도 있습니다.

이런 현상은 개발자들 사이에서 생기는 것만은 아닙니다. 기획자나 테스터들 모두에게서 발생할 수 있습니다. 여러 명의 테스터가 동시에 테스팅을 수행하다 보면 담당하는 영역이 겹치는 경우들이 있습니다. 이럴 때 겹치는 영역에 대해서 발생하는 A, B 테스터들의 생각입니다.

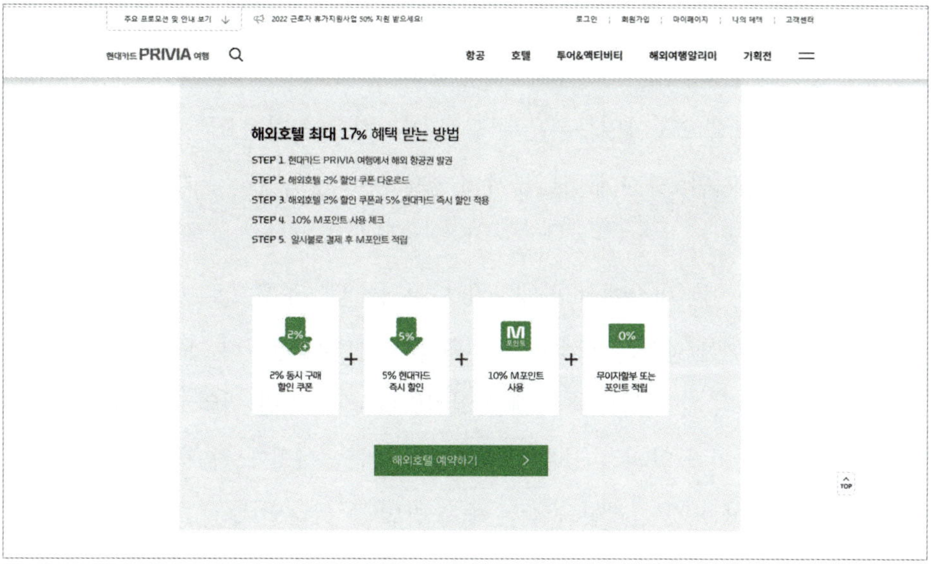

그림 6.10 현대프리비아 할인 프로모션 화면

출처: https://www.priviatravel.com/promotion/sectionEvent/3231

즉, 명확하게 업무를 정의하고 점검하지 않으면 해당 영역에 '공동화현상(空洞化現象)'이 나타나는 것입니다. 겹쳐지는 교집합 부분을 아무도 테스팅하지 않는, 담당 테스터들이 분명히 있지만 아무도 없는 현상이 나타나서 그대로 서비스가 배포되는 문제가 발생하게 됩니다.

이번에는 여러 기능과 관련된 취약 지점의 사례를 들어보겠습니다. 복합조건의 부분 변경을 하는 경우입니다.

현대카드 PRIVIA 여행 사이트에서 예약하는 경우, 위의 17%를 할인을 받으려면 동시에 호텔과 항공권을 구매해야 할인을 받을 수 있습니다. 이때 테스트 시나리오를 다음과 같이 구성했습니다.

- 항공권을 구매한다.
- 발급된 호텔 할인 쿠폰으로 2% 할인된 가격으로 호텔 예약 및 결제한다.

- 구매한 항공권을 취소한다.

이때 사용된 호텔 2% 할인쿠폰은 어떻게 처리되어야 할까요? 분명히 구매한다면 조건을 만족했지만, 중간에 하나를 취소했을 경우는 복잡한 문제가 생기기 시작합니다.

이런 부분들은 이커머스에서 판매자가 다른 물건을 묶음으로 할인을 적용해서 복합결제를 진행했을 때에도 비슷한 형태의 문제가 발생합니다. 보통은 이런 문제점들은 모두 취소되고, 재결제를 하게끔 처리합니다. 하지만 의외로 이런 복합적인 변화에 대해서 대처가 안되는 경우가 많습니다. 바로 이렇게 각 서비스, 제품들의 취약점들을 공략하는 것이 결함을 찾는 좋은 방법 중 하나입니다.

그리고 해당 상황에 대한 다른 서비스를 처리하는 기준을 이해하고 있는 것이 바로 경험기반 기법에 활용될 수 있는 해당 도메인 지식이라고 하는 부분입니다. 이런 복잡한 상황들에 대한 명확한 기준들이 모두 기획서나 요구사항서에 정의되어 있지 않은 경우들이 많으므로, 개발자와 테스터 모두 어려움을 겪는 부분이며 또한 이런 취약점에 대한 공략지점을 파악하는 것이 경력자들의 장점이기도 합니다.

05 예외처리(Exception Handling)를 공략하라

아마도 가장 많은 결함이 발생하는 유형이 바로 예외처리가 잘되지 않은 경우들일 겁니다. 테스터들이 탐색적 테스팅을 수행하거나 '에드혹 테스트(Ad-hoc Test)'와 같이 무작위 테스팅을 수행할 때 많이 발견하는 결함들입니다.

우스갯말로 인터넷 브라우저 창에서 테스팅 도중 이전 키(Back Key)만 여러 번

눌러도 결함은 쉽게 발견할 수 있다는 말이 있을 정도이니까요. 그렇다면 개발자들은 테스팅을 수행할 때 보통 어떤 입력값들로 테스팅을 수행할까요? 익숙한 데이터들을 함께 보겠습니다.

- 1234
- 테스트
- testtest
- 테스트입니다. 지우지 마세요.
- 1qazxsw2

이렇게 입력하는 이유는 무엇일까요? 바로 시간에 대한 압박입니다. 개발자들은 테스팅을 하기 위해 개발을 하는 것이 아니라 제품을 완성하는 것을 목표로 합니다. 현재 개발 중인 모듈, 유닛 등이 잘 작동되는지를 확인하는 것이 1차 목표이기 때문입니다. 최근에 'TDD(Test Driven Development)'나 'ATDD(Acceptance Test Driven Development)'와 같이 개발 초기부터 개발자나 이해관계자들이 모두 제품품질에 관해서 고민하는 형식의 개발법들을 실제로 활용하는 곳이 늘어나는 추세입니다. 초기에 코딩하는 단계부터 테스트 코드를 수행하고 테스트 데이터를 운영해서, 실제 제품의 완성도를 높인 상태에서 다음 개발 단계를 진행하는 곳들도 있지만, 대부분 개발자의 현실이 그렇지는 않습니다.

많은 개발자의 사고는 직진형 사고로 개발을 할 수밖에 없는 경우가 많습니다. 대부분 일정에 쫓겨서 개발하는 경우가 많고, 주어진 과제의 완성도를 높이는 데 집중할 수밖에 없습니다. 그렇다면 테스터의 사고는 어떨까요? 바로 부수는 것입니다. 개발자가 아무리 개발을 잘했다고 보고하더라도, 개발부서에서 테스팅 한 항목들에 대한 진위여부를 모두 부정한 채 모든 것을 처음부터 하나씩 검수해야 합니다.

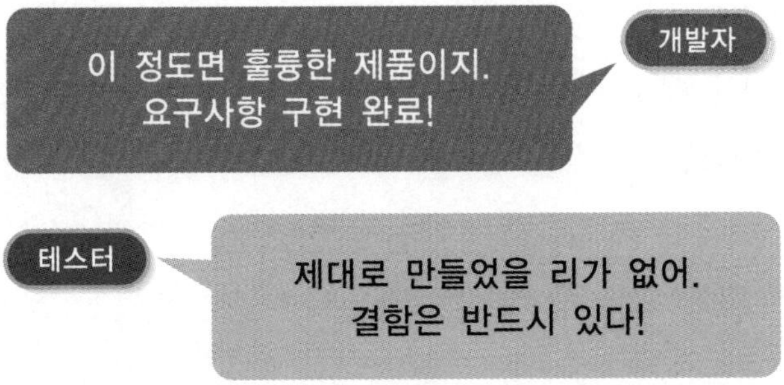

그림 6.11 개발자와 테스터의 생각 차이

테스팅의 목적성은 결함이 찾는 것이지만 함께 점검해야 하는 것으로 요구사항에 있는 기능이 구현되었는지를 확인하는 부분도 있습니다. 즉, 개발하기로 한 기능이 있는가와 만약 있다면 그것이 정상적으로 작동하는지를 확인하는 게 바로 테스팅입니다. 그런데 개발부서에서는 개발 기간을 테스팅 기간까지의 시간으로 생각하고 개발을 하는 경우가 생각보다 많습니다. 1차 테스팅 기간에는 전체의 80%만 개발해서 넘기고 2차 테스팅은 90%, 그리고 3차 테스팅까지 기간을 사용해서 100%를 채우는 목표를 내부적으로 생각하는 방식으로 개발 일정을 늘리는 것이죠.

그렇다 보면 당연히 개발자들은 완성도보다는 구현 여부에 집중하게 되어있습니다. 개발자들의 테스팅 방식은 일명 '해피 패스(Happy Path, 예외처리 여부에 대한 경로가 아닌 정상동작이자 기본 동작 중심의 경로, Positive Test라고도 부릅니다)' 중심의 테스팅을 주로 수행합니다.

이럴 때는 테스트 케이스로도 결함은 찾을 수 있습니다. 그렇지만 충분한 예외처리에 대한 부분은 점검은 하지 못한 채, 품질부서에서 확인하고 점검해야 하는 경우들이 생기는 것입니다. 테스터들은 해피 패스뿐만이 아닌 '언해피 패스(Unhappy Path)', 즉, 네거티브 테스팅(또는 Alternative Testing) 관점에서의 테스팅 역시 수행해야 합니다.

앞서 테스트 데이터의 마술이라는 내용에서 이야기한, 하나의 입력창에 다양한

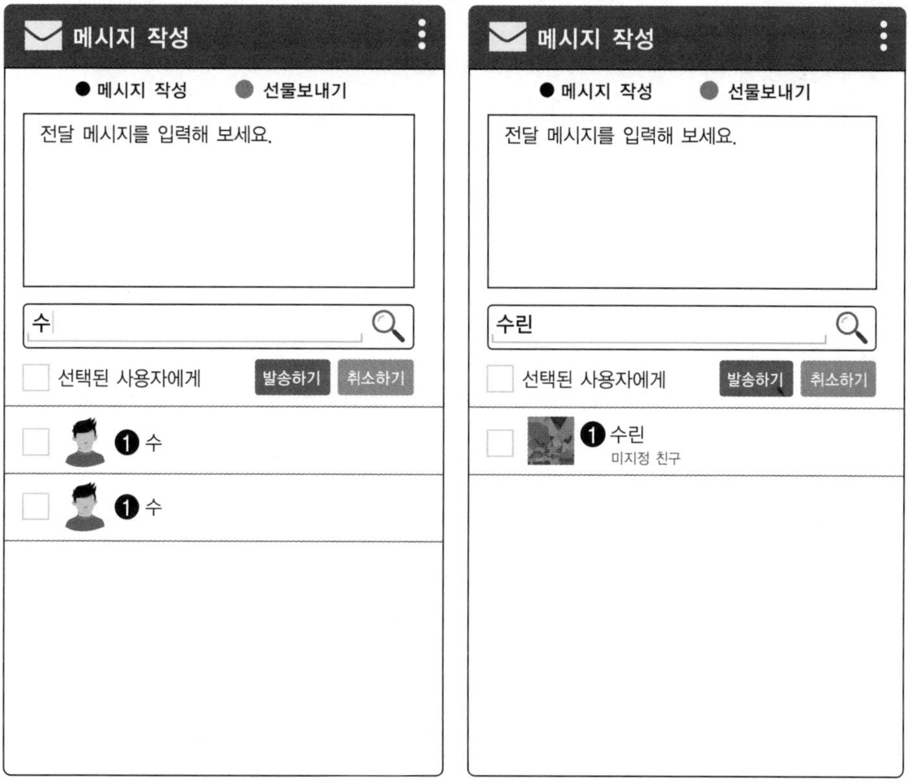

그림 6.12 메시지 전달을 위해 사용자를 검색했을 경우, 왼쪽 그림은 '수'라는 글자로 검색해서 수라는 닉네임의 사용자만 검색된 경우이며, 오른쪽 그림은 '수' 이외에 '수린'이라는 닉네임의 사용자가 존재하는 결과 화면

입력값 테스트 데이터를 통해서 결함을 찾는 방식처럼, 요구사항서에 제시되지 않은 예외처리 항목들은 의외로 많이 처리되지 않은 소프트웨어들이 있는 것입니다. 이런 부분들을 집중적으로 검증해서 좀 더 쉽게 결함을 찾을 수 있습니다.

다음과 같이 일반 앱 서비스 중 친구에게 메시지를 보내는 기능이 있다면, 메시지를 보낼 사람을 찾고자 '수린'이라는 아이디의 사람을 검색했을 때, '수'라는 한 단어만 입력하면 당연히 '수'가 포함된 이름이 나오는 게 올바른 기능 구현입니다. 하지만 일반적으로 검색결과가 나올 때, 수 이하의 비슷한 닉네임이 있는 회원을 추천하거나 '수'라는 단어 이후의 글자가 포함된 멤버가 리스트가 되는 형태의 UI/UX 구성은 사용성을 훨씬 높여주는 역할을 합니다.

데이터베이스 검색 시 사용되는 SQL 조건문 Just 검색 조건의 경우 그 검색어와 100% 일치하는 검색결과를 보여주는 것은 구현에 집중하는 것이라면, Like 검색 조건은 특정 검색의 무엇이든 다 보여주는 것이라고 할 수 있습니다. 물론 이렇게 구현된 것이 잘못된 것이라고 말할 수는 없습니다. 특히 요구사항서에 해당 기능이 없다면 이 결함은 일명 개발자들이 등록된 결함을 거부하면서 이야기하는 '스펙(Spec)'입니다. 즉, 의도된 구현방식, 다시 말해 요구사항서에 없거나 구현된 형태가 요구사항 자체라는 것을 의미하는 것입니다.

요구사항 이외의 사항을 구현하지 않는 것이 올바른 관점입니다. 그러나 개발자가 완성에 집중하는 것과 실제 다양성에 대한 구현이 되는 경우가 차이가 있으며 이런 가능성을 고민해서 결함 또는 이슈, 제안 등을 통해서 제품의 품질을 높이는 역할을 하는 게 테스터의 역할이라고 할 수 있습니다. 기획자가 예상하지 못한 부분일 수 있기 때문입니다. 개발부서는 구현이 중심이지만 품질, 테스터는 다양한 관점에서의 시도를 해야 의미 있는 결함을 찾을 수 있습니다.

요구사항서에 엘리베이터 기능을 구현하는 요구사항이 아래와 같이 적혀 있습니다.

- ☑ 자동문은 문 앞에 사람이 서 있거나 다가오면 자동으로 문이 열립니다.
- ☑ 일정 거리 이상 사람이 멀어지면 3초 후 자동으로 문이 닫힙니다.
- ☑ 사람이 계속 문 앞 3 m 이내에 서 있으면 문이 닫히지 않습니다.
- ☑ 개나 고양이와 같은 반려동물일 경우 자동문이 인식하여 목줄이 걸리는 문제가 발생하지 않도록 키의 높이나 문이 닫히는 기준을 설정해서 문이 자동으로 닫히다가 부딪히게 되면 자동으로 문이 열립니다.

이런 요구사항이 있다면 당연히 개발자들은 위의 네 가지 상황에 맞춰서 기능을 구현할 것입니다. 또한 이에 맞춰서 테스터들도 직진형 테스트 케이스인 기능 구현 여부에 맞는 테스트 케이스를 구성해서 작성합니다. 그리고 부정형 테스트 케이스도 함께 고민하여 작성해야 합니다. 이때 생각해볼 수 있는 여러 예외처리 사항들을 고민해보면 심각하거나 중요한 결함을 찾을 수 있습니다.

- ☑ 자동문에 올 때는 반드시 반려동물이 있어야 하는가?
- ☑ 연속으로 사람이 계속 들어오면 문은 계속 열려 있는가?
- ☑ 사람들이 연속으로 들어오는 시간은 몇 초 간격으로 설정해야 하는가?
- ☑ 문 앞 3 m 내에서는 사람이 있을 때 문이 닫히지 않는다면 문 앞에 물건, 동물 등이 있다면 문이 닫히는가?
- ☑ 낮은 물건 높은 물건은 상관이 없는가?
- ☑ 사람이 엎드려서 기어오면 자동문이 열리는가?

이처럼 다양하게 비틀어보는 시각으로 요구사항서에 없는 조건들을 계속 생각하고 시도해본다면 다양한 결함들을 찾을 수 있습니다. 또 이런 방식을 초기 기획 단계 부분부터 개발부서와 함께 고민하면서 토론하고, 문제점이 생길 수 있는 부분들을 개발 전부터 미리 식별해서 인수 테스트 케이스를 구현해보며, 개발을 진행한 후 점검하는 방식이 바로 'ATDD 테스트(Acceptance Test Driven Development, 인수 테스트 중심의 개발법)' 방식입니다.

즉, 시간이 급하고 부족할수록 주어진 조건 위주로 소프트웨어 개발이 될 확률이 높으므로 프로젝트 상황에 따라서 집중적으로 예외처리를 점검한다면 좋은 성과를 얻을 수 있습니다.

06 제품품질 수준에 맞게 공략하라

아무리 테스팅을 잘해서 결함을 잘 찾는다고 하더라도 상황에 맞게 테스팅을 해야 합니다. 전쟁 시에 아무도 없는 벌판에 폭탄을 퍼부어 봐야 이득을 하나도 얻을 수 없습니다. 이처럼 제품이 어떤 품질 상태인가에 따라서 테스팅에 집중하고 결함을 찾는 방법을 달리해야 합니다.

테스팅을 수행하는 첫 단계에서 많은 결함을 발견한다면 무조건 작성된 체크리스트 테스트 케이스에 집중해야 합니다. 이때 다양한 시각의 결함들을 찾아 보고하더라도 개발자는 해당 리포트들을 리뷰하고 고민할 시간조차 없는 경우도 많으며, 동시다발적으로 비슷한 리포트를 한꺼번에 받게 됩니다.

현재 개발 완성도가 낮은 상태에서 테스터뿐만 아니라 다양한 이해관계자들에게 무차별적인 결함이 등록되어 개발자에게 전달된다면, 이것을 처리할 수 있는 역량을 벗어날 수밖에 없기 때문입니다. 최대한 개발 초기에는 기능 구현에 대한 완료율을 높여야 하므로 가능하면 기능 구현을 확인하는 데 몰두해야 하며, 테스트 케이스 중심의 테스팅을 수행해서 구현율과 진척률을 확인하는 데 집중해야 합니다. 그리고 테스트 사이클을 다수 수행하는 테스트 절차를 운영한다면 차수별로는 블록(Block)이 풀린 기능에 열중해야 합니다.

1차 테스트에서 테스트 케이스를 수행하는 도중 상위 단계(Level)의 테스트 케이스에서 결함이 발견되어 하부 단계의 테스트 케이스를 수행하지 못했다면, 블록 처리를 해서 테스팅이 이루어지지 못했음을 표시합니다. 다음 테스트 사이클인 2차 테스트에서는 결함 수정 여부를 확인하는 확인 테스트(Confirmation Test)와 함께 블록 처리된 이전 차수 결함들을 확인해서 해당 문제가 수정되었다면, 지난 차수에 테스팅 수행을 하지 못했던 하부 단계의 테스트 케이스를 진행하는 데 집중해야 합니다. 2차 테스트이지만 실제로는 처음 테스팅 하는 기능들이기 때문에 구현 여부와 함께 상위 단계와의 연결된 부분들을 확인하면서 결함을 찾으면 됩니다.

다음은 어느 정도 품질이 안정적인 경우입니다. 테스트 단계(Test Levels)에서 시스템 테스팅, 인수 테스팅 단계 정도까지 진행이 되었다면, 어느 정도 제품의 완성도가 높아진 상태입니다. 실 서버, 실 사용자 환경에 맞춘 상황에서 테스팅을 수행할 때에는 기능적인 부분들이 실제 환경에서도 동일하게 잘 작동되는지 확인하는 것과 함께, UI/UX적인 불편함이나 비기능적인 테스팅에 집중해야 합니다. 이때부터는 개발자들도 UI/UX적인 이슈들을 처리할 여력이 어느 정도 갖추어져, 테스팅을 더욱 집중적으로 지원할 수 있게 되었기 때문입니다. 이때 테스터가 제시하는 UI/UX적인 이슈들은 모두 수정하는 것을 목표로 하지 않고, 일단 최대한 사용에 불편하거나 비기능적인 항목들을 제안해서 인지해서, 우선순위가 높은 것들을 중심으로 해결하는 것을 목표로 합니다. 또한 다른 회사의 동일 제품 및 서비스, 비슷한 제품들과 기능 비교를 진행합니다. 정상 작동 여부에 관한 판단은 요구사항서를 기준으로 진행이 되기도 하지만, 사용자가 통념적인 판단을 내릴 수 있는 정상 작동들을 비교해서 결함으로 제시하거나 의견을 제시하는 것이 필요합니다.

이런 과정에서 동료들과 담당 기능을 교환하여 자유롭게 테스팅해서 다른 시각의 결함들을 찾는 활동 역시 좋은 방법입니다. 나의 눈에는 보이지 않는 것들이 다른 사람의 눈에서 발견될 수 있는데, 이런 활동들은 제품의 완성도가 높아진 상태에서 진행해야지만 빠르게 기능들을 모두 수행할 수 있습니다. 또한 중복된 결함들을 보고하게 되는 문제점들을 예방할 수 있습니다.

이외에도 테스터마다 자신들만의 결함 찾는 방법들은 존재하며 다양한 테스터 간의 교류를 통해서 테스팅 방법을 넓혀가는 노력을 꾸준히 해야 합니다. 결함을 찾는 방법의 핵심은 결국 다양한 시각으로 제품을 바라보는 것이니까요.

마지막으로 2018년 12월 1일, 스냅챗(Snapchat)의 엔지니어 Brenan Keller가 트위터에 작성한 글을 살펴보면, 테스팅을 아무리 수행하더라도 큰 사고나 장애가 어떻

Brenan Keller @brenankeller · 2018년 12월 1일

A QA engineer walks into a bar. Orders a beer. Orders 0 beers. Orders 99999999999 beers. Orders a lizard. Orders -1 beers. Orders a ueicbksjdhd.

First real customer walks in and asks where the bathroom is. The bar bursts into flames, killing everyone.

470 2.7만 6.5만

그림 6.13 QA 엔지니어의 테스팅 방법과 실사용자의 사용 방식의 차이에 관한 유머
출처: Brenana keller 트위터, https://twitter.com/brenankeller

해석 QA 엔지니어가 바(술집)에 들어왔습니다. 맥주를 1개, 0개, 9999999999개를 주문해봅니다. 도마뱀도 주문해봅니다. −1개 맥주도 주문해봅니다. ueicbksjdhd(한국어로 아무런 의미 없는 글자, 예를 들어 'ㅁ니왕ㅁ이ㅏ ㅎㅁ머ㅣ ㅇ'와 같음)도 주문해봅니다.

첫 번째로 실제 고객이 바에 들어와서 화장실이 어딘지 물어봤습니다. 바는 화염에 휩싸였고 모두 다 죽어버렸습니다.

게 발생하는가를 재미있게 표현한 것을 알 수 있습니다.

이 글을 통해 알 수 있듯이 아무리 테스터가 다양한 정상, 비정상 경로의 테스팅을 수행하더라도, 실제 사용자들은 예상하지 못한 경로로 사용해서 장애가 발생할 수 있습니다.

exploration

7

테스트 관리의 시크릿 노트

Secret Note

소프트웨어 테스팅을 성공적으로 수행하기 위해서는 테스터들의 역량과 프로세스 등 테스트 시스템에서 어떤 것 하나도 중요하지 않은 것이 없습니다. 그중에서 테스트 팀을 운영하고 테스팅에 관련된 전반적인 관리를 진행하는 것은 단순하게 테스팅을 수행하는 활동 이상의 의미가 있습니다. 근본적인 소프트웨어 테스팅 업무에 대한, 더 나아가서는 품질부서의 존재의미를 좌우하는 역할을 하게 됩니다.

대부분 테스트 팀을 처음 운영하게 되거나 혼자서 테스트 프로세스를 만들고 운영해야 할 때는 처음에 어떻게 해야 할지 막막하기만 합니다. 이번 장에서는 테스트 관리에 필요한 핵심 요소들이 적혀 있는 비밀 노트들을 공개하며 그 이유를 함께 알아보도록 하겠습니다.

01 테스트 관리자는 무슨 일을 해야 하나?

테스트 시스템상에서 가장 중심에 있고 모든 테스팅을 진행하는 데 있어서 핵심 파트는 테스트 팀, 즉 테스터입니다. 성공적으로 테스팅을 완료하는 데는 테스트 팀을 구성하는 부분과 해당 팀을 어떻게 운영을 하느냐가 성패를 좌우하게 됩니다. 이 테스트 팀을 구성하고 운영하며 테스트 정책 등 테스팅에 필요한 전반적인 업무를 식별하고 정책을 수립하며 운영하는 역할 등을 모두 하는 것이 바로 테스트 관리자입니다.

테스트 관리자 혹은 팀장이라는 역할이 우리나라에서는 테스트 리더(Test Leader, Test Lead)와 테스트 매니저(Test Manager)라는 직군을 혼용해서 사용하는 경우가 많습니다. 가장 먼저 테스트 리더의 경우에는 일반적으로 다음과 같은 역할과 책임(Role & Responsibility)이 있습니다.

- 테스터와 테스트 매니저의 중간 단계
- 테스트 매니저와 함께 팀 내부의 테스트 운영사항 파악
- 적기 업무 지원 및 백업 업무 수행
- 테스트 케이스, 절차서 등 설계문서 리뷰
- 테스트웨어(Testware) 관리
- 등록된 결함 리포트를 리뷰, 수정, 결함 관리감독
- 테스트 진척도, 결함 검출률 등 운영관리 주력

이처럼 테스트 리더는 테스터로서 업무도 수행하면서 테스트 팀이 성공적으로 운영이 될 수 있도록 전반적인 업무 진척도와 수행을 합니다. 테스트 리더는 상시

품질관리가 필요한 IT 관련 기업이나 서비스에서 필요로 합니다. 주기적인 서비스 배포와 업데이트 버전의 배포가 많은 곳들, 그리고 대규모 소프트웨어 개발사에서는 이렇게 테스트 리더의 업무 역할이 필요합니다. 비정기적인 테스팅이 수행된다면 테스트 리더가 필요 없거나 테스트 리더의 역할을 일반 테스터가 그대로 수행합니다. 테스터 매니저의 역할과 책임은 일반적으로 다음과 같습니다.

- 테스팅 경력 최소 8년차 이상, 해당 도메인 전문가
- 테스트 정책 수립
- 테스트 프로세스의 설정, 테스트 계획 수립, 테스트 팀 구성
- 테스트 프로젝트의 이슈 관리
- 프로젝트 위험성 식별 및 테스트 전략 수립 역량
- 주요 품질 지표 식별 및 관리
- 프로젝트 관리능력, 테스트 기술, 커뮤니케이션 능력 등이 복합적으로 필요
- 다양한 현장업무에 대한 지식(Domain Knowledge)

전반적인 조직 차원에서의 품질을 어떻게 관리할 것인지를 고민하고 설계하고 실제 운영하는 역할을 하는 것이 바로 테스트 관리자, 테스트 매니저의 역할입니다.

하지만 작은 스타트업이나 테스트 조직이 거의 없는, 혹은 1인 QA 조직으로 운영되는 곳에서는 테스터의 역할과 관리자의 역할을 모두 한꺼번에 수행해야 하는 것이 현실입니다. 개발 조직 내에서 처음에 테스트 팀을 구성하기가 어려운 상태일 경우에는 테스터에게 해당 업무를 모두 맡기는 형태보다는, 기술 전문 책임자(CTO)가 PMO(Project management office) 관점과 QMO(Quality Management office) 관점을 모두 함께 고민해서 품질담당자와 함께 수행 업무를 식별하는 것이 좋습니다. 무엇보다 조직 차원에서의 품질관리의 중요성은 경영자 측면의 시각이 중심이 되기 쉽기 때문입니다.

경영자 측면에서 품질의 중요성을 판단할 때는 비용중심(Time to market)인지 제품의 완성도(Product Quality)를 중심으로 하는지를 저울질하는 것이 일반적입니다. 초기의 기업이나 개발비용에 압박을 받는 상황에서 조직 관점에서 품질관리의 우선순위를 제품의 완성도로 집중하게 된다면 대부분 그 테스트 정책은 조직에서 지지받지 못하게 됩니다. 생존이 달린 상황에서 품질부서가 문지기의 역할을 하게 되면 품질 조직은 불필요한 비용을 지속해서 사용하게 되는 내부의 적처럼 보일 수 있기 때문입니다. 이런 부분들에 대한 전체적인 시각을 가지고 있는 담당자가 테스터를 수행하고 있다면 큰 문제가 되지 않겠지만, 경험이 적은 초급 테스터들에게 자신이 수행했던 업무 경험들을 기준으로 이런 판단을 내리는 것은 현실적으로 상당히 어렵습니다.

그러므로 정책적인 방향성과 개발 조직, 품질 조직과의 관계 등 전반적인 조직 내의 상황을 알고 있고, 프로젝트 운영을 할 수 있는 부서에서 함께 테스팅에 필요한 업무와 주요 관리 항목들을 식별하고 운영해야 합니다.

일반적으로 테스트 관리자가 수행해야 하는 업무들을 분류하는 방식은 너무나도 다양합니다. 여기에서는 크게 두 가지로 구분해보도록 하겠습니다.

그렇다면 다음의 표에서 보이는 내용은 어디에 속하게 될까요?

표 7.1 테스트 관리자 역할별 주요 업무

역할	등급	주요 업무	상세 수행 내역
테스트 매니저	고급 기술자	1. 규격서/테스트 케이스/시나리오 분석 2. 이슈사항 보고 및 조치 3. 일정/자원 관리 4. 프로젝트 업무 개선 및 Risk 관리 5. 기간별 업무보고	1. 규격서/테스트 케이스/시나리오 분석 – 테스트 케이스 적합성 분석 및 검토 후 반영 – 검증대상 시나리오 분석 및 검토 진형 – 테스트 케이스에 대한 정합성 리뷰 및 Update 진행 2. 이슈사항 보고 및 조치 – 검증 업무상 발생하는 이슈사항 보고 및 조치 현황 확인 및 보고 3. 일정/자원 관리 – 투입 인력의 근태 관리(출/퇴근, 휴가) – 주요 인력 변경 면접 진행(인력변동률 관리) – 교체 투입인력의 OJT 계획 및 수행 – 정보보안 규정 및 지침 구비 및 주기적인 교육 홍보 보안점검 실시 4. 프로젝트 업무 개선 및 Risk 관리 – 지식체계 구축: 검증 Data Set 구축/지식 노하우 공유 – 검증 업무 매뉴얼화 및 우선순위 지속적인 선정 – Bast Practice 공유를 통한 검증원의 검출력 및 커뮤니케이션 능력 강화 – 최신 기술 동향 파악 및 주기적 보고 진행 5. 기간별 업무보고 – 일일 업무보고 작성 및 보고: 매일 진행 – 매 주 주간보고 작성 및 검토, 보고: 매주 1회 진행 – 매 월간 보고 작성 및 검토, 보고: 매월 1회 진행 – 종료보고서 작성 및 보고: 최종 1회 진행
테스트 리더	중급 기술자	1. 검증결과 검토 및 보고 2. 검증 인프라/서버 관리 3. 버전/결함 관리 4. 기존 검증 프로세스 유지관리 5. 신규 검증 프로세스 및 항목 설계 6. 단말/앱 기능 분석 7. 시나리오/시험절차서 추가 작성, 개선	1. 검증결과 검토 및 보고 – 검증대상에 대한 검증결과 검토 및 통보/보고 2. 검증 인프라/서버 관리 – 검증용 공유기, IP 관리 – 검증용 단말/USIM 관리 3. 버전/결함 관리 – 앱 버전별 결함 이력 관리 – 검증 결과에 대한 결함율/통과율/수행실적 등 데이터 통계관리

			4. 기존 검증 프로세스 유지관리 – 기존 검증 프로세스 배포 및 교육 5. 신규 검증 프로세스 및 항목 설계 – 검증 프로세스 개선/수정 – 검증 항목 개선/수정 및 배포/교육 6. 단말 앱 기능 분석 – 신규 단말/OS 기능 및 특장점 분석 – 신규/기존앱 시나리오 및 기능 분석 7. 시나리오/시험절차서 추가 작성, 개선 – 앱 시나리오 분석 후 시험절차서 변경/개선

표 7.1에는 테스트 관리자들의 업무, 역할과 책임이 정리되어 있습니다. 해당 테스트 관리자들은 스마트폰에서 작동되는 앱(App)에 관한 품질관리를 하고 테스팅 업무를 수행하고 있는 사례입니다.

이와 같은 업무들은 성과 관리에 포함되게 됩니다. 실제로 테스트 팀이 존재하는 이유이기도 하고 이런 역할들을 잘 수행하면 좋은 평가와 함께 조직 내에서 꼭 필요한 부서로서 자리를 잡게 됩니다.

그런데 실제로 테스트 팀에게 바라는 업무 성과는 무엇일까요?

- 많은 버그를 찾은 것
- 다양한 시장 위험요소를 사전에 식별해주는 것
- 개발자의 개발시간 확보
- 개발부서 문제점, 개발 외주업체 문제점을 지적할 기초자료(Back Data)

사실 이 네 가지 사례는 모두 바라는 업무 성과입니다. 하지만 이 네 가지 업무 성과들에 숨어 있는 의미는 바로 '어떠한 근거자료 확보'라는 것입니다.

우리는 소프트웨어 테스팅을 하는 목적을 너무나 잘 알고 있습니다. 결함을 찾고, 제품에 대한 자신감도 얻고 무엇보다 고객들과 사용자들에게 완성도 높은 제품과 서비스를 제공하는 것이 첫 번째 목표입니다. 하지만 테스트 팀이 있는 것에 대한 숨은 의미 중에는, 무엇인가 명백하게 확인이 될 수 있는 근거를 마련하는 것이 실무적인 관점에서 필요한 역할이기도 합니다.

개발 조직이 작을 때에는 이런 근거가 크게 중요하거나 필요하지 않습니다. 서비스가 빠르게 만들어지고 제공되는 것이 우선순위가 높기 때문입니다. 점차 제품의 크기가 커지고, 조직적으로 개발을 해나가야 할 때 발생하는 가장 큰 이슈는, 프로젝트 일정에 대한 변경 및 일정 지연입니다. 적기에 제품을 개발해야 하고 함께 좋은 품질도 확보해야 하는 책임이 테스트 팀장이나 관리자가 모두 가져가는 것은 아니지만, 조직 차원에서의 최소한의 근거를 확보하는 역할이 테스트 관리자가 수행해야 하는 중요한 부분입니다.

테스트 팀장이 수행해야 하는 주요 역할을 다음과 같이 구분해보겠습니다.

성과 관리

- 발견 버그 검출력(등급별, 수량별)
- 테스트 케이스 작성(작성 수, 케이스 품질)
- 일정준수: 테스트 수행력
- 고객 만족도: 기업, 일반사용자, 이해관계자
- 절차 개선, 신규 기술 도입

팀 관리

- 커뮤니케이션(문서/대화/이메일)
- 근태 및 일정 관리: 성실성, 신뢰
- 팀원 관계: 협력, 대화, 헌신, 팀워크
- 교육/학습: 테스팅 기술, 어학, 도메인 지식

테스터에서 테스트 관리자 또는 팀장으로 직급이 변경되는 경우에 겪게 되는 어려움은 특별히 가이드 문서가 작성되어 있거나, 누군가가 매니저로서 수행해야 할 일들을 알려주는 경우가 거의 없습니다. 대기업 혹은 오랜 시간 매니저 직업군에 대한 준비가 되어 있는 기업에는 충분한 교육과 가이드를 제공해줄 수도 있지만, 작은 소규모 기업이나 스타트업의 경우 모든 것이 새로 경험해보는 것들입니다. 업무도 그렇지만 실패에 대한 경험도 마찬가지입니다.

대부분 관리자의 역할은 성과 관리에 집중되어 생각하다 보면 자연스럽게 팀 관리에 대해서는 경험이 부족한 경우가 많습니다. 따라서 팀원들과의 마찰이 생기기도 합니다. 엔지니어적 성향이 강할수록 성과에 집중하게 되어 실질적으로 더 큰 문제인 팀원들과의 신뢰에 관한 문제가 발생하게 됩니다.

먼저 테스트 팀을 구성한 후 테스트 팀에 대한 관리 및 운영방법에 관해 소개하도록 하겠습니다.

02 테스트 팀 구성

테스트 팀을 운영하는 방식은 소규모, 중규모, 대규모 등 팀의 규모로 운영하는 경우와 테스트 업무에 따른 테스트 역할을 나누는 방식으로 크게 구분할 수 있습니다.

테스트 팀을 성공적으로 운영하기 위해서는 초기에 구성할 때 팀에 투입 예정인 경력자의 역량을 고려해서 팀의 구성을 갖춰야 합니다. 경력자가 해당 프로젝트에 대한 이해와 테스트 관련 경력이 풍부하다면, 테스트 리더의 역할만으로도 충분히 팀을 이끌어 갈 수 있기 때문입니다.

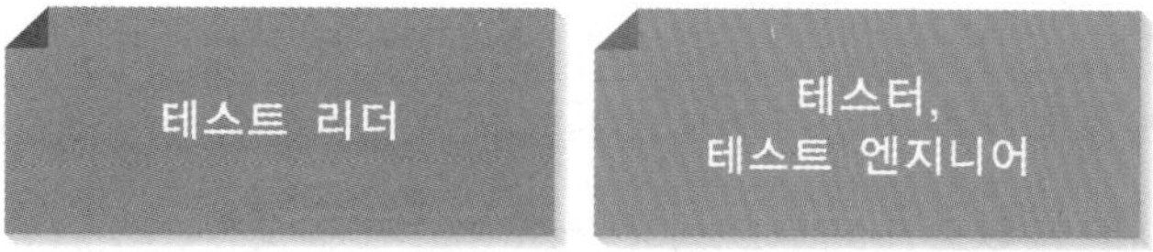

그림 7.1 소규모 팀 구조

아주 작은 단위로 테스팅이 진행될 때에는 테스트 리더와 테스터, 테스트 엔지니어가 같은 위치에서 테스팅이 진행됩니다. 2~3명 정도의 소규모일 경우 테스트 리더라고 하더라도 테스터들과 테스트 엔지니어와 같은 테스팅 업무를 하며 팀을 이끌어갈 수 있습니다. 이때 리더의 역할과 테스터 혹은 테스트 엔지니어의 역할을 동시에 수행하므로 업무에 대한 배분과 분담을 잘 조정해야 하는 것이 매우 중요합니다.

테스트 팀 구조가 최소한 6~8명 이상 구성으로 넘어가고 10명 정도의 인원이 하나의 팀으로 구성되면 그 시점부터는 테스트 리더, 또는 테스트 매니저가 전체 팀을 이끌어가는 역할을 하면서 팀을 이끌어 가게 됩니다. 보통 한 명의 테스트 리더가 관리하고 개별적인 응대를 할 수 있는 최대 인원은 10~15명 선이 적정합니다. 인원이 그 이상 많아지면 팀원 간의 내부 이슈를 처리하기가 힘들어지며, 테스터와 리더와의 관계뿐만 아니라 테스터 간에도 관계에 문제가 생길 수 있기 때문입니다.

테스팅을 진행하는 기간 내에는 업무 분장에 따라 테스팅을 진행하게 되어 있는데, 실제 테스팅을 진행해 보면 팀 내에 일찍 끝나는 조가 발생하게 됩니다. 이럴 때 테

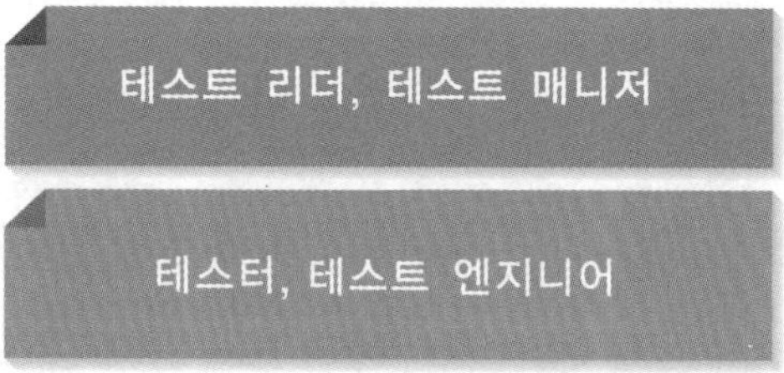

그림 7.2 중규모 팀 구조

스트 업무 진도율을 확인해서 타 팀을 지원해주거나 Ad-hoc 테스트를 진행하는 등 전체적인 업무 조율을 담당하는 것이 테스트 리더의 역할입니다. 하지만 이런 부분이 적시에 진행되지 않으면 내부 조직 간에도 이슈가 발생하는 것입니다.

또는 테스팅 업무를 일찍 끝낼 수 있는 테스터가 추가적인 업무 할당을 받게 되는 것에 대한 불만이 생겨, 의도적으로 테스팅을 일정에 맞춰 천천히 하는 경우가 발생하기도 합니다. 이런 경우에는 테스트 리더가 해당 도메인에 대한 풍부한 지식이 없는 경우에는 파악하기 어려울 수 있어서, 어느 정도는 테스팅에 직접 참여해서 실제 테스팅 소요시간을 확인하면서 진행해야 합니다. 이런 부분들이 테스트 리더로서 경쟁력이며 테스트 팀원들의 신뢰를 받게 되는 중요한 포인트입니다. 결국 실무에 대한 경험이 없다면, 리더십에 상당한 부담이 생길 수밖에 없습니다. 단호해질 수 있는 부분은 바로 경험과 지식을 함께 가지고 있을 때 가능합니다.

다음은 대규모 팀 구조입니다. 분할된 업무 내용에 맞춰 테스트 팀 리더와 테스터들을 함께 나눠 배치하게 됩니다. 테스트 팀의 파트를 나누는 기준은 프로젝트, 기능별로 구분을 나누거나 업무량으로 구분하며, 중요한 업무를 기준으로도 나누기도 합니다. 보통 하나의 파트에는 테스트 리더를 포함해서 10명 이하의 인원으로 팀을 구성합니다.

그림 7.3 대규모 팀 구조

대규모 팀의 경우 업무 정보에 대한 공유 및 전달이 핵심입니다. 아무리 강조해도 지나치지 않는 커뮤니케이션 역량이 테스트 매니저와 각 리더에게 강력하게 요청됩니다. 각 파트별로 정해진 업무량을 해결하는 것도 중요하지만 전체적으로 통일된 테스트 품질이 유지되어야 하기 때문입니다. 일반적으로 대규모 팀에서는 테스트 매니저와 리더들만 전체 프로젝트 미팅에 참여하게 되고 일반 테스터들은 회의에 참석하지 않기 때문에, 프로젝트 진행 도중 발생하는 변화에 대처할 방법이 없게 됩니다.

이런 문제점을 최소화하기 위해서는 테스트 리더마다 일일 정례회의를 진행하고 주간 단위로는 꼭 내부 전체 미팅을 진행하면서, 테스트 팀 내 커뮤니케이션을 최대한 가동해야 합니다. 하지만 회의나 대화를 많이 진행하는 것이 꼭 해결책은 아닙니다. 그만큼 업무를 진행할 수 있는 시간이 줄어들기 때문에 불필요한 회의는 최대한 줄이는 것이 중요합니다.

그래서 상태 보고나 전달사항에 관련된 회의시간과 교육시간, 정례회의시간 등 회의시간마다 진행하고자 하는 시간을 미리 정해 놓고, 꼭 회의가 진행될 필요가 없다면 취소를 하는 것도 테스트 팀 운영의 핵심 전략이 될 수 있습니다. 회의의 성격에 따라서 간단히 서서 5분~10분 미팅을 진행하는 것이 훨씬 효율적일 수 있습니다. 또한 최대한 정보가 자동화되어 대시보드(Dash Board) 형태로 한눈에 실시간으로 볼 수 있는 환경을 구축하는 것이 중요합니다. 커뮤니케이션을 많이 하는 것도 중요하지만, 불필요한 커뮤니케이션을 줄이는 데에도 집중하는 것이 함께 필요합니다.

마지막으로는 테스트 역할에 따른 팀의 구조입니다. 해당 팀 구조는 사용자 동시 접속이 많은 프로젝트이므로 별도의 성능 테스터가 투입되었으며, 테스트 리더와 함께 테스트 엔지니어가 테스터보다 상위 개념으로 팀을 운영하는 방식입니다.

이런 경우에는 테스트 엔지니어가 실제 테스팅을 진행하기보다는 테스트 환경 구축, 도메인 특성 파악 및 테스트 데이터 준비, 테스트 도중 환경 문제 해결 등 다

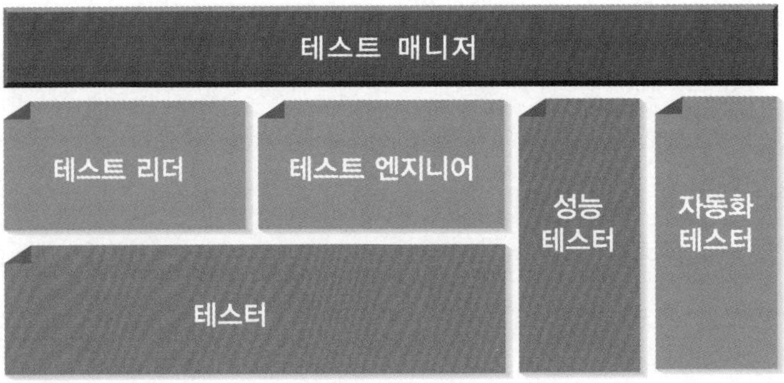

그림 7.4 역할에 따른 팀 구조

양한 테스팅에 필요한 전문 지원 요원으로 활동하게 됩니다.

테스트 리더의 역할은 테스트 매니저 역할과 혼동될 수 있겠지만 테스트 매니저와 테스트 리더를 동시에 운영하는 경우에는 그만큼 큰 규모의 프로젝트일 경우가 많으므로 업무에 대한 조정은 충분히 가능합니다.

이 정도로 세분화된 품질부서가 유지되려면 매주 배포되는 제품이 있을 만큼 다양한 프로젝트들이 수시로 운영되는 IT 기업에서나 운영할 수 있습니다. 특히 특화 역량이 있는 성능, 자동화 테스터가 전담으로 배정되어 있다는 것은 그만큼 제품의 배포가 빈번하고 많은 유저가 사용하고 있을 확률이 높기 때문입니다.

표 7.2는 모바일 앱의 품질을 검증하는 테스트 팀의 구성 인력에 대한 등급별 업무를 세분화 한 예제입니다. 각각의 업무 구분과 기술등급으로 구분해서 업무의 역할과 주요 상세 수행 내역을 기술했습니다. 본 내용은 실제로 운영되고 있는 팀이 아닌 각 테스트 팀에서 진행되는 역할을 모바일 앱을 검증하는 팀으로 재구성해서 작성한 내용입니다.

표 7.2 테스트 팀 구성 인력별 업무 주요 R & R(Role & Responsibility) 예제

역할	등급	주요 업무	상세 수행 내역
테스트 매니저	고급 기술자	1. 규격서/테스트 케이스/시나리오 분석 2. 이슈사항 보고 및 조치 3. 일정/자원 관리 4. 프로젝트 업무 개선 및 Risk 관리 5. 기간별 업무보고	1. 규격서/테스트 케이스/시나리오 분석 - 테스트 케이스 적합성 분석 및 검토 후 반영 - 검증대상 시나리오 분석 및 검토 진행 - 테스트 케이스에 대한 정합성 리뷰 및 Update 진행 2. 이슈사항 보고 및 조치 - 검증 업무상 발생하는 이슈사항 보고 및 조치현황 확인 및 보고 3. 일정/자원 관리 - 투입 인력의 근태 관리(출/퇴근, 휴가) - 주요 인력 변경 면접 진행(인력변동률 관리) - 교체 투입 인력의 OJT 계획 및 수행 - 정보보안 규정 및 지침 구비 및 주기적인 교육 홍보 보안점검 실시 4. 프로젝트 업무 개선 및 Risk 관리 - 지식체계 구축: 검증 Data Set 구축/지식 노하우 공유 - 검증 업무 메뉴얼화 및 우선순위 지속적인 선정 - Best Practice 공유를 통한 검증원의 검출력 및 커뮤니케이션 능력 강화 - 최신 기술 동향 파악 및 주기적 보고 진행 5. 기간별 업무보고 - 일일 업무보고 작성 및 보고: 매일 진행 - 매주 주간보고 작성 및 검토, 보고: 매주 1회 진행 - 매 월간 보고 작성 및 검토, 보고: 매월 1회 진행 - 종료보고서 작성 및 보고: 최종 1회 진행
테스트 리더	중급 기술자	1. 검증결과 검토 및 보고 2. 검증 인프라/서버 관리 3. 버전/결함 관리 4. 기존 검증 프로세스 유지관리 5. 신규 검증 프로세스 및 항목 설계	1. 검증결과 검토 및 보고 - 검증대상에 대한 검증 결과 검토 및 통보/보고 2. 검증 인프라/서버 관리 - 검증용 공유기, IP 관리 - 검증용 단말/USIM 관리 3. 버전/결함 관리 - 앱 버전별 결함 이력 관리 - 검증결과에 대한 결함율/통과율/수행실적 등 데이터 통계 관리 4. 기존 검증 프로세스 유지 관리 - 기존 검증 프로세스 배포 및 교육

exploration 7

테스트 리더	중급 기술자	6. 단말/앱 기능 분석 7. 시나리오/시험절차서 추가 작성, 개선	5. 신규 검증 프로세스 및 항목 설계 - 검증 프로세스 개선/수정 - 검증 항목 개선/수정 및 배포/교육 6. 단말/앱 기능 분석 - 신규 단말/OS 기능 및 특장점 분석 - 신규/기존앱 시나리오 및 기능 분석 7. 시나리오/시험절차서 추가 작성, 개선 - 앱 시나리오 분석 후 시험절차서 변경/개선
자동화 테스터	중급 기술자	1. 자동화 툴 업그레이드 및 테스트 스크립트 작성 2. 자동화 툴 이슈사항 보고 및 조치 3. 개발자 및 검증원 대상 자동화 툴 교육 시행 4. 자동화 툴을 이용한 앱 검증	1. 자동화 툴 업그레이드 및 테스트 스크립트 작성 - 업그레이드 업무 계획 수립 - 업그레이드 업무 진행사항 및 결과 확인 - 자동화 툴 릴리즈 버전 배포 - 자동화 테스트 스크립트 작성 후 테스터 및 앱 개발자에게 배포 - 기간별 업무보고 자료 취합(일일, 주간, 월간) 2. 자동화 툴 및 이슈사항 보고 및 조치 - 이슈사항 발생 사항 확인 및 보고 - 이슈사항 조치 방안 및 진행사항 보고 - 이슈사항 조치 결과 확인 및 보고 3. 개발자 및 검증원 대상 자동화툴 교육 시행 - 신규인력 OJT 교육 시행 - 앱 개발자/검증원용 메뉴얼 및 교육 계획 수립 및 일정 관리 4. 자동화툴을 이용한 앱 검증 - 자동화 툴을 이용한 반복테스트 및 스트레스 테스트 진행
테스터	초급 기술자	1. Google Play, 앱스토어에 서비스되는 앱 검증 2. 각 마켓별 앱에 대한 상용검증 3. 자동화 툴을 이용한 앱 검증	1. Google Play, 앱스토어에 서비스되는 앱 검증 - 각 마켓에 서비스되는 앱에 대한 검증 - 각 마켓에 서비스되는 앱에 대한 콘텐츠 검증 2. 각 마켓별 검증대상에 대한 상용검증 - 각 마켓별 앱에 대한 사전검증 후 통과된 앱에 대한 상용검증 - 신규 단말/OS 출시 전 각 마켓에 서비스되는 앱에 대한 사전점검 3. 자동화 툴을 이용한 앱 검증 - 자동화 툴을 이용한 반복테스트 및 스트레스 테스트 진행

표 7.2의 업무 주요 R&R의 양식은 모바일 앱을 시장에 출시하기 위한 품질 검증을 담당하는 테스트 팀의 업무 주요 역할입니다. 해당 팀은 상용 마켓에 출시하기 위한 모바일 앱의 기능 검증과 자동화 툴을 활용한 테스트 업무를 진행하고 있으며, 업무 역할에 맞는 경력직 소프트웨어 기술 등급자를 배치했습니다. 테스트 매니저와 리더의 역할과 테스터의 역할, 자동화 테스터의 역할로 나누어지지만 자동화 테스터의 일부 업무는 일반 테스터와 함께 나눠서 테스팅을 수행하는 것으로 업무가 정의되어 있습니다.

이와 같은 형태의 R&R이 명확히 정의되어 있지 않다면 대규모 프로젝트에서는 업무의 경계선이 모호해져 불필요한 부분까지도 테스트 팀에서 운영하는 데 영향을 줄 수 있습니다. 따라서 담당자별 업무에 대한 명확한 역할과 책임을 알고 있어야 하며 이를 정의한 문서는 매우 중요하다고 할 수 있습니다.

테스트 팀을 운영할 때 테스트 매니저와 테스트 리더의 역량에 따라서 팀의 성과는 매우 크게 달라질 수밖에 없습니다. 팀을 구성할 때 두 직종에 대해서는 최대한 해당 테스트 프로젝트에 적합하고 도메인 지식이 풍부한 경력자를 반드시 배치해야 합니다. 팀의 규모가 10명 이상일 경우에는 테스트 매니저나 테스트 리더의 경력이 한 사람만 균형이 맞지 않아도 운영에 많은 어려움이 생길 수 있습니다. 테스팅을 진행하는 동안에 수많은 회의와 이슈 처리로 매니저 업무를 수행할 때 테스터들의 업무를 확실하게 챙길 수 있는 또 한 사람이 역할을 해야 하기 때문입니다. 이처럼 사람마다 개인 역량 차이로 인해서 생길 수 있는 문제를 줄여주는 것이 바로 매뉴얼과 명확한 R&R, 가이드라인입니다. 좋은 기업일수록 이런 체계를 갖추는 것이 집중하는 이유도 언제든지 인원의 변경은 발생할 수 있으며, 이것을 얼마나 잘 자산화시키고 유지보수 하는 것이 중요한 지 인지하고 있습니다.

다음으로 테스트 팀을 구성하는 데 필요한 테스트 조직을 운영하는 방식을 선택하는 것입니다. 가장 먼저 테스팅을 운영할 대상이 내부 조직인지, 외부 협력업체에 맡길 것인지를 선택합니다. 또한 내부 조직과 외부 협력업체 인력을 복합적으로 운영하는 방식도 있습니다. 최근의 운영방식은 복합적인 운영을 선택하고 있으며, 작은 크기의 프로젝트나 핵심 기능에 대한 부분은 내부 조직이, 비정기적이고 큰 프로젝트는 외부 협력업체와 함께 테스팅을 진행하는 편입니다. 외부 전문 아웃소싱 업체를 활용한다면 정확히 어떤 업무를 맡기고 운영할 것인지 내부에서 기준을 세울 수 있는 누군가가 있어야 합니다. 필자가 실제로 만난 많은 스타트업의 경우에는 품질관리, 운영에 전혀 경험이 없어서 전적으로 외부에 맡기려고 생각하는 모습도 많이 보았습니다. 실제로 그렇게 운영을 한다면 아웃소싱 업체의 의존도가 높아져서 업체를 교체하거나 개선이 필요로 할 때 큰 어려움을 겪게 됩니다. 그래서 중요한 내부 절차나 주요 기능에 대한 품질 운영은 되도록 전담 인원이 맡는 것이 좋습니다.

마지막으로는 테스트 팀을 운영하기 위한 업무 프로세스와 기본 운영 문서들의 작성입니다. 테스트 팀으로 초기 인력구성 및 배치가 되면 팀 운영을 위해 다양한 프로세스 가이드라인이 필요합니다. 가이드라인을 통해 새로운 조직에 쉽게 적응할 수 있게 되며 효과적인 테스팅이 가능하게 됩니다.

기본적인 테스트 프로세스 가이드의 리스트

- 테스트 절차 가이드라인(Test Process Guidelines): 테스팅 업무를 진행하는 절차 가이드 라인
- 리뷰 프로세스(Review Process): 제품에 대한 리뷰를 하는 절차 및 역할 안내
- 테스트 툴 가이드라인(Test Tool Guidelines): 테스팅 시 사용되는 툴 이용법, 사용 절차 등
- 도메인 안내서(Domain Introduction): 테스트 도메인에 대한 기본적인 이해, 비즈니스 특성에 대한 설명, 관련 용어

– 도메인 테스트 실행 가이드라인(Domain Test Execution Guidelines): 해당 도메인에 대한 테스트 실행방법에 대한 가이드라인

OJT 가이드라인(OJT Guidelines): 신규직원 OJT 가이드라인 및 체크리스트, 이후 OJT 통과의 기준 등

– 용어집(Glossary, Terminology Book : 용어집으로 해당 도메인에서만 쓰는 용어들을 설명해 놓은 문서 – EX) ERD: Engineer Requirement Document, N/A: Not Available

팀 운영에는 프로세스 문서 이외에도 다양한 템플릿이 필요합니다. 아래의 목록 이외의 다양한 양식서를 통해서 일관된 문서작업을 할 수 있습니다.

업무 진행용 템플릿

– 테스트 계획 양식(Test Plan Template): 테스트 계획서 양식
– 테스트 요청 문서(Test Request Document): 테스팅을 의뢰하는 부서의 테스트 진행 요청 의뢰서
– 테스트 상태보고서(Test Status Report Template): 일간, 주간 월간, 분기 등 주기적으로 보고해야 하는 테스팅 일정 보고서 양식
– 테스트 케이스 양식(Test Case Template): 테스트 케이스를 작성하는 양식으로 주로 엑셀을 이용해서 작성할 때 사용
– 결함 보고서 양식(Bug Report Template): 결함 발견 시 결함 추적 시스템에 등록하는 양식으로 엑셀을 이용해서 관리할 때에도 함께 사용
– 테스트 리포트(Test Report Template): 테스트 종료보고서(Test Result Report)라고도 하며 테스팅이 완료되면 보고하는 보고서 양식

업무 진행용 템플릿 중 한 가지 이야기하고 싶은 문서는 테스트 요청 문서입니다. 테스팅을 진행하다 보면 생기는 많은 분쟁 중에 가장 해결하기 어려운 것은 '해당 기능 또는 버전에 대한 테스팅을 요청한 적이 있느냐?'입니다. 이런 문제는 주로 서비스가 런칭되거나 인수 테스트 수행 시 주로 발생합니다.

해당 테스팅을 요청했던 부서, 고객들이 구두로 혹은 전화로 요청하는 경우가 잦다면 나중에 테스팅 범위가 아닌 부분을 테스팅을 하는 경우도 자주 발생하게 됩니다. 시장 출시 이후에 원인을 분석할 때 해당 버전에 대한 테스팅을 진행했는가, 해당 기능에 대한 테스팅을 진행했는가, 해당 지원 환경에서 테스팅을 진행했는가에 대한 문제점을 확인하는 경우가 발생하기도 합니다. 이런 문제점들은 모두 테스트 팀에는 가장 큰 타격으로 올 수 있는 중요한 부분입니다.

이런 부분들을 원천적으로 막아주는 역할을 하는 문서가 바로 테스트 요청 문서입니다. 변경이 잦고 중간에 추가 요청사항이 있다면, 해당 문서에 테스트를 요청하는 부서에 작성해서 테스트 팀으로 전달될 수 있도록 하는 게 좋습니다. 무엇보다 최초로 품질부서에 테스트 업무를 요청하는 요구 문서에 테스트해야 하는 범위와 같이 지원하는 환경과 업무 범위와 같은 내용이 명확히 작성되어 있지 않다면, 반드시 확인하고 명확하게 업무의 범위를 확정해야 합니다. 이는 곧바로 품질과 직결도 되지만 품질부서의 책임 문제와 더불어 조직 간 분쟁의 시발점이 되기도 합니다. 또한 관리자의 주요 역할인 투입 노력(Effort)에 대한 비용 산정과 직결되는 부분이기도 합니다. 소규모 기업이나 초기 스타트업의 경우에는 이런 상황이 중요하게 작용하지 않을 수 있지만, 조금만 규모가 커지고 여러 프로젝트가 동시에 수행되면 이렇게 테스트 범위에 대한 이슈가 항상 문제가 됩니다. 특히 서비스 배포 이후에 상용에서 발견되는 결함들의 테스팅 누락 사유가 품질부서에게 전가되는 경우가 있습니다. 이런 경우에도 해당 테스트 요청 문서의 역할이 큰 분쟁의 해소역할을 합니다.

위의 양식 중에 대부분은 'IEEE 829 Standard for Software and System Test

Documentation'에서 문서별로 정의한 양식이 있으며, 해당 내용을 기준으로 필요한 형태로 변경해서 사용하면 됩니다.

결국 좋은 테스트 팀을 구성하기 위해서는 업무에 대한 정확한 분장(R&R), 테스트 프로세스와 가이드라인, 템플릿들입니다. 그리고 테스터별로 명확히 어떤 일을 해야 하는지 이해하고 지속적으로 이를 지키는 지에 대한 관리자의 책임감도 필요합니다.

03 테스트 팀 관리법

앞서 우리는 테스트 팀을 운영하는 관리의 관점을 성과 관리와 팀 관리로 구분해서 이야기했습니다. 성과 관리에 대한 부분은 다양한 품질 지표로 관리가 가능합니다. 하지만 정말 어렵고 중요한 것은 바로 팀 관리입니다.

팀 관리는 주로 커뮤니케이션(문서 · 대화 · 이메일), 근태 및 일정 관리, 팀원 관계, 교육 · 학습과 같이 문제 해결만이 아니라 동료의 성장까지도 함께 고민해야 합니다.

성공적인 팀 운영을 하기 위해서 가장 기초가 되는 것은 바로 '담당 프로젝트를 철저하게 관리감독'하는 것에서 시작이 됩니다. 특히 다음 내용은 초보 관리자가 놓치기 쉬운 부분입니다. 다음 다섯 가지의 운영 기초전략을 철저하게 분석하고 고민해서 실행하면 프로젝트의 성공 가능성은 크게 높아질 수 있습니다.

먼저 팀원은 작업 및 프로젝트가 할당될 때, 자신에게 기대되는 것이 무엇인지 충분하게 이해하고 있어야 합니다. 바로 조직의 방향성과 관련된 것입니다. 정확한 목표, 목적을 알고 있어야 자신이 수행하는 테스트 수행 결과가 어떤 영향을 줄 수 있는지 생각할 수 있습니다. 단순하게 하루에 찾은 결함 수, 테스트 케이스 작성 수 등 주요 지표를 달성하고 진척률을 관리하는 데만 집중하다 보면 효율성뿐만 아니라 팀 관리자의 리더십의 신뢰에도 영향을 주게 됩니다.

그러므로 팀원은 자신이 담당하는 작업이 전체 프로젝트 목표의 어떤 부분에 어떻게 영향을 미치는지 충분히 이해하고 있어야 합니다. 그래야 권한도 좀 더 이임되며 말 그대로 '알아서' 일하는 환경이 갖춰지게 됩니다.

다음으로 팀원은 자신의 직무를 적절하게 수행하려면 자신이 알 필요가 있는 것들에 대한 정보를 충분히 숙지하고 있어야 합니다. 테스트 관리자와 테스터의 차이점은 습득되는 정보량이 다르다는 점입니다. 직급이 올라갈수록 수집되는 정보량이 차이가 나며 이런 정보들을 스스로 해석하는 역량도 차이가 나게 됩니다. 이럴 때 좋은 관리자는 보안을 유지해야 하거나 공유를 할 필요가 없는 내용을 제외하고는 최대한 정보를 공유해야 합니다. 최근 주요 테스터로 활동하는 MZ 세대들의 성향 중에는 공평, 정의, 수평구조에 대한 중요도를 매우 높게 생각하고 있습니다. 스타트업의 경우 개개인의 연봉이나 개인정보를 제외하고 거의 모든 정보를 실시간으로 파악할 수 있는 조직구조를 갖추고 있는 경우가 많습니다. 높은 직급과 낮은 직급의 차별성에도 정보에 대한 보편적인 공유의 차이를 들 수 있는데 이런 내용이 프로젝트를 수행할 때에도 그대로 적용이 됩니다.

현재의 프로젝트 상황, 개발부서의 문제점, 향후 테스트 부서, 품질부서의 방향성 등이 얼마나 명확하게 전달되고 적시에 공유되는지가 업무의 집중도를 높이는 데 큰 영향을 줍니다. 좋은 관리자일수록 정보의 공유에 강점이 있습니다.

세 번째로 팀원은 성과 향상을 위해 좋은 코칭(Coaching)을 받아야 합니다. 우리가 자주 사용하는 용어 중에는 '멘토링(Mentoring)'이란 말이 있습니다. 이 용어에 대해 심리학용어사전에서는 다음과 같이 정의하고 있습니다.

> 경험과 지식이 풍부한 사람이 멘티(mentee: 멘토링을 받는 사람)에게
> 지도와 조언을 하면서 실력과 잠재력을 개발하는 것

출처: 네이버 지식백과, https://terms.naver.com/entry.naver?docId=2094353&cid=41991&categoryId=41991

즉, 멘토링은 멘티에게 지도와 조언을 주는 것인데 이것과 코칭은 아주 큰 차이가 있습니다. 멘토링은 조언과 다양한 시각을 제시하는 방향성을 제시하는 역할이 크다면, 코칭은 실제 그 목표에 도달하도록 지속해서 관리하고 격려하며 함께 뛰면서 연마를 시켜주는 의미가 강합니다. 코칭은 개인이 지닌 능력을 최대한 발휘해서 목표를 이룰 수 있도록 돕는 일을 가리키기 때문입니다.

테스터들의 역량이 강화되고 좀 더 실력이 올라오기 위해서는 일을 한번 알려주고 '알아서 잘하겠지'라고 생각해서는 안 됩니다. 관리해주지 않는다면 스스로 할 수 있는 한계점이 분명하기 때문입니다. 피트니스 클럽에서 퍼스널 트레이너들에게 받는 퍼스널 트레이닝을 한 두 번만 받으면 효과가 없듯이, 테스트 케이스 작성에 대한 리뷰, 결함에 대한 등급 조정, 테스트 케이스의 적정성, 일정에 대한 관리 등 목표에 도달하기 위해서는 계속 테스터들을 도와야 합니다.

네 번째는 팀원은 자신의 업무에 관한 결과를 성과에 상관없이 즉각적으로 피드백을 받고 있어야 합니다. 생각보다 초급 관리자들은 업무 성과가 잘 나오지 않거나 근태가 좋지 않은 테스터, 팀원들이 있을 때 그에 대한 피드백을 해주는 순간을 잘 잡지 못합니다. 이야기하기가 어렵기 때문입니다. 좋은 말은 누구나 하고 싶지만 싫은 말은 쉽지 않은 것이 사실입니다. 테스트 프로세스에서 테스트 수행 단계는 전체 프로젝트 상에서 거의 마지막 단계입니다. 이때 업무에 대한 명확한 지시나 좋지 않은 문제점들이 발견되고 있다면, 그 즉시 조정을 받아야 합니다. 오히려 수정이 필요한 부분을 분명하고 빠르게 이야기해줄 때 관리자를 신뢰하게 됩니다. 문제를 발생시키고 있는 당사자에게도 중요한 문제이지만 함께 일하고 있는 동료

들도 관리자가 빠르게 피드백을 해주는 모습에서 의지하고 신뢰하기 때문입니다. 바쁘고 급할 수록 단호하고 분명해야 합니다.

마지막으로 팀원은 잘 운영되는 팀의 일원이라는 느낌을 받아야 합니다. 인원이 적은 팀일수록 내가 이 팀에서 일하고 있다는 것에 대한 안정감이나 믿음을 받고 있다는 것을 느낄 때, 또 역량이 있고 좋은 성과가 나오고 있다는 것을 느낄 때 안정감을 느낄 수 있습니다. 테스트 팀을 운영할 때 관리자로서 느끼는 딜레마가 있는데 팀원 중에서는 조직에서 중요한 일을 하는 팀, 또는 중심에 있다는 느낌을 받지 못하는 경우가 많습니다. 아무래도 필수 조직이라는 느낌보다는 개발부서의 한 부속 팀, 또는 꼭 해야 하는 일은 아니라고 생각하는 듯한 조직 분위기를 느끼곤 합니다. 어느 정도는 맞는 부분도 있지만 이런 분위기를 상쇄시키는 역할이 바로 관리자의 역할입니다. 테스트 팀이 조직에 주는 영향력이 무엇인지, 또 품질관리 부서가 존재해서 실제 품질이 좋아지고 있다는 것을 알리는 역할을 충실히 할 때 함께하는 동료들도, 팀원들도 안정감을 느낄 수 있습니다. 나의 팀을 밝고 적극적으로 응대하는 분위기를 만들어가는 것으로도 같은 효과를 낼 수 있으니 다양한 노력을 시도해 보길 바랍니다.

지금까지 소개한 다섯 가지의 기초 운영전략을 뒷받침해주는 것은 기업의 조직문화나 직원을 평가하고 상벌을 주는 평가의 철학들입니다. 잘 훈련이 된 팀일수록 전투방법을 체계화한 기본 원칙인 군사교리(Military Doctrine)가 잘 수립되고 권한이 알맞게 부여되어 있습니다. 전쟁에서 승리하기 위한 조직 관점의 전략은 의사결정자들이 주로 수립한다면 소대 단위, 개개인의 역량을 발휘할 수 있는 전술적인 활동들의 선택은 바로 이 군사교리에서 오기 때문입니다. 팀을 운영하는 동안에 환경의 변화는 너무나 많고 결함이 일어나는 현상도 예측할 수 없게 발생하곤 합니다. 기존의 테스트 케이스만을 수행하는 형태로는 진행이 되지 않을 때, 어떤 결정을 내려야 빠르게 프로젝트 목표, 조직의 목표에 도달할 수 있는가를 매니저들과 상의하지 않고 곧바로 움직일 수 있느냐가 중요합니다. 그리고 이런 역량을 강력하게 독려하는 것은 테스트 매니저들의 역할입니다. 소기업일수록 구체화된 테스트 케이스를 작성하기 어렵고 빠르게 결과물이나 성과를 만들어야 합니다. 이런 상황에서 테스트 팀을 잘 이끌어가려면 직원의 사기를 높이고 권한이 충분하게 부여되어야 목표한 성과 이상의 결과를 낼 수 있습니다.

테스트 매니저의 팀 운영에서의 핵심 역할은 조직의 비즈니스 관점과 승리를 하기 위한 방향성이 무엇인지를 명확하게 이해하고, 이해한 방향성을 함께하는 동료들에게 어떻게 전달해야 하는지, 어떻게 독려해야 하는지에 대한 구체적인 활동들을 수립하고 수행하는 것이 주된 업무인 것입니다.

04 무엇보다 중요한 품질 지표

'품질 지표(Metrics, 메트릭)'라는 단어가 익숙한가요? 먼저 메트릭이란 계량의, 계량용의, 계측, 거리, 측정의 기준이라는 뜻입니다. 무엇인가의 대상을 측정하고 이것을 무엇인가 기준으로 삼는 것을 의미합니다. 한국어로는 실무에서 '품질 지표'라는 용어를 많이 사용합니다.

메트릭은 계획의 편차와 변경 사항을 조기에 감지하고 적절하게 대응하고자 필요합니다. 이해관계자, 후원자 및 팀원들에게 프로젝트가 정확히 어디에 있는지 알려 주고 여러분의 초기 행동 계획이 얼마나 현실과 가깝게 보이는지를 결정해야 하기 때문입니다.

테스트 관리자는 프로젝트 목표에 따라 프로젝트가 올바른 방향으로 진행되고 있는지 확인해야 하며, 이런 모니터링 결과를 기준으로 리소스 또는 예산과 관련해서 필요한 조정 진행을 진행할 수 있습니다. 그러므로 프로젝트 모니터링은 재해를 방지하는 데 도움이 됩니다.

세일즈 분야의 저명한 코치인 잭 댈리(Jack Daly)는 유명한 명언을 남겼습니다. "측정할 수 있어야 실행할 수 있다(What get measured gets done)."* 측정할 수 없다면 실행할 수도 없고 개선할 수도 없습니다.

메트릭이 필요한 이유는 소프트웨어 품질관리를 위해서는 소프트웨어를 측정(Measurement)할 수 있어야 하며, 소프트웨어를 측정하기 위해서는 가시화하고 정량화할 수 있는 지표(Metric)가 필요하기 때문입니다. 소프트웨어 메트릭은 소프트웨어 품질 기준이며 그 품질 기준은 정량화되어 측정할 수 있어야 하며 관리 또한 필수입니다.

폴 굿맨(Paul Goodman)의 저서『소프트웨어 메트릭의 정의(Definition of Software metrics)』(Rothstein Associates, 2004)에 의하면 측정할 수 있는 기술을 기반으로 제품, 프로세스, 서비스 등을 측정하여 공학기술과 관리 정보들을 통해 개선사항을 도출해 내고 적용하는 것이 기본적인 소프트웨어 메트릭의 개념이라고 설명하고 있습니다.

우리는 장거리 운전을 하는 동안에 차 안에 남은 기름의 양을 알려주는 게이지를 계속 점검할 필요가 있습니다. 이것은 목표지점에 도달하기 전에 기름이 모자라기 전에 보충해주기 위해서입니다. 프로젝트 관리에서도 메트릭이 필요한 이유는 목

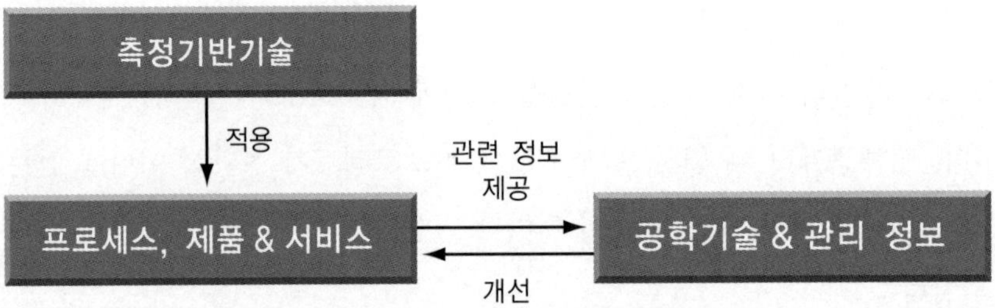

그림 7.5 소프트웨어 메트릭의 정의
출처: Definition of Software Metrics given by Paul Goodman

* 사이먼 시넥 저, 윤혜리 역,『스타트 위드 와이(Start With Why): 나는 왜 이 일을 하는가』, 세계사, 2021.

표지점에 도달하기 전 메트릭의 감시를 통해서 문제가 없도록 지속적으로 모니터링이 필요하기 때문입니다.

우리가 메트릭을 설정하고 이해하기 위해서 살펴볼 만한 대표적인 자료들 중에는 ISTQB Advanced Level Syllabus Test Manager(Ver2012) 모듈에서 소개하는 것이 있습니다. 해당 모듈에서는 테스트 메트릭을 가장 먼저 크게 네 가지로 구분하고 있습니다.

프로젝트 메트릭 (Project Metrics)	제품 메트릭 (Product metrics)	프로세스 메트릭 (Process Metrics)	인력 메트릭 (People Metrics)
테스팅에 대한 실행, 통과 및 실패한 테스팅 사례의 비율과 같이 미리 설정된 프로젝트 종료 기준을 충족하는지와 테스트 프로젝트 진행 상황을 측정	제품의 특성(예: 제품 구현율, 결함 밀도)을 측정	테스팅으로 탐지된 결함 백분율과 같은 테스트 또는 개발 프로세스의 기능을 측정	주어진 일정 내에서 테스트 케이스의 구현과 같이 개인 또는 팀의 역량을 측정

모든 메트릭 항목은 1, 2개만 사용하거나 한꺼번에 복합적으로 사용할 수 있습니다. 상황에 따라 적용 여부에 관한 판단은 품질관리자가 주로 진행합니다. 예를 들어, 일일 결함발견율을 보여주는 트랜드 차트는 테스트 프로젝트 종료 기준(1주 동안 발견된 새로운 결함 없음), 제품품질(테스팅에서 더는 결함을 찾을 수 없음) 및 테스트 프로세스(테스팅은 테스트 실행 초기에 많은 수의 결함을 찾음)에 복합적으로 관계되어 있기 때문입니다. 위의 네 가지 메트릭을 기준으로 현재 우리 팀에 필요한 지표가 무엇인지를 프로젝트마다 품질관리자는 판단하여 선별하고 관리해야 합니다.

이 중에서 인력에 관련된 메트릭은 매우 민감한 부분입니다. 테스트 관리자가 인력 메트릭을 실수로 인해 또는 의도적으로 자신에게 유리한 방식으로 메트릭을 왜곡하는 경우 큰 문제를 발생시킬 수 있습니다.

관련된 대표적인 메트릭은 개인, 팀 성과에 대한 것입니다. 테스터들의 성과를 측정하는 방식은 결함을 찾은 개수, 테스트 케이스 작성 개수 등과 같이 테스터들의 개인별 노력으로 만들어지는 주요 메트릭들은 충분히 관리자 또는 테스터 본인들에게 유리하게 작성할 수 있기 때문입니다. 불필요한 테스트 케이스를 추가로 작성해서 마치 품질이 좋아진 것처럼 보일 수 있고, 중요하지 않은 결함을 이슈로 제시해서 단순하게 발견된 결함의 수를 많아 보이게 만들 수 있기 때문입니다.

최종 결함 수가 다른 제품보다 많으나 결과적으로 더 많은 테스트 케이스를 수행했다면, 품질이 높을 수 있는 통계적 조정이 가능하기 때문입니다. 통계적 품질을

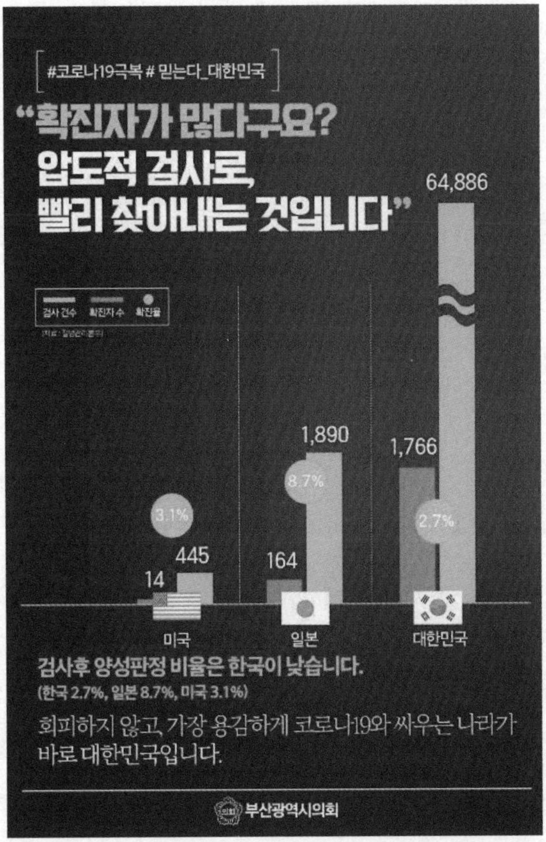

그림 7.6 대표적 품질 왜곡 사례를 코로나 양성판정에 대한 통계로 보여주는 사례
출처: 부산광역시의회

결과만으로 판단하기 어려운 이유가 여기에 있습니다.

테스트 관련 품질 지표를 구하는 공식은 대부분 다음과 같은 형태입니다.

$$\text{A Ratio(A 백분율)} = \frac{\text{총 대상 수에서 변수를 제외한 수(N–변수)}}{\text{총 대상의 수(N)}} \times 1.00$$

예)

총 TC 수 – 수행하지 않은 TC 수

$$\text{테스트 케이스 실행률} = \frac{\text{수행된 테스트 케이스 수}}{\text{총 테스트 케이스 수(N)}} \times 1.00$$

내가 원하는 대상의 전체 수를 전체 대상의 수에서 특정한 값(변수)을 제외하고 백분율을 구하면 해당 메트릭을 구할 수 있습니다. ISTQB 테스트 매니저 모듈에서는 테스트 진행률을 모니터링 할 수 있는 다섯 가지 주요 요소를 제시하고 있습니다.

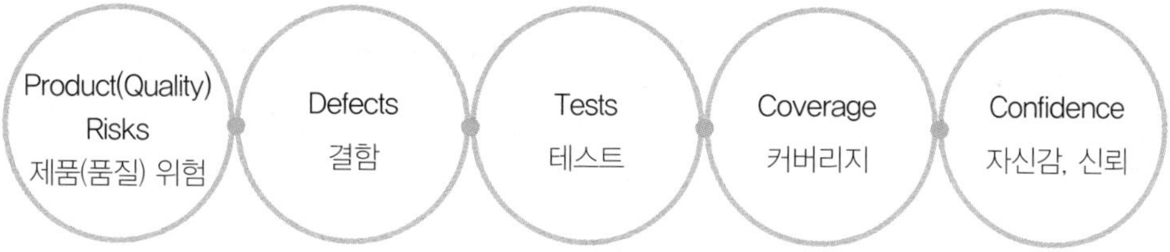

제품 위험과 관련된 측정 메트릭은 주로 모든 테스팅이 실패하는 위험의 비율, 아직 완전히 테스팅되지 않은 위험의 백분율, 위험 범주별로 분류된 위험 비율, 초기 품질 위험 분석 후 확인된 위험의 백분율과 같이 제품품질에서 문제가 생겼을 경우의 리스크 발생에 대한 평가를 주로 다루고 있습니다.

결함과 관련된 측정 메트릭은 보고된 누적 결함 수(누적 수 대비 누적 수), 평균 장애 간격 또는 장애 도착 시간(장애 재발 시간), 특정 테스트 항목 또는 구성 요소, 결함의 근본 원인(Root Causes), 우선순위–심각도 결함, 결함 소스(예: 요구 사양, 새로운 기능, 회귀 등) 테스터들이 주로 테스팅 도중에 발견한 결함들과 관련된 것들입니다.

신뢰에 관련된 메트릭은 정성적인 판단을 통한 평가항목들입니다. 제품을 써봤을 때의 만족도, 심리적 결함 발견율, 잔존 결함률 등이 이에 해당합니다. 필자가 경험했던 프로젝트들 수행 도중에 테스터들에게 실제로 결함이 더 나올 것 같은지와, 정성적으로 테스트 수행률에 대해서 백분율로 물어보고 이를 정리해서 관리를 해보면, 실제로 상용에서 발견되는 결함의 수준들과 비슷하게 맞아떨어지는 경우를 많이 보았습니다. 어느 정도 경력이 있는 테스터에게는 이런 정성적인 판단도 생각보다 신뢰도가 높은 지표로 사용할 수 있습니다. 테스팅과 관련된 메트릭들은 주로 테스트 계획대비 수행이나 진행율, 테스트 환경의 가용성 등과 같이 테스팅을 수행하는 것에 대한 항목들입니다.

마지막으로 테스트 범위(Coverage)와 관련된 메트릭은 요구사항이나 디자인 요소 적용 범위 등을 얼마나 달성했는지, 코드가 얼마나 요구사항을 달성했는지 등과 같은 항목들로 구성되어 있습니다. 또다른 시각으로 구분하는 방식으로는 테스트 절차별로 생성될 수 있는 메트릭도 정리해볼 수 있습니다.

사람에 관련된 메트릭에 대한 평가가 매우 중요하고 어렵다고 이야기했는데, 이런 평가를 하는데 참고할 만한 지표를 소개해볼까 합니다. 바로 테스트 결함 발견율(Defect Detection Percentage, DDP)입니다. 테스트결함 발견율이란 '발견된 결함 수(testers)/테스트 기간 발견한 결함 수(testers) + 테스트 기간 이후 발견한 결함 수(field)'로 계산해서 백분율화한 것입니다. 테스터는 총 152개의 결함을 리포트했습니다. 하지만 런칭 후 서비스 중인 제품에서 결함이 20개가 발견되었습니다.

이제 결함 발견율(DDP)을 구해보겠습니다. 결함 발견율은 152개+20개 즉, 총 172개의 발견된 결함을 테스터가 발견한 152개로 나누면 됩니다. 152:172=0.883 즉, 88.3%의 결함 발견율이 산출되었습니다. 결함 발견율은 높을수록 좋은 제품으로 판단할 수 있습니다. 그만큼 프로덕션 이후에 발견된 결함의 수가 적어야 결함 발견율은 높아지고 그만큼 테스트 팀이 임무를 잘 수행했다고 볼 수 있기 때문입니다.

추가로 두 가지를 더 소개해보겠습니다. 'Guru99.com'의 소프트웨어 테스팅에서 결함 관리 프로세스 소개 문서(https://www.guru99.com/defect-management-process.html)를 살펴보면 다음의 두 가지 지표를 소개하고 있습니다. 바로 결함 거부율(Defect Rejection Ratio, DRR)과 결함 누락률(Defect Leakage Ratio, DLR)입니다.

결함 거부율은 BTS(Bug Tracking System)이나 ITS(Issue Tracking System)에 등록된 전체 결함 수로 등록된 총 결함 중, 개발자에게 거부된 수를 나눠서 백분율화한 지

노컷뉴스 사회

☰ 최신 정치 사회 전국 경제 산업 국제 문화 연예 스포츠 오피니언 포토 그래픽 노컷브이 핫이슈 스페셜 기

보건/의료 ▾

롯데월드 방문 학생 이어 광주·충남 3명도 '가짜 양성'

CBS노컷뉴스 황영찬 기자 | 2020-06-14 19:36 뉴스듣기 0 0 가

"광주 2건, 충남 논산 1건 위양성 최종판단"
"오염 등으로 '가짜 양성' 판정 가능성"
"매일 수만 건 검사로 피로도↑…오류 가능성도 높아져"

코로나19에 감염되지 않았음에도 진단검사의 오류로 '가짜 양성' 판정을 받은 사례가 3건 더 확인됐다.

질병관리본부와 대한진단검사의학회는 14일 보도자료를 통해 "광주광역시(2명) 및 충남 논산(1명)에서 발생한 코로나19 의심 환자의 검사 과정 검토결과, 위양성(가짜 양성)으로 최종 판단했다"고 밝혔다.

그림 7.7 가짜 양성을 실생활에서 발생하는 사례로 이해할 수 있는 기사
출처: 노컷뉴스, https://www.nocutnews.co.kr/news/5360914

표입니다. 이는 등록된 결함의 실제 결함여부를 판단하는 것으로, 거부가 많이 될수록 거부율이 높아지게 됩니다. 이 지표를 관리하는 이유는 마구잡이식으로 결함을 등록할 경우, 해당 결함을 확인하기 위해 개발자가 소모되는 시간 등이 불필요하게 많아지는 것을 관리하기 위함입니다.

다음으로 결함 누락률이란 앞서 배운 DDP의 반대 개념입니다. 실제 제품에서 발견된 총 결함 수(테스터가 발견한 결함과 배포 이후 발견된 결함의 수를 합친 수)로 배포 이후 발견된 결함의 수를 나눠서 백분율화한 지표입니다.

국내에서도 2020년, 코로나19가 국내에서 감염되어가던 초기 시절에 이런 가짜 양성에 대한 이슈가 발생했습니다. 흔히 이야기하는 '검사실 오류'인데 이런 용어를 정확한 표현으로는 'False Positive(거짓양성, 긍정오류, False가 있어 잘못된 판정)'라고 이야기합니다. 통계적 오류의 주범 중 하나는 거짓 양성이며, 전체 품질에 대한 의문점을 가져오게 하는 통계이기도 합니다. 이와 관련 있는 것이 바로 결함 거부율입니다.

$$\text{결함 거부율(DRR) Defect Rejection Ratio} = \frac{\text{등록된 결함 거부 수(rejected)}}{\text{등록된 총 결함 수}} \times 1.00$$

$$\text{결함 누락율(DLR) Defect Leakage Ratio} = \frac{\text{검출 누락 결함 수(field)}}{\text{총 결함 수(테스터 결함 + 배포 이후 발견 결함)}} \times 1.00$$

결함 누락률은 DDP와 반대로 낮아야 합니다. 그만큼 제품, 서비스 출시 전에 테스트 팀에서 충분하게 검수해서 결함을 최대한 테스팅을 했다는 사실을 의미하기 때문입니다. 결함 거부율이 테스터들의 업무 집중도, 이해도 등을 평가한다면 결함 누락률은 테스터들의 실수 여부 등을 판단하는 지표로 활용할 수 있습니다. 이제 실제 사례로 각각의 메트릭을 구해봅시다.

실습

- 테스터는 총 84개의 결함을 리포트했습니다. 하지만 결함으로 인정받은 결함은 총 44개입니다. 그리고 런칭 후 발견된 결함이 20개가 발견되었습니다.
- 결함 거부율(DRR)과 결함 누락률(DLR)을 구해보세요.

| 풀이 |

- 결함 거부율(DRR)은 40:84=0.476(47.6%)이며 테스트 팀이 발견한 결함은 총 44개의 결함 즉, 20개의 결함을 놓친 것을 의미합니다.
- 결함 누락률(DLR)이 20:64=0.312(31.2%)으로 평가할 수 있습니다.
- 누락 결함 수 20개를 최종 인정받은 테스터 결함 44개와 누락 결함 수 20개를 합친 64개로 나누면 됩니다.
- DRR과 DLR의 값이 작을수록 테스트 수행 품질이 개선됩니다.

이 메트릭들을 활용하려면 몇 가지 준비가 더 필요합니다. 바로 '해당 지표가 허용 가능한 비율 범위를 설정했는가?'입니다. 이 범위는 프로젝트 대상에서 정의하고 허용할 수 있는 기본값이거나 유사한 프로젝트의 메트릭을 참조할 수 있습니다. '그루99'에서는 프로젝트에서 권장되는 허용 가능한 비율은 5~10%로 제시하고 있습니다. 하지만 이런 허용 가능 비율의 경우에는 실제로 어느 정도 다양한 프로젝트에서 도입해서 평가를 지속적으로 수행하다 보면, 어느 정도의 패턴이 보이고 실제로 수용 가능한 비율이 해당 조직, 테스트 팀에 맞는 비율을 찾을 수 있게 됩니다. 처음부터 곧바로 목표지표를 정하는 것보다는 일정한 기간 자료를 모아서 데이터를 분석해 보면서 목표지표를 설정해야 합니다.

위의 샘플 사례는 테스트 수행의 품질이 낮다는 것을 의미합니다. 하지만 이런 메트릭들을 우리가 실제 업무에서 사용할 때에는 이보다 조금 더 자세히 고민해야 합니다.

- 실제 해당 지표를 수집하는 시점은 언제인가?
- 배포 이후 발견된 결함의 수는 배포 이후 언제까지의 기간을 배포 이후라고 할 것인가?
- 배포 이후 발견된 결함을 모두 포함할 것인가?
- 요구사항서가 잘못된 경우는 없었나?
- 개발부서의 협조가 원활하게 진행되었나?

이처럼 상황에 따라서 품질부서가 너무나 불리해지거나 너무 유리질 수 있는 상황들도 있으므로 단순하게 평가를 한 두 가지로 진행하는 것이 아니라 여러 지표 중에 하나로 관리하기를 추천합니다. 그런데 이런 다양한 품질 지표를 관리하고 운영하다 보면 테스트 관리자들이 너무나 자신들의 시각으로 품질 지표를 설정하고 보고하고 공유를 하는 경우가 많습니다.

SW, IT 직군에 근무하는 분들 50명에게 물었습니다. "다양한 품질 지표(메트릭) 중 가장 중요한 것은 무엇입니까? 그리고 그 이유는 무엇입니까?"

이렇게 질문했을 때의 답변이 이해관계자별로 너무나 다른 것들에 관해 이야기해볼까 합니다. 우선 그 사례들을 소개하겠습니다. 먼저 테스터의 경우입니다.

테스터 A

결함의 심각도(Severity) 분포율
결함의 심각도 등급의 버그 수

테스터 A는 결함으로 인한 영향도(impact)와 버그 수정 시 나타나는 사이드 이펙트(Side Effect)가 발생할 확률이 높으므로 전체 품질 지표 중 등급에 대한 개수가 중요하다고 생각합니다.

테스터 B

결함의 조치율

테스터 B는 테스터가 결함을 100% 발견하기 어려우므로 발견된 결함이 모두 수정되고 문제가 해결되어야 서비스가 런칭될 수 있어 결함의 조치율이 중요하다고 생각합니다.

이처럼 테스터들은 아무래도 스스로 진행한 업무 수행 성과에 집중되어 있다는 것을 알 수 있습니다. 다음으로 테스트 리더(Test Leader)의 사례에 관해 알아봅시다.

테스터 리더 A

테스트 진척률
테스트 케이스 실행률
테스트 사이클 완료율

테스트 리더 A는 위와 같은 항목을 중시하는데, 테스트가 완료되려면 기본적으로 해야 할 업무가 마무리되어야 다음 과정 진행이 가능하기 때문입니다.

테스터 리더 B

테스트 케이스 패스율

테스트 케이스가 성공된 여부로 진척률과 현재 품질 상태를 동시에 파악할 수 있으므로 테스트 리더 B는 테스트 케이스 패스율을 중요하다고 생각합니다.

테스트 리더들의 경우에는 업무를 이끌어가고 전체적인 테스트 프로젝트의 운영 상황을 파악하는 것이 중요하므로 진척률과 같은 항목에 집중되어 있습니다. 다음은 테스트 매니저입니다.

테스트 매니저 A

발견한 결함의 수
발견한 결함 중 실제 결함의 수(진성 여부)

테스트 매니저 A는 위와 같은 항목을 중요하게 생각하는데, 발견된 결함의 수 자체로 전체적인 테스트 팀의 역량, 테스트 제품의 품질을 파악할 수 있기 때문입니다.

테스터 매니저 B

발견된 결함 중 실제 품질 개선에 도움이 된 결함의 수

테스트 매니저 B가 이렇게 생각하는 이유는 아무리 많은 결함이 발견되었다고 하더라도 실제 품질 개선에 도움이 되지 않는다면 무의미하기 때문입니다.

테스트 매니저 C

VoC(고객의 소리)로 접수된 내용 중 테스트 영역인 부분과 아닌 것에 대한 영역의 분포와 테스트 영역의 결함의 수(DDP)

위의 요소를 중시하는 이유는 QA팀, 테스트 팀의 주요 평가지표로 사용할 수 있으며 테스트 영역의 VoC를 분석해서 전반적인 품질 평가상의 문제점도 파악할 수 있기 때문입니다.

테스터 매니저 D

상용 서비스상에서 장애발생 후 다음 장애발생시까지 걸리는 시간

테스트 매니저는 장애를 수정하는 데 걸리는 시간(엑셀로 모두 관리)까지도 관리해야 하며 운영이 중요한 회사(게임 회사와 같은)에서는 해당 시간으로 제품의 품질을 판단합니다. 이유는 장애시간 자체가 모두 비용이며 이는 회사에 심각한 경제적

영향을 줄 수 있기 때문입니다.

매니저들은 업무에 전체적인 수량, 분량, 또는 업무 성과에 대한 영향에 대해서 집중함으로써 팀이 운영되고 수행되는 전체적인 관점에서의 관심이 높았습니다. 다음은 테스트 아웃소싱 회사 대표님들의 의견들입니다.

대표 A

요구사항 커버리지 100%

요구사항 커버리지를 100% 달성하는 것은 테스트 팀의 역할 중 가장 기본 중의 기본이라고 생각합니다. 테스팅을 적어도 요구사항별로 꼭 한 번은 수행해야 하기 때문이며 요구사항을 잘 작성하는 것은 하나의 세트(Set)입니다. 문서가 잘 작성되어야 테스트 커버리지도 의미가 있습니다.

대표 B

테스트 케이스의 품질(정성적 평가)

테스트 케이스의 품질을 중요시하는 이유는 테스트 엔지니어, 테스터의 자질을 평가하는 데 기준이 될 수 있으며 테스트 커버리지까지도 함께 파악할 수 있기 때문입니다.

대표 C

테스트 완료조건(Exit Criteria)의 항목들

테스팅을 수행할 때마다 해당 완료조건은 달라집니다. 따라서 대표 C는 '테스팅을 종료했다'라는 판단을 내릴 수 있는 완료조건을 먼저 확인하는 것을 중요하게 생각합니다.

대표 D

판단하기 어렵다.

이와 같은 답변의 이유는 프로젝트 상황, 제품에 따라 너무 달라지기 때문에 하나만 선택하는 것은 불가능하기 때문입니다. 이처럼 회사를 대표하는 역할을 하는 사람들의 생각들은 하나의 관점보다는 다양한 시각에서의 자신들만의 관점이 존재했습니다. 이번에는 기타 직업군의 의견을 살펴보겠습니다. 먼저 프로젝트 매니저입니다.

프로젝트 매니저

테스트 케이스 구현율
자동화 테스트 케이스 구현율

프로젝트 매니저에게 위 사항이 중요한 이유는 요구사항에 대한 적절한 테스트 커버리지를 확보했는지 그리고 얼마나 반복적인 일을 줄일 수 있는지의 현황을 파악하기 위해서입니다. 다음은 기획자입니다.

기획자

발견된 결함 조치율

결함 발견율이 중요하지만 아무리 많이 발견해도 수정하지 못한다면, 그리고 실제 결함을 100% 발견할 수 없으므로 발견된 결함이 얼마나 수정되었는지를 중요하게 여깁니다. 기획자는 일단 제품이 배포되어야 한다고 생각합니다. 다음은 개발자입니다.

개발자

회귀 테스트(Regression Test) 결함 수

개발자는 전반적인 품질 테스팅을 진행하기 어렵고 부작용(Side Effect)과 기본 서비스의 영향을 누군가 점검해주는 누군가를 원합니다. 리그레이션 문제가 발생하면 결국 서비스 배포를 연장해야 하기 때문입니다.

이처럼 다양한 직책에 따라서 모두 중요하다고 생각하는 것이 차이가 나는 사실을 알 수 있습니다. 대표적인 사례만 추렸지만 실제로 대부분 직급, 직책에 따라 차이가 발생하며, 이것은 실제 테스팅을 의뢰하고 의사결정을 하는 대상이 누구인가에 따라서 달라지는 것입니다. 즉, 아무리 품질부서에서 중요하다고 생각하는 것을 중심으로 품질 지표 관리를 하고, 메트릭을 모아서 보고하더라도 결과를 바라보는 담당자가 중요하다고 생각하는 것이 무엇인가에 따라서 그 자체가 무의미해질 수 있다는 것입니다.

이때 전체 테스트 계획을 수립할 때부터 테스트 목표와 품질 지표는 한 방향으로 맞춰져 있어야 하며, 이것이 테스트 프로젝트에 참여하고 있는 이해관계자들과 충분히 공유되어 있어야 합니다.

아무리 우리 팀에서 중요하다고 생각하는 가치가 있다고 하더라도 상대방이 이에 공감하지 못한다면 잘못된 메트릭이 될 수밖에 없습니다. 또한 테스터들이 업무를 수행할 때에도 내가 어떤 메트릭에 집중해야 하는지 알고 있을 때 업무 성과도 함께 달라질 수 있습니다.

다음은 정보통신산업진흥원 부설 소프트웨어공학센터 주관 및 후원으로 발행된

표 7.3 시스템 기능 지표의 종류

구분	KPI명	설명
요구사항 지표	요구사항 달성률	요구사항 최종 반영 여부
	요구사항 변경률	시기별 요구사항 변경 정도 측정
	요구사항 구현율	요구사항 개발 완료 여부
소프트웨어 지표	기능점수(Function Point)	기능 규모의 정량화 지표
	객체지향 지표	객체지향 언어 특징에 대한 지표

「소프트웨어 테스팅 도구, 지표 가이드」(윤형진, 이현주, 권영기, 김도훈, 최태인 저, 2015)에서 소개한 다양한 품질 지표에 대한 구분 및 설명입니다.

표 7.4 테스트 관리 지표

구분	KPI명	설명
테스팅 관리 지표	일별 테스트 수행	일별 테스팅 수행률 추이
	요구사항 평균 테스트 케이스 수	요구사항 기준에 따른 평균 테스트 케이스 수
	요구사항 테스트 케이스 적용률	요구사항별 테스트 케이스 적용 비율
	단위 테스팅 수행률	계획된 단위 테스팅의 수행률
	통합 테스팅 수행률	계획된 통합 테스팅의 수행률
	동료검토 이행률	동료검토 활동 수행률
결함관리 지표	결함률	발견된 결함 수/테스트 케이스 실행 횟수
	결함밀도	발견된 결함 수/Line of Code(LoC)
	유형별 결함률	유형별 결함 비율
	유형별 결함 미해결률	조치가 완료되지 않은 유형별 결함 비율
	심각도별 결함률	심각도별 결함 비율

표 7.5 코드 품질 지표

구분	KPI명	설명
테스팅 관리 지표	소스코드 라인 수	소스코드의 규모 지표
	코딩 표준 준수율	표준 준수 여부 확인
	순환 복잡도	코드의 복잡도(멕카브)
	계산 복잡도	할스테드 복잡도
	시간 복잡도(Big-O)	계산 스케일 지표
	테스팅 커버리지	코드 구조에 따른 테스팅 수행 정도
	코드리뷰 적용률	요청한 코드리뷰 적용률
	코드리뷰 검사률	코드리뷰 시간당 검사율

표 7.6 테스트 실행 지표(테스팅 수행)

구분	KPI명	설명
테스팅 수행	테스팅 진척률	계획된 테스트 케이스 진척률
	테스팅 달성률	계획된 테스트 케이스 달성률
	테스팅 성공률	계획된 테스트 케이스 성공률
	일일 평균 테스팅 케이스 수	일일 테스트케이스 설계 생산성 측정
	담당자별 테스팅 진척률	담당자별 테스팅 진척사항

표 7.7 테스트 실행 지표(결함 수행, 재활용)

구분	KPI명	설명
결함 수행 지표	결함 조치율	결함이 조치된 비율
	결함 조치 확인율	미 조치된 결함 확인율
	결함 완료율	결함 종료율
	재결함률	재 테스팅 후 실패율
재활용 지표	테스트 케이스 재 사용률	테스트 케이스 라이브러리 활용률
	테스트 케이스 신규 작성률	테스트 케이스 신규 작성 비율
	테스트 케이스 변경률	테스트 케이스 수정 비율

표 7.8 자동화 테스팅 지표

구분	KPI명	설명
테스팅 자동화 지표	테스팅 자동 실행률	도구를 활용한 테스팅 케이스 자동화 실행률
	테스팅 자동화율	도구를 활용한 테스팅 케이스 자동화 적용률
	평균 자동화 테스트 케이스 수	테스트 자동화 작성 건수
	일별 테스팅 자동화 실행 건수	일일 테스팅 자동화 실행 건수

소개된 지표 중 가장 많이 사용되는 것은 테스팅 실행 지표입니다. 테스터들의 주요 활동 내용이자 실질적인 성과와 직결되는 부분들이며, 대부분 테스팅 프로젝트에서 활용되고 있는 항목들입니다. 해당 항목들은 꼭 숙지하시는 걸 추천합니다.

이 책에서 소개한 다양한 품질 지표들 이외에도 더욱 다양한 품질 지표들이 존재합니다. 자신이 속한 조직에 필요한 항목들을 최대한 고민하고 방향성에 맞는 품질 지표들을 활용해보기 바랍니다.

exploration

8

소프트웨어 테스터, 버그의 비밀을 찾는 사람들

이 장에서는 '나는 소프트웨어 테스터로서 어떻게 성장해야 하는가?, 나는 어떤 경쟁력을 가지고 있으며 어떻게 성장해 나가야 하는가?'란 고민에 대해 살펴보려고 합니다. 매일 테스팅 업무에 모든 시간을 투자하며 지내다 보면 자신에 대해 진지하게 고민해 보기란 쉽지 않습니다. 그리고 선배 테스터들이 자상하게 테스터 커리어패스에 대해 알려주는 경우도 많지 않습니다. 대부분 좋은 멘토링과 코칭을 받으면서 테스터로서 성장하지 못하고, 프로젝트 상에서 겪는 경험들 중심으로 성장하는 경우가 일반적이기 때문에 개인별 차이가 발생합니다.

좋은 소프트웨어 테스터가 되는 시작은 바로 테스터 자신에 대한 이해에서부터 출발합니다. 테스터에게 꼭 필요한 주요 역량과 이에 맞는 테스팅 경력 개발 방향성, 그리고 테스터에게 필요한 기술 목록을 제시해서 어떠한 기술을 익히고 준비해야 하는지에 관한 방향성을 함께 고민해 보도록 하겠습니다. 그리고 가장 많은 테스터들이 취업과 관련해서 크게 고민하는 자회사와 테스트 아웃소싱 근무의 장단점에 대해서도 함께 이야기해보도록 하겠습니다.

01 나는 어떠한 사람인가?

테스트 팀을 운영하면서 수많은 테스터들과 이야기들을 나누다 보면 많은 고민이 있다는 점을 알게 됩니다. 테스터 중 과연 자신이 어떤 일을 잘하고 어떻게 성장해 가야 하는지 방향성을 잡지 못하는 분들을 많이 접했습니다.

먼저 소프트웨어 테스터로서 기술력에만 집착하거나 테스팅 자격증이나 PMP(Project Management Professional) 자격증과 같은 다양한 경력을 쌓는 데 집중하는 경우가 가장 평범하게 미래를 준비하는 형태입니다.

테스터로서 성장해 갈 수 있는 길은 크게 매니저와 테스팅 스페셜리스트가 있는데, 그 전에 자신이 어떠한 성향을 지녔는지 스스로 파악해야 합니다. 여기에 자신의 성향을 파악할 수 있는 질문이 하나 있습니다.

> "당신은 결함을 많이 찾는 것에 관심이 많나요? 아니면 결함발생의 원인에 관심이 많나요?"

여러분들은 어떤 것을 선택하실 것인가요? 물론 이 질문 하나로 모든 것을 다 결정하고 판단할 수 있는 것은 절대 아닙니다. 하지만 간단한 질문에 대한 답으로도 자신의 업무 성향을 조금이나마 파악할 수 있습니다. 결함의 원인에 관심이 있다면 전문적인 테스트 엔지니어로서 성장할 가능성이 큽니다. 이러한 테스터는 결함을 많이 찾고 문제점을 해결하기 위해 고민하며 새로운 기술이나 교육에 관심이 많기 때문입니다. 업무에 대한 성과도 중요하지만 근본적인 원인에 관심이 많으므로 '왜?'라는 단어가 항상 머릿속에 있습니다. 그리고 다양한 포럼이나 테스터 간의 만남 등을 통해 새로운 테스팅 기술에 대한 동향을 파악하는 것에 적극적이며, 다양한 서적을 읽는 데에서 즐거움을 찾는 성향이 있습니다.

결함을 많이 찾는 것에 관심이 많은 사람은 리더적인 성향을 지니고 성장할 가능성이 큽니다. 이런 성향의 사람들은 '왜'라는 것보다는 '어떻게'에 더 관심이 많습니다. 다른 사람들에게 업무 방향성을 제시하고 팀을 리드하기를 원하며, 결과에 대한 분석과 보고를 하는 것에 익숙한 편입니다. 그리고 성과에 관심이 있어서 관리적인 측면으로 업무에 접근할 수 있습니다.

이러한 업무 성향의 특성은 대부분 테스트 팀에 처음 근무하면서 보이는 근무 태도 및 관심사를 표현하는 것에서부터 나타납니다. 각종 교육에 대한 참여나 관심 있어 하는 분야, 오류를 찾았을 때 원인을 찾기 위해서 고민하고 집중하는 데에서 이러한 업무 성향이 나타나는 것입니다. 테스터들에게 잘 주어지지 않는 데이터베이스 권한을 요청하거나 소스코드를 분석하길 원하는 등 다양한 형태로 성향이 나타나기도 합니다.

자신에게 주어진 테스팅 분량을 해결하는 것에만 집중하는 테스터들도 많습니다. 테스터로서 가지고 있어야 하는 파괴적인 본능과 결함을 찾았을 때의 즐거움을 느끼는 사람도 있지만, 단순히 그냥 해야 할 일로만 인식하고 업무를 진행한다면 어느 정도 경력을 쌓였을 때, 내가 어떤 방향으로 나아가야 하는지 방향성을 잡지 못할 수도 있습니다.

질문에 대한 선택의 차이는 '과정에 관심이 있는가?', '결과에 관심이 있는가?'로 나누어 볼 수 있습니다. 대부분 테스터는 자신이 어떠한 성향을 가지고 있으며 어떠한 분야의 전문성을 강화해야 하는지를 모른 채 테스팅 업무를 진행하고 있습니다. 오랜 기간 테스터들과 함께 일하면서 서로의 고민을 이야기하다 보면 자신의 테스터 커리어패스(Career Path), 즉 경력 경로에 대한 고민이 가장 많다는 것을 알 수 있습니다.

대다수 테스터는 똑같은 기술교육과 미래를 준비하고 있다는 점에서 자신의 성향을 확실하게 파악해야 할 필요성을 인식해야 합니다. 공통적으로 알아야 할 부분들도 있지만, 자신이 성장하고자 하는 방향성을 찾기 위해서는 내가 어떤 사람이고 어떠한 성향을 지녔는지를 파악하고 준비하는 것이 우선되어야 합니다.

리더 스타일을 가진 사람은 테스트 팀을 이끌어가면서 필요한 기술들에 집중하고 테스트 매니저나 컨설턴트 방향으로 경력을 관리해 나가는 것이 좋습니다. 테스팅 교육자로 성장하는 것도 좋은 방향성입니다.

팀의 에이스 스타일, 기술경력으로 더욱 발전하고자 하는 사람은 성능 테스트 엔지니어나 자동화 테스팅, 전문적인 기술 컨설팅을 하는 경력을 관리하면서 관련된 도메인과 프로그래밍 언어를 함께 공부해 나가는 것이 좋습니다.

대개의 직장인은 자신의 업무 성향과 강점을 기준으로 직업을 선택하고, 희망하는 부서에서 일하는 것이 현실적으로 어렵다는 것을 잘 알고 있습니다. 내가 잘할 수 있고, 경력을 개발하기도 좋으면서 근무환경까지 좋은 곳에서 직장생활을 한다는 것은 많은 부분에 있어서 운이 있어야 합니다. 하지만 현재 수행하고 있는 업무 도중에 자신의 역량을 강화하고 발전해 나가는 것은 언제든지 가능합니다. 자신의 성향을 파악하고 성향에 맞는 업무 역량을 강화한다면, 자신이 어떤 테스터로서 성장할 것인지 커리어패스를 그려볼 수 있으며 이를 보다 쉽게 준비할 수 있습니다.

그리고 기술보다 먼저 생각해야 할 것은 자신의 업무에 대한 적성입니다. 자신과 타인의 이해를 돕는 여러 자가진단이 있는데, 이 중의 하나는 'DiSC(Dominance Influence Steadiness Conscientiousness)' 진단이나 'MBTI(Myers-Briggs Type Indicator)', '애니어그램(Enneagram)'과 같은 다양한 개인 프로파일 시스템(Personal Profile System)입니다. 인간의 행동유형을 진단하는 프로그램은 절대적으로 옳지는 않지만 자신이 어떠한 행동유형을 지녔는지 파악해 본다는 점에서 의미가 있습니다. 최근 MBTI의 경우, 대부분 익숙한 개념이자 많이 알려진 방식이라서 대학교나 중고등학교에도 이미 실시하는 경우가 많습니다. 따라서 이를 이해하고 있는 사람들도 많고 실제로 자신이 어떤 유형에 속하는 사람인지를 알고 있는 경우도 많아졌습니다.

스타트업과 같은 소규모 기업에서는 이런 성향에 관한 판단이 매우 중요할 수 있습니다. 한두 명만이 품질을 담당하는 경우가 많고 말 그대로 스스로 알아서 업무를 수행해야 하는 상황이 너무나 잦습니다. 다른 사람이 지시하는 업무를 수행하는 것에 익숙하고 수동적인 업무를 수행하는 안정성을 추구하는 사람과 능동적으로 업무를 개선하기 위한 제안, 고민 등을 하는 사람들의 성향이 상당히 다른 사례가 많습니다.

자신의 성향과 방향성을 명확히 파악하고 나에게 맞는 길이 무엇인지를 생각하는 것이 소프트웨어 테스터 커리어패스를 고민하는 첫 걸음의 역할을 할 것입니다.

02 소프트웨어 테스터의 세 가지 주요 기술 역량

소프트웨어 테스터로서 경쟁력을 갖추기 위해서는 많은 분야의 전문 기술을 습득해야 합니다. 그리고 각 기술을 어떤 순서로 어느 정도까지 습득하는가에 따라 테스팅 담당자의 전문 기술 분야가 변경됩니다.

테스터의 세 가지 핵심 역량은 크게 '테스트 기술(Test Skills)', '사업 분야지식(Domain Knowledge)', '컴퓨터전문기술(Technical Expertise)'로 구분됩니다. 이 중에서 가장 중요한 기술은 테스트 기술입니다. 왜냐하면 테스터로서 갖추어야 할 가장 기본 기술이기 때문입니다. 테스터인데 테스트 관련 지식, 기술을 전문가 수준으로 습득하지 못한다면 테스터로서의 전문성을 의심받을 수밖에 없습니다. 해당 서비스, 제품을 매우 잘 이해하고 있어서 다양한 결함을 찾아낼 수 있는 것과 테스팅 엔지니어로서 품질을 높이는 일은 완전히 다른 일입니다.

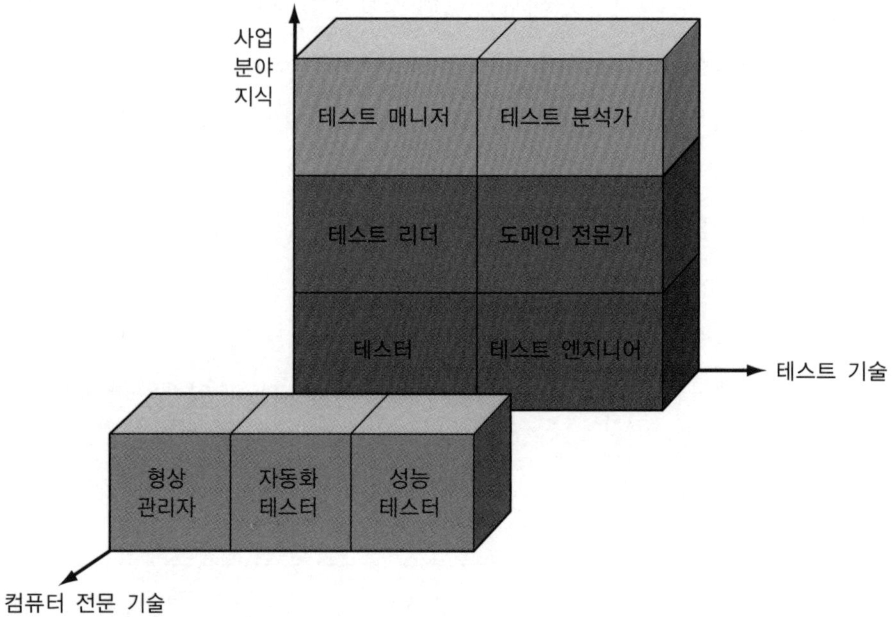

그림 8.1 주요 역량별 테스터 커리어패스 배치도

그림 8.1은 다양한 테스터들의 직종에 맞춰서 테스터의 세 가지 핵심 역량으로 맞춰 3차원도로 재구성한 도형입니다. 이 도형은『임베디드 소프트웨어 테스팅』(Bart Broekman · Edwin Notenboom 저, 윤희병 · 권원일 · 김화수 역, 홍릉과학출판사, 2007)에 해당 도형과 비슷한 형태로 구성된 정사각형의 배치도를, 커리어 큐브(Career Cube)라는 형태로 구성된 부분을 일부 변경해서 재구성한 배치도입니다.

이 3차원도의 첫 출발점은 테스터입니다. 테스터로서 출발해서 컴퓨터 전문 기술을 점차 발전시켜 성능 테스터, 자동화 테스터와 같은 직종으로 성장할 수 있습니다. 그리고 테스트 기술을 더욱 발전시켜 테스트 엔지니어로 성장해 갈 수도 있습니다.

수직으로 올라가는 방향으로는 테스트 리더와 테스트 매니저, 도메인 전문가, 테스트 분석가로 성장할 수 있습니다. 하지만 테스트 매니저의 경우는 단순히 사업 분야의 지식이 많다고 해서 테스트 매니저가 되는 것은 아닙니다. 일반 역량과 관리 역량도 필요하기 때문입니다. 테스트 매니저가 된다는 것은 복합적인 역량이 필요하고, 역량만이 아닌 개인적인 성향과도 관계가 있으므로 오랜 시간 동안 필요한 역량을 갖추도록 노력해야 합니다. 단순하게 기술적인 부분만이 아니라는 점이 매니저로 성장해 가는 데 함께 고민해야 할 부분입니다.

테스터로 출발하여 도메인 전문가로 성장해서 테스트 분석가로 성장해 갈 수도 있고, 그림 8.1에는 표시되어 있지 않으나 테스트 컨설턴트로 성장할 수도 있습니다. 주요 역량별 테스터 커리어패스 배치도에서는 기술별 방향성만 표시되어 있을 뿐, 얼마든지 스스로 길을 개척해 나갈 수 있습니다.

모든 테스팅 관련 직종이 처음부터 테스터에서 출발하는 것은 아닙니다. 형상관리자와 자동화 테스터와 같은 컴퓨터 전문기술 분야는 개발 경력을 가지고 있는 사람들이나 기존에 개발 능력 및 하드웨어에 대한 높은 이해도가 있는 사람들은 곧바로 업무를 시작하기도 합니다.

그렇지만 이 단원에서 중요한 것은 테스터에 대한 커리어패스의 이해이므로 시작은 테스터로서 경력을 쌓길 권장합니다. 그 이유는 당연히 테스팅을 한 번도 경험해보지 않은 사람은 성능 테스팅을 할 수는 있어도 테스팅의 생리에 관해서 정확히 알 수는 없기 때문입니다. 테스트 매니저 역시 테스터로서 활동하지 않은 상태에서 매니저가 된다면 당연히 테스터와 업무적인 거리감이 생길 수밖에 없습니다. 경험적으로 쌓게 되는 테스팅 지식과 학문적으로 얻은 지식과는 큰 차이가 있으며, 결정적인 이슈가 발생했을 경우 신속하게 대응하고 상황에 맞게 대처하려면 해당 테스팅 경력이 있을 때 상당히 유리합니다. 특히 매니저로서 중요한 의사결정을 할 때는 해당 업무를 수행했던 경험이 매우 중요한 역할을 합니다. 대표적으로 업무량에 관한 판단, 업무 난이도, 테스팅 중인 제품의 품질 수준과 같이 풍부한 실전 테스팅 경험이 있는가에 따라서 매우 다른 결과를 가져올 수 있습니다.

그렇다면 지금까지 논의한 테스팅 경력을 스스로 관리할 수 있을 것인가에 대한 의문점이 생기기 시작합니다. 모든 것을 혼자서 준비하고 공부하며 역량을 강화하는 데에 한계가 있기 때문입니다. 그렇기에 내가 이렇게 관리하는 것이 맞는 것인지에 대한 코칭과 지원이 필요합니다. 코칭과 다양한 교육 지원은 안정적인 경력 개발을 위해서 필수 조건입니다. 좋은 회사일수록 안정적인 경력 개발에 대한 투자를 아낌없이 합니다.

특히 테스터의 경우는 지속적인 코칭을 받는 것이 매우 어렵습니다. 급박하게 돌아가는 테스팅 업무의 현실상 코칭을 받는 대상이나 실시하는 코치 모두 시간적 공간적 제약을 받는 것이 사실이기 때문입니다. 이런 부분을 해결하기 위해서는 실제로 테스터로 활동하고 있는 경력자들과의 미팅과 커뮤니티 활동을 통한 다양한 테

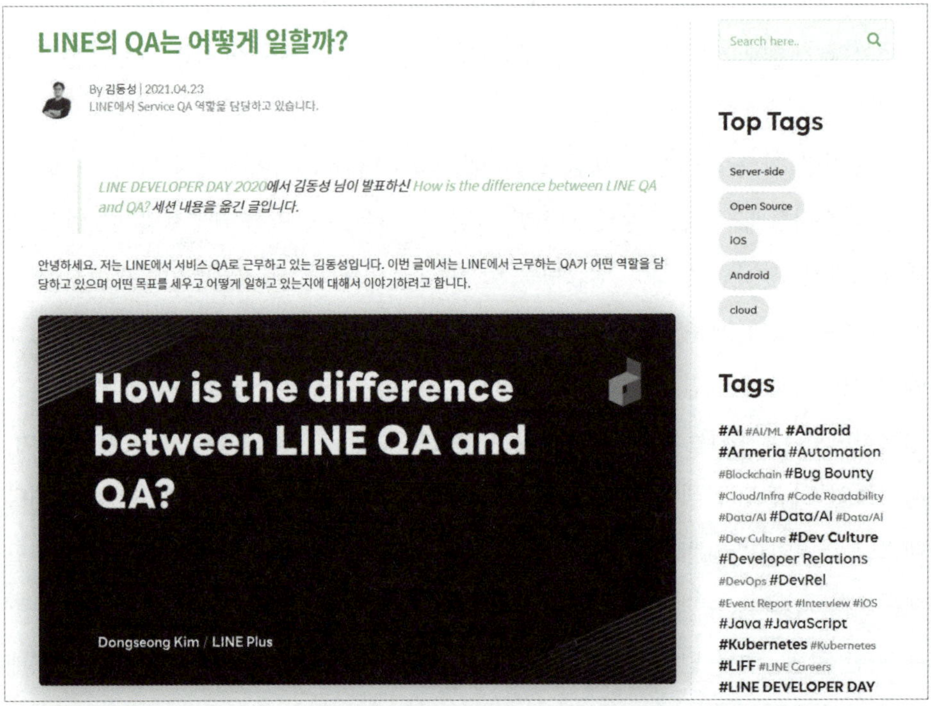

그림 8.2 네이버 라인의 QA의 역할 소개
출처: https://engineering.linecorp.com/ko/blog/about-line-qa/

스팅 관련 정보를 지속해서 익히는 것이 하나의 방법입니다. 국내에는 STA테스트 컨설팅에서 운영하는 '스텐(http://www.sten.or.kr)' 사이트나 포털 사이트 내의 동호회, 카페 등의 테스팅 관련 커뮤니티들에서 많은 소프트웨어 품질관리 종사자들이 자신만의 노하우와 경험을 공유하고 있으니 지속적으로 질문을 하거나 도움을 요청하면 많은 도움을 받을 수 있습니다.

또한 최근에는 여러 스타트업 기술공유 블로그, 글쓰기 플랫폼 등에서 자사의 품질관리 운영방식, 테스팅 관련 경험들을 홍보 차원에서 많이 공유하고 있습니다. 그림 8.3은 네이버라인, 데브시스터즈, 드라마앤컴패니의 QA, 테스팅 관련 포스트 글입니다.

이렇게 소개한 세 가지 글 외에도 검색사이트를 통해서 'QA', '테스팅', 'QA팀'이란 검색어를 활용해보면 좋은 글들을 통해서 다양한 경험들을 간접 체험할 수 있습니다.

그림 8.3 "고객 접점에서 '신뢰'를 만드는 사람들, QA 직군"
출처: 데브시스터스 테크 스토리, https://tech-story.devsisters.com/stories/sqa-interview/

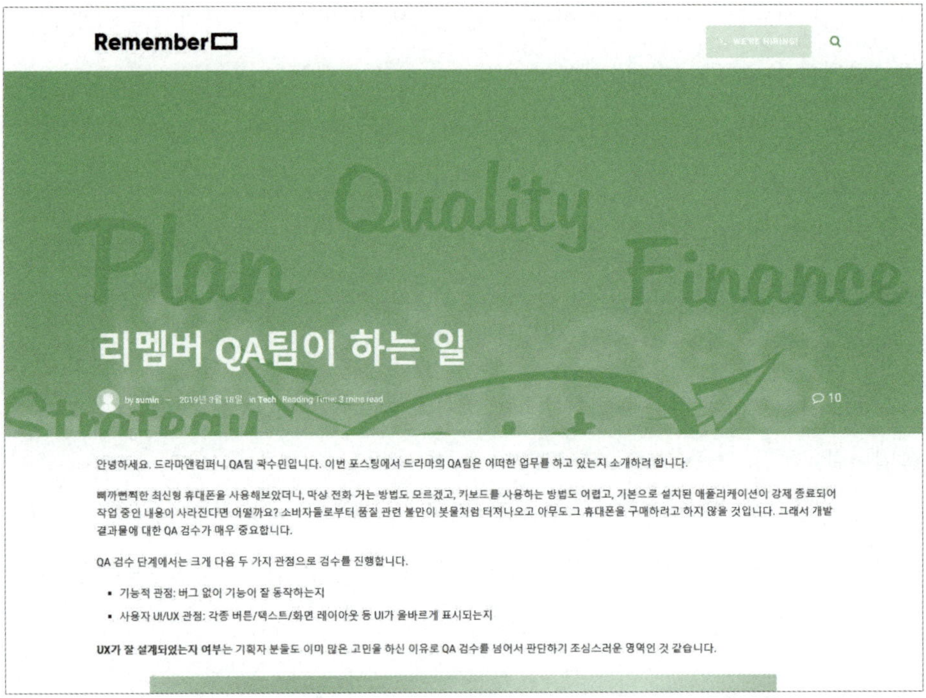
Remember

리멤버 QA팀이 하는 일

by sumin — 2019년 3월 18일 in Tech Reading Time: 3 mins read

10

안녕하세요. 드라마앤컴퍼니 QA팀 곽수민입니다. 이번 포스팅에서 드라마의 QA팀은 어떠한 업무를 하고 있는지 소개하려 합니다.

삐까뻔쩍한 최신형 휴대폰을 사용해보았더니, 막상 전화 거는 방법도 모르겠고, 키보드를 사용하는 방법도 어렵고, 기본으로 설치된 애플리케이션이 강제 종료되어 작업 중인 내용이 사라진다면 어떨까요? 소비자들로부터 품질 관련 불만이 봇물처럼 터져나오고 아무도 그 휴대폰을 구매하려고 하지 않을 것입니다. 그래서 개발 결과물에 대한 QA 검수가 매우 중요합니다.

QA 검수 단계에서는 크게 다음 두 가지 관점으로 검수를 진행합니다.

- 기능적 관점: 버그 없이 기능이 잘 동작하는지
- 사용자 UI/UX 관점: 각종 버튼/텍스트/화면 레이아웃 등 UI가 올바르게 표시되는지

UX가 잘 설계되었는지 여부는 기획자 분들도 이미 많은 고민을 하신 이유로 QA 검수를 넘어서 판단하기 조심스러운 영역인 것 같습니다.

그림 8.4 '리멤버 QA팀이 하는 일'
출처: 드라마앤컴패니블로그, https://blog.dramancompany.com/2019/03/%EB%93%9C%EB%9D%BC%EB%A7%88-qa%ED%8C%80%EC%9D%B4-%ED%95%98%EB%8A%94-%EC%9D%BC/

테스트 팀을 직접 운영하는 조직일 경우에는 다양한 방법으로 코칭과 지원을 할 수 있습니다. 신규 테스터가 입사했을 경우나 외부 아웃소싱 업체가 테스팅 프로젝트를 장기간 협업하게 되었을 때, O.J.T의 일환으로 업무 지식에 대한 평가를 위해 자체 시험을 보거나 주기적으로 내부 세미나를 개최해서 업무 역량을 쌓고 관리하는 방식을 선택합니다. 이런 과정에서 서로 알고 있는 부분을 이해하게 되고, 특히 시니어 등급의 고참 테스터와 주니어 등급의 신규 테스터 간의 최소한의 코칭이 가능해집니다. 이러한 과정들은 전체 프로젝트 매니저나 테스트 팀장의 의지로 운영되는 경우가 많으므로, 관련 의사결정자는 적극적으로 운영을 이어나가야 합니다.

현재 국내에서는 테스팅 분야의 전문성을 강화하기 위한 다양한 교육 프로그램

이 개발되고 운영되고 있으며, 커뮤니티 활동도 점차 활발해지고 있습니다. 현재 어떠한 테스팅 기법이 유행하고 있으며 빠르게 변화되는 기술에 대응되는 테스팅 기법이 있는지, 품질 포럼이나 세미나 동향들을 파악해서 지속적인 정보 채널을 유지하는 것도 좋은 코칭을 받는 방법입니다.

03 소프트웨어 테스터들에 필요한 필수 역량

이번에는 좀더 전반적으로 소프트웨어 테스터에게 필요한 기술과 필수 역량에 대해 구체적으로 이야기해보도록 하겠습니다. 그림 8.5는 테스팅 담당자가 습득해야 하는 대표적인 네 가지 기술을 설명합니다.

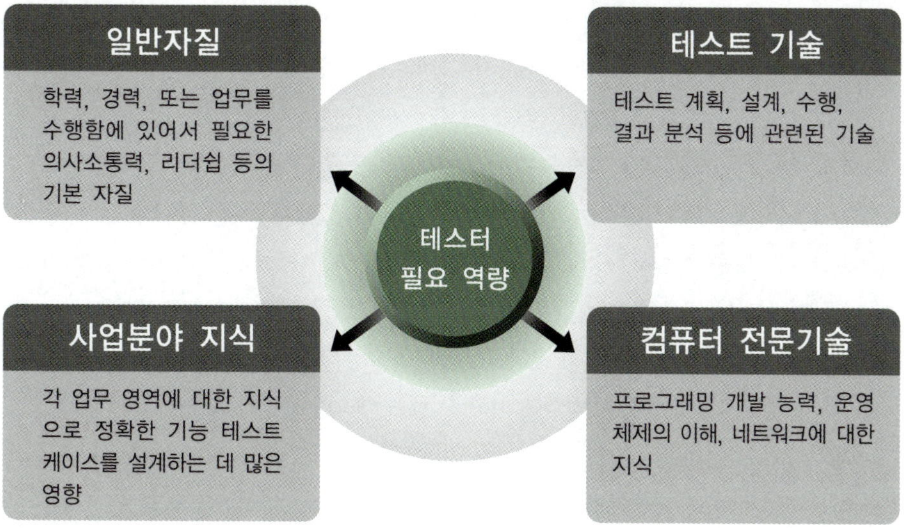

그림 8.5 테스터에게 필요한 기술군 분류

테스터에게 필요한 주요 역량에 추가적으로 일반 자질이 포함되었습니다. 위의 네 가지의 테스터 역량을 기준으로 각각 어떠한 의미가 있는지 알아봅시다.

일반 자질(General Qualification)

첫 번째로는 일반 자질입니다. 일반 자질은 다른 용어로 소프트 스킬(Soft Skill)로 표현하기도 합니다. 테스팅 분야는 많은 이해 당사자와 지속적인 의사소통을 통해서 업무 수행이 가능합니다. 그러므로 테스팅 분야에서 성공적으로 업무를 수행하기 위해서는 의사소통, 리더십 등의 일반적인 자질이 중요합니다.

일반 자질의 폭은 매우 커서 모든 IT 직장인들에게 필요로 하는 일반적인 업무 역량을 말합니다. 일반 자질의 세부적인 목록 중에 테스터에게 꼭 필요한 역량은 스프레드시트 활용 능력과 문서작성 능력, 의사소통 능력, 그리고 IT 기기활용 능력입니다.

의외로 다른 기술적인 역량보다 일반적인 자질의 필요성을 높게 평가하는 경우가 많습니다. 일반 자질에서 중요한 역량은 첫 번째는 커뮤니케이션 능력입니다. 국내의 테스터 채용 공고를 보면 대부분 소통 능력에 대한 부분이 기술되어 있습니다. 업무 자체가 수많은 개발자나 이해관계자들과 끊임없이 이야기하고 문서로 전달하는 역할이기 때문이기에 정확한 보고서를 작성할 수 있는 능력이 필요합니다. 테스터가 아무리 테스팅을 잘 수행한다고 하더라도 적기에 보고하지 않거나 문서작성 능력이 떨어져서 보고가 원활하지 못한다면, 문제가 발생하거나 현장에서 불만이 자주 생기게 됩니다. 초급 테스터의 경우 기술을 중심적으로 역량을 강화하는 편이라 글을 많이 써보거나 생각을 글로 표현하는 역량이 부족한 경우가 많습니다. 테스팅 수행 업무 중 테스트 케이스를 작성하거나 결함 리포트를 작성할 때, 가독성이 떨어지게 작성하거나 재현 현상을 명확히 전달하지 못한다면, 아무리 많은 결함을 찾는다고 하더라도 업무 효율성과 개인별 신뢰도가 떨어지는 결과를 초래하게 됩니다.

그리고 '호기심'이 많은 테스터를 이길 수 있는 테스터는 많지 않습니다. 테스팅을 해야 할 제품을 처음 접하게 되었을 때 '이건 어떻게 작동하는 걸까?', '이렇게 해도 괜찮을까?'와 같은 질문을 끊임없이 상기하고 해결하고자 노력하는 자세 역시 테스터에게 꼭 필요한 역량 중 하나입니다.

테스팅 기술(Testing Skills)

테스팅 담당자가 갖추어야 할 필수적인 기술로 테스팅 수행 단계인 계획, 설계, 수행, 결과 분석별로 필요 기술을 구분할 수 있습니다. 기본적인 지식과 기술들은 테스팅 전문 자격증의 실라버스 자료들이나 관련 서적 등에서 충분히 익힐 수 있습니다. 테스팅 관련 절차(테스트 절차, 리뷰 절차 등), 설계기법, 테스트웨어의 소개 등 테스팅을 수행하는 데 필요한 일반적인 지식과 기술들을 말합니다.

현재 일반적으로 알려진 모든 테스팅 기술을 100% 익힐 필요는 없습니다. 업무 직종에 따라서 필요로 하는 기술, 역량이 모두 다르기 때문입니다.

컴퓨터 전문 기술(Technical Expertise) 분야

테스팅 담당자가 컴퓨터 전문 기술을 습득하면 보다 효율적이고 효과적으로 테스팅 업무를 설계, 수행할 수 있습니다. 예를 들어, 유닉스(UNIX) 환경과 쉘 프로그래밍에 친숙한 테스터일 경우에는 유닉스 환경의 테스트 케이스를 손쉽게 설계, 구현해서 테스팅할 수 있습니다.

이 외에도 하드웨어 장비에 대한 이해 및 설치에 관한 기술도 포함될 수 있으며 다양한 개발 관련 기술과 방법론에 대한 이해도 포함될 수 있습니다. 컴퓨터 전문 기술은 테스트 베드 구축, 테스트 스크립트 개발 등 테스팅 업무 수행에 있어 다양한 기술적인 지원을 할 수 있습니다. 테스터들이 가장 딜레마에 빠지게 되는 기술은 개발 능력인 프로그래밍 언어 사용 능력입니다. 일반적인 테스터들의 대학 전공을 보면 전산 계통, IT나 컴퓨터 공학 계통의 전공을 하지 않은 일반 인문계나 비전공자들이 많습니다. 비전공자의 경우에는 새롭게 프로그래밍 언어를 익히면서 테스팅을 진행하는 것이 현실적으로 어렵기도 하고, 활용도 역시 낮으므로 프로그래밍 언어를 익히기보다는 대안으로 소프트웨어 알고리즘을 이해하는 것도 좋은 방법입니다.

사업 분야 지식(Domain Knowledge)

사업 분야 지식은 각 업무 영역인 게임, 금융, 통신, 전자상거래, 자동차제어, 네비게이션 등 다양한 산업 분야별로 상이합니다. 사업 분야 지식이 풍부하면 보다 다양한 관점으로 테스트 설계를 할 수가 있습니다. 특히 기능적인 관점(Aspect)과 비즈니스 규칙(Business Rule)을 테스팅 할 때 해당 분야의 지식이 필요한 경우가 많습니다.

해당 분야의 지식은 한 곳에서 오랜 경험을 통해서 경력이 쌓이기도 하지만 다양한 사업 분야에서 근무를 하는 것이 훨씬 경력을 관리하고 역량을 강화하기에 좋습니다. 일반적으로 한 사업 분야에서 2년에서 3년 정도의 근무 기간을 적정한 기간으로 판단하고 있으며, 이 기간을 넘어 한 곳에서 테스팅을 진행하다 보면 일종의 매너리즘처럼 제품을 보는 시각과 테스팅 진행 방식이 좁아지게 됩니다. 어느새 담당하는 서비스를 사용하는 데 익숙해지면 보다 빠른 길로 서비스를 이용하게 되며(최단 경로로 목적을 달성), 이런 이유로 새로운 시각으로 제품을 보는 활동 등이 줄어들 수 있습니다.

각 사업 분야별로 필요한 지식은 모두 다르므로 이에 관련된 정보를 꾸준히 수집해서 준비해야 합니다. 전자상거래의 경우에는 오픈마켓(Open Market), 결재서비스, 에스크로우(Escrow) 서비스, 웹 서비스, 네트워크, 보안 등 다양한 분야의 IT 관련 지식이 필요로 합니다. 대부분 사업 분야에서 공통으로 필요로 하는 지식도 있지만, 해당 사업 분야만의 특성이 있는 지식도 있습니다. 오픈마켓나 에스크로우 서비스라는 비즈니스 모델의 이해는 해당 사업 분야에서만 사용하는 지식이기 때문에, 해당 사업에 대해서 테스팅을 진행한다면 반드시 이해해야 하는 지식입니다.

또한 해당 사업 분야 지식의 서비스 레이어나 지원하는 플랫폼, OS 구조를 이해하는 것도 테스팅을 진행하면서 오류의 원인이나 취약점을 찾는 데 필요한 지식으로 구분할 수 있습니다.

전문적인 테스터로서 성장하기 위해서는 매우 넓은 폭의 지식이 필요하며 다양한 기술을 계속 습득해야 하는 어려움이 따릅니다. 단계적으로 역량을 강화해야 하겠지만 첫 단계에서는 시스템의 구조나 비즈니스 모델에 대한 이해, 서비스 흐름도를 이해하고 전체적인 시야를 넓히는 것이 조금 더 쉽게 역량을 익힐 방법입니다. 대부분 소프트웨어 관련 직종은 은퇴하는 시점까지 계속해서 새로운 기술과 트렌드를 배워야 하는 숙제를 떠안습니다. 끊임없는 학습만이 생존의 방법입니다.

테스터가 성장할 수 있는 경력관리 경로, 커리어패스를 NCS 모듈 중 IT 테스트 항목에서 제시하고 있는 경력개발경로 모형을 통해 참고하는 것도 미래를 설계하는 데 도움이 될 수 있습니다.

그림 8.6은 IT 테스터에서 시작해서 직무의 등급이 상승함에 따라 직무, 수준별로 다양한 경로로 커리어패스를 개척해 갈 수 있는 가이드입니다. 이런 형태의 경력

그림 8.6 정보기술관리 경력개발경로 찾기

출처: https://www.ncs.go.kr/th04/TH0401/viewPopup.do?ncsLclasCd=20&ncsMclasCd=01&ncsSclasCd=04

exploration 8

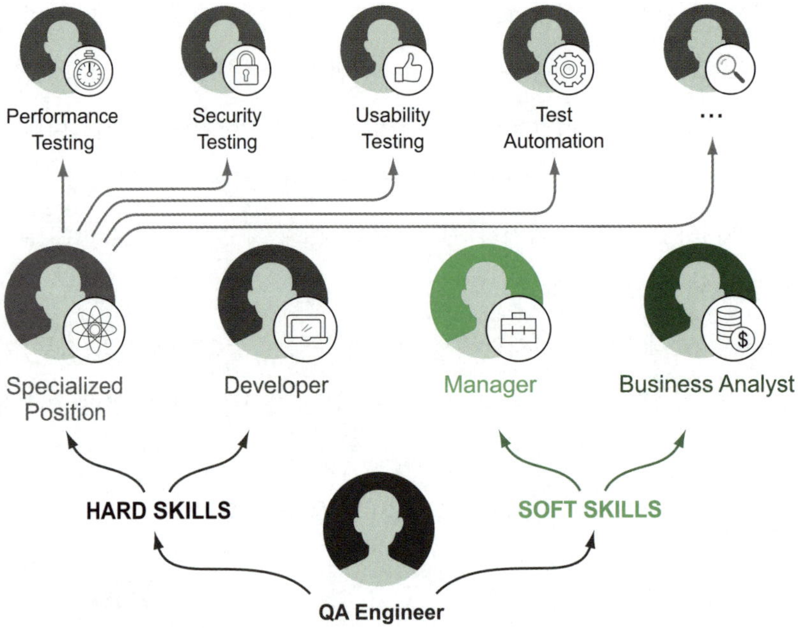

그림 8.7 Hard Skills vs. Soft Skills
출처: https://qa-academy.lv/en/qa-engineer-job-4-possible-career-paths

경로는 실제 근무 중인 회사를 기준을 하기보다는 IT 업계 전반에 대한 관점을 제시하므로 공감하기 어려울 수도 있습니다. 하지만 해당 경로별로 NCS 모듈상에서의 업무 정의가 아주 자세하게 나타나 있어서 충분히 참고해볼 수 있는 내용입니다.

소프트웨어 테스터를 위한 교육 센터인 'QA 아카데미(QA Academy)'에서는 기술 역량(Hard Skills)과 일반 역량(Soft Skills)으로 구분한 커리어패스를 제시하고 있습니다. 기술 역량은 테스팅에 필요한 기술적인 부분들인 도메인 지식, 컴퓨터 기술, 테스팅 기술이 포함되며, 일반 역량은 일반 자질 영역인 커뮤니케이션 능력, 협상력, 리더십, 인간관계, 협업 등이 포함됩니다.

이 경로로 앞서 사례를 들었던 관리직과 기술직으로 구분하는 커리어패스를 선택해서 성장할 수 있는 것입니다. 이제 국내의 품질 시장에서도 단순하게 테스터,

매니저로만 구분되는 것이 아닌 기술 역량에 따라 발전해가는 커리어패스도 많이 등장하고 필요로 하고 있으니 자신에게 적합한 방향성을 고민해보시길 바랍니다.

04 자사(自社) 테스터와 테스트 아웃소싱 업체 테스터의 차이

소프트웨어 테스터로 처음 시작하는 사람들이 겪는 여러 고민이 있습니다. 그 고민을 정리해본다면 다음과 같습니다.

- 개발자가 테스터를 할 수 있을까?(타 직업군이 테스터로 전업)
- 테스터로 취업할 때 필요한 지식은 어떤 것들이 있는가?
- 테스팅을 수행해본 경력이 없는데 어떻게 해야 하는가?
- 소프트웨어 프로그래밍 코딩을 할 줄 알아야하는가?
- 테스팅 자격증은 필요한가? 필요하다면 어떤 자격증을 취득해야 하는가?
- 채용 면접을 볼 때 어떤 질문을 하는가?
- 자사 QA로 가야하는가? 테스트 아웃소싱 회사로 가야하는가?
- 연봉은 얼마가 적당한가?

위와 같은 고민이 가장 일반적인 것들입니다. 위에 답변을 일일이 다 서적으로 이야기하기엔 복잡한 어려움이 있습니다. 특히 연봉과 특정 회사의 평가에 대한 내용은 더욱 논하기가 어렵습니다. 하지만 이 중에 중요한 부분인 일곱 번째 항목에 대해서 최대한 객관적으로 이야기를 해보려고 합니다.

최근 테스터 직군이나 SQA 직군으로 취업을 희망하시는 분들이 점점 늘어나고 있습니다. 또한 테스팅 전문 인력을 원하는 기업들도 함께 많이 늘어나고 있습니다. 다양한 채널로 듣고 있는 해당 직군으로 취업을 하려는 분들의 고민 중에는 '아웃소싱 테스팅 업체로 가면 어떤가?'라는 고민이 정말 많습니다. 자사에서 서비스하는 제품들의 품질을 책임지는 테스터와 테스트 아웃소싱을 통한 파견직 테스터의 차이에 대한 고민과 처우에 대한 고민이 많고 또 궁금해합니다.

그동안 필자의 경험으로는 자사에서 근무하는 것에 대한 강점들이 분명히 큽니다. 되도록 자사에 있는 자체 품질부서로 취업을 하는 것이 여러 측면에서 장점이 있습니다. 경력관리에도 유리하고 좀 더 회사에 몰입할 수 있는 분위기, 애사심 측면, 그리고 전문성을 강화하고 다양한 복리후생제도를 이용할 수 있는 부분들 역시 큰 장점입니다. 자사에서 테스터로서 근무할 경우 얻게 되는 장점을 소개해보겠습니다.

- 안정적인 근무환경
- 회사 제품에 대한 주인의식과 책임감
- 프로젝트 관점보다는 조직관점의 품질 정책에 대한 경험 획득
- 대기업, 중소기업 이상일 경우 회사 이름 가치에 따른 경력관리
- 소속 회사의 성장에 따른 급여 인상률 또는 스톡옵션 등
- 다양한 교육의 기회
- 소속된 사업 분야 지식의 전문화
- 주도적인 테스트 절차 수립 및 운영
- 다양한 테스트 툴을 도입해서 사용, 운영해볼 수 있는 경험

이 외에도 다양한 장점이 있으나 대표적인 것들만 소개해보았습니다. 만약 자사가 동종업계나 일반인들에게 크게 알려진 회사라면 그 회사에서 근무한 사실 자체가 매우 큰 장점일 수 있습니다. 그렇다면 테스트 아웃소싱 업체에서 근무하면 어떤 장점이 있을 수 있을까요?

- 다양한 사업 분야의 테스팅 경험
- 광범위한 품질관리 업계 종사자들과 커뮤니케이션 기회
- 이직하지 않고 고객사별 품질 정책 경험 획득
- 다양한 테스트 툴을 사용해볼 수 있는 경험
- 여러 기업의 최신 적용 기술을 쉽게 접해볼 수 있음
- 다양한 테스트 시료의 사용
- 테스트 매니저급 이상은 사업 기획서와 테스트 계획 수립에 대한 경험을 통해 비용과 테스팅 서비스 기획에 대한 역량을 강화할 수 있음(매우 큰 장점)
- 자사보다는 경력과 지식이 부족하더라도 상대적으로 쉽게 입사 가능(그만큼 퇴사도 쉽다는 단점이 함께 있음)

아웃소싱 업체에서 근무할 경우 자사에서 얻게 되는 장점들을 얻지 못할 수 있겠지만 반대로 여러 회사를 이직을 하지 않고 경험할 수 있는 장점이 있습니다. 새로운 환경을 계속 익히고 또 이야기하며 경험을 쌓다 보면 그것은 경력만이 아닌 역량 강화에도 분명히 도움이 됩니다.

만일 관심 있는 테스트 전문 아웃소싱 업체가 창립일로부터 10년 이상 됐다면 그 회사에는 다양한 템플릿과 테스팅에 관련된 자산(Asset)들이 쌓여 있을 것입니다. 특히 테스트 계획서, 테스트 케이스, 테스트 결과 리포트와 같은 테스트웨어(Testware) 양식이나 수많은 사업 제안서, 다양한 프로젝트 수행하면서 자연스럽게 확보하게 되는 성공 사례나 실패 사례 등은 그 회사가 오랜 기간 사업을 수행할 수 있는 강력한 무기입니다. 그 회사가 특정 분야에서만 테스팅 업무를 수행하지 않고 여러 분야의 고객들을 보유하고 있는 기업이라면, 자사에서 근무 시에 얻을 수 없는 놀라운 자료들에 쉽게 접근할 수 있습니다. 특히 다양한 회사에 사업 제안, 업무제안을 하면서 수집된 자료들은 생각보다 쉽게 접하기 어려운 내용이 가득한 경우가 많습니다. 자회사에서는 이런 경쟁을 할 필요가 없으므로, 상대적으로 자신이

속한 서비스나 제품에 관련된 자료들이 집중된다면, 테스트 아웃소싱의 경우에는 대상이 넓고 광범위하다는 것입니다.

그리고 매우 커다란 장점이 있는데, 바로 함께 일하는 동료들이 다양한 회사로 이직을 하면서 나만의 네트워크를 구축할 수 있다는 점입니다. 자사를 통해서 근무한 분들이 쉽게 얻을 수 없는 장점이 바로 이 부분입니다. 한 회사에서 오래 근무하면 제한적인 정보와 인원들만 만나게 되는데, 보통 테스트 아웃소싱 회사는 수백 명이 근무하는 경우들이 많습니다. 따라서 어느 정도 근무를 하게 되면 함께 일했던 동료들이 여러 회사로 이직을 하게 되어 상대적으로 쉽게 네트워크를 구축할 수 있습니다. 테스트 아웃소싱 업체에서 5년 넘게 근무했다면 아마도 다른 자사로의 이직도 수월할 것입니다. 먼저 이직을 했던 동료들이 자신이 일하는 곳에서 일자리가 생겼을 경우 기회를 제공하곤 합니다. 비슷한 일을 했고 기존에 함께 일을 해본 동료들이 자신이 일하는 곳에 이직해 온다면 든든한 지원군이 될 수 있다고 생각하며, 잘 모르는 테스터를 채용했을 경우 발생하게 될 수 있는 여러 인간관계의 문제의 어려움을 겪고 싶지 않기 때문입니다. 이직을 하는 많은 경우가 이렇게 비슷한 분야의 사업 분야로 이직을 하는 방식이기도 합니다.

물론 이것 역시 개인의 역량과 내가 속한 프로젝트가 소규모 팀이거나 단기적으로 근무했다면 해당되지 않을 수 있습니다. 하지만 그런 모든 변수를 다 고려하더라도 이 부분은 테스트 아웃소싱 업체에서 근무할 때 가질 수 있는 장점은 분명합니다.

테스트 아웃소싱 전문업체들도 꾸준히 늘어나고 있어서 국내에서는 2000년대 초기의 단순 파견업을 수행하는 것에서 발전해서, 특정 분야를 중심으로 서비스하는 업체들도 탄생하고 있습니다. 또한 인하우스(In-House Service, 서비스가 필요한 업체로 파견을 보내지 않고 외주업무를 아웃소싱 회사 내에서 수행하는 방식) 형태로 서비스를 하는 기업들도 있습니다. 필자의 경우처럼 테스팅 교육과 컨설팅만 전문으로 수행하는 기업도 운영이 되고 있듯이 새로운 형태의 서비스 기업들도 계속 탄생하고 있습니다.

하지만 이런 고민 중인, 아직 경험이 없는 지원자들이 이미 테스터로 활동하고 있는 선배 경력자에게 문의하면 대부분의 반응은 어떨까요? 대게 무조건 자사 테스터로 근무하라고 이야기합니다. 여러 복지, 월급 등의 측면에서 대우가 훨씬 좋고 경력관리도 유리하기 때문입니다.

자회사에서 테스터, 품질관리자로서 근무할 때의 큰 장점은 품질에 대한 관점이 프로젝트에 집중되는 것이 아니라 제품과 서비스에 대한 향후 시장 방향성을 함께 고민하고, 조직 차원에서의 품질을 확보하기 위한 고민으로 커진다는 것입니다. 개인의 발전과 강력한 복리후생 지원의 측면과 함께, 전반적인 품질에 대한 고민의 범위도 훨씬 넓어져 자회사를 추천하는 것입니다.

그러면 '테스트 아웃소싱 회사는 그렇게 안 좋은가?'라고 궁금해하는 부분에 대답한다면, 필자는 직원의 후생복지나 연봉 등의 측면에서는 차이가 존재할 수 있는 구조라고 생각합니다. 그리고 지속해서 본인이 소속한 회사가 아닌, 고객사의 회사에서 일하게 되니 애사심도 생기기 어려운 것이 현실입니다. 자사에 소속된 품질부서팀에는 단기적인 프로젝트 관리의 관점이 아닌 전사 관점의 품질관리 접근법이나 장기적인 운영을 목적으로 합니다. 따라서 더욱 책임감 있는 일을 수행할 수 있고 다른 부서와 동등하게 일하는 경험을 할 수 있습니다. 반면에 스타트업과 같은 작은 기업에서의 품질관리팀은 상당히 고립되어 있으며 외로운 편입니다. 좋은 레퍼런스(reference, 경력사항)를 확보하기도 쉽지 않고 개발부서에 의존된 테스팅을 수행하는 경우들이 많습니다. 어느 정도 회사가 성장하게 되면 자연스럽게 외부 테스트 아웃소싱 업체들과 협업을 하는 경우가 많아지는데, 그 과정까지는 정보력 부족과 다양한 시행착오를 겪으면서 성장하게 됩니다. 이 역시 장점이 될 수도 있으나 단점이기도 합니다. 만약 현재 근무하는 상황이 테스트 아웃소싱을 통해서 파견된 고객사, 기업의 업무가 단순하게 반복하는 업무가 오랫동안 이어지고 변화가 없다면, 다른 도메인 또는 고객사로 옮기거나 이직을 고려해야 합니다. 테스팅 업무를 10년간 했다고 하더라도 그 10년을 어떻게 보냈느냐가 정말 중요합니다. 장인을 키워내듯 한가지 업무를 오래 한다고 해서 엄청난 고수가 될 수는 없습니다.

2000년대 중반부터 2016년 정도까지 약 10년간의 테스트 아웃소싱 업계에서의 전반적인 운영방식과 그 이후부터 최근까지는 꽤 많이 달라졌습니다. IT 서비스를 제공하는 기업들이 소프트웨어 품질에 대한 지속적인 관리의 필요성을 인식함에 따라, 테스팅 시장이 꾸준히 성장하고 있으며 이에 맞춰 신규 테스팅 업체들의 등장, 그리고 고객들의 테스트업에 대한 이해도가 높아지고 있는 상태입니다. 말 그대로 고객들이 똑똑해졌습니다. 과거에는 테스트 아웃소싱 업체들이 전문가로서 고객들에게 접근했다면 지금은 고객들도 전문가인 시대입니다. 그리고 테스트 아웃소싱에서 근무하던 테스터들이 자사에 취업해서 테스팅 업체를 대하는 방법도 전보다는 전문적이고 체계적으로 바뀌고 있습니다. 필자가 채용과 관련해서 스타트업 업체들에 인터뷰 감독이나 컨설팅 요청을 받게 되는 횟수 혹은 처우 역시 창업 초기보다는 분명 좋아졌습니다. 그만큼 더욱 큰 전문성을 요구하고 다양한 경험을 요구하는 시대가 되었습니다.

여기서 꼭 점검해야 하는 부분들이 있습니다. 먼저 테스터로 취업을 하려는 초급 테스터는 지원자별로 출발선에 선 경험과 지식, 그리고 지원 자격에도 서로 간에 차이가 있다는 점입니다. 대학교별 차이보다는 최종 학력의 차이 또는 소프트웨어 관련 전공자와 비전공자에 대한 최소한의 차이는 분명히 있습니다. 그리고 IT 관련 비전공자나 지원하고자 하는 회사의 산업 지식 이해도에 대한 차이 또한 존재합니다. 지원자별 취업을 위한 지원의 기회는 공평하게 제공될 수 있으나 지원자별로 개인적 경험과 지식을 습득한 정도의 차이가 생길 수 밖에 없습니다. 아무런 경험이 없다고 하더라도 충분히 교육을 받고 체험할 기회들이 있습니다. 국가에서 지원하는 전국 지역별 품질지원센터들이 오랫동안 학생들을 대상으로 수많은 테스팅 관련 교육들을 지원하고 무료로 전문자격증취득을 위한 지원을 하고 있습니다. 일을 할 수 있는 준비가 된 사람과 아닌 사람의 차이는 존재한다는 것입니다.

그러므로 현재 자신이 어떤 상황, 위치에 있는지를 객관적으로 판단하고 고민해서 선택할 필요가 있습니다. 적어도 게임 QA로 취업하려 한다면 지원하는 회사의 게임에 대해서 최고레벨을 획득한 캐릭터를 보유한 지원자와 해당 회사의 게임을 설치조차 해보지 않은 지원자 중 누가 합격을 할 확률이 높을지를 생각해본다면 분명 공감하리라 생각합니다.

자사 테스터로 취업한다면 해당 회사 제품에 대한 애정이 커야 합니다. 단순히 처음 맡게 되는 테스팅 프로젝트로 끝나는 것이 아니라, 내가 이 회사를 계속 근무하는 동안에는 나와 함께 성장하는 제품이 될 수밖에 없습니다. 그만큼 애정이 깊지 않다면 절대로 성과가 나올 수 없습니다. 그리고 제품이나 서비스 단위의 관점과 함께 프로젝트, 조직 관점에서의 품질을 더욱 고민해야하므로 내가 소속한 회사가 지닌 서비스의 비즈니스 경쟁력에 대한 관점부터 조직 운영에 대한 부분들까지 거시적인 관점으로 품질을 고민하는 역량이 필요합니다.

반면에 테스트 아웃소싱에 근무하는 테스터는 테스팅 프로젝트를 수행하며 자연스럽게 다양한 고객들의 제품, 품질 프로세스, 테스팅 관련 툴을 통해 얻게 되는 경험들이 자산입니다. 이런 경험을 토대로 새로운 제품 서비스를 담당하게 되었을 때, 자신들만의 품질 정책을 만들어낼 수 있는 매니저나 엔지니어로 성장할 수 있는 역량을 갖춘다면 더 좋은 기회가 오리라고 생각합니다.

필자는 좋은 선임, 능력 있는 동료, 경험이 풍부한 고급 엔지니어가 함께 근무하고 있는지가 자회사 또는 테스트 아웃소싱 업체보다 더욱 중요하다고 생각합니다. 성과에 대해서 올바른 평가를 하고 스스로 발전하기 위해 노력하는 분위기와 문화가 갖춰졌다면, 근무하는 기간에 나도 모르게 간접적으로 교육이 되곤 합니다. 더불어 이런 환경은 충분히 더욱 좋은 조건으로 훌륭한 기업에 취업할 수 있는 자양분이 됩니다.

자사에서 근무하는 테스터와 테스트 아웃소싱 업체에서 근무하는 테스터와의 처우나 다양한 성장의 기회 제공 등 다양한 영역에서 차이가 존재합니다. 하지만 어떤 회사에서 근무하더라도 현재의 경험들이 내 것이 되도록 고민하고 스스로 성장할 수 있게 노력한다면 좋은 기회는 여러분 곁에 언제나 있습니다.

05 소프트웨어 테스터 Q&A

그동안 수십 개의 회사와 미팅을 하고 컨설팅을 진행하면서, 또 품질담당자나 다양한 테스터와 대화를 한 내용 중에서 자주 나오던 질문들에 관해 이야기하고자 합니다. 더불어 소프트웨어 테스터 카페, 동호회 등에 자주 올라오는 비슷한 질문들에 대한 답변 역시 정리해보았습니다. 거의 비슷한 질문들을 접하는 편이기 때문에 항상 같은 답변하는 편입니다. 여러분들도 아래에 상술한 대표적인 열 가지 질문들을 살펴보고, 테스터로서 필요한 도움을 얻길 바랍니다.

신입사원에게 바라는 테스터의 역량은 어떤 것이 있을까요?

대표적으로 경력이 없는 초급 테스터와 신입사원을 선별할 때는 전문적인 역량과 경험을 바라지 않습니다.

기본적인 테스팅 관련 자격증이나 IT 관련 자격증들이 있다면 물론 좋을 것이고 가능성이 높여주겠지만, 합격 여부를 크게 좌우하지는 않습니다. 그것보다는 성실하고 꼼꼼하게 항목들을 체크할 수 있는, 실제로 테스터에게 필요한 자질이 더욱 중요합니다. 테스팅 관련 자격증은 나에게 어느 정도의 전문 지식이 있는지를 증명하기 위한 도구일 뿐, 그 자체가 업무를 잘한다는 것과 이어지지는 않습니다. 하지만 나의 전문성을 쉽게 알릴 수 있는가에 대한 답으로는 또 자격증보다 나은 것이 없습니다. 필수는 아니나 전문성 있게 성장하고 싶다면 전문 테스팅 자격증 취득을 권합니다. 2019년부터 한국정보통신기술협회에서 운영 중인 CSTS 일반등급이 국가공인민간자격증으로 인정을 받았습니다. 국내 유일의 공인 테스팅 자격증인만큼, 기존의 국제자격증 ISTQB 소프트웨어 테스팅 자격증이 대부분이었던 국내 자격증 시장의 변화가 나타나고 있습니다.

'두 자격증 중에 어떤 자격증을 취득해야 하는가?'라는 물음에 관한 답은 각각의 장단

그림 8.8　CSTS 테스트 전문 자격증 안내
출처: https://sw.tta.or.kr/service/csts_it.jsp

점이 있으므로 둘 중 하나만 취득했다고 하더라도 실무에서는 충분하게 활용할 수 있다는 것입니다. 다만 향후 국가공인자격증이 탄생했으므로 공공기관 소프트웨어를 테스팅을 수행할 경우, 공인자격증이 우대되는 경우가 발생할 수도 있으니 꾸준한 모니터링은 필요합니다.

기술적으로는 내가 취업하려고 하는 회사에서 서비스되는 비슷한 제품들을 많이 사용해보았는지와 제품에 관한 이해도, 기본적인 프로그래밍에 대한 이해나 논리구조에 관한 이해도, Office 활용능력과 같은 기본적인 업무 소양 등을 위주로 판단합니다. 사회 초년생들에게는 '취업을 하지 않은 상태에서 스스로 얼마나 큰 노력과 준비를 했는지'의 범위로 파악을 합니다.

그리고 성품에 대한 부분은 커뮤니케이션 능력, 테스터는 다른 분들과 원활하게 소통하고 이야기해야 하는데, 이런 적극성과 업무를 대하는 책임감 같은 것들이 주요 평가 지표들입니다.

QA, Tester 직업의 사회적 인식이나 현실적인 상황은 어떤가요?

2000년대 초반과 현재 모두 소프트웨어 품질을 다룬다고 하면 생소하게 생각하는 사람들이 여전히 많습니다.

하지만 달라진 점이 있다면 한 번이라도 테스터와 일을 해본 분들, 품질 조직을 체험해본 기업이나 담당자들은 테스터 없이 일을 한다는 데 불안감이 매우 높아져 다시 테스터를 찾게 된다는 것입니다. 생소하게 생각하는 사람들이 많을지언정, 이제는 테스터란 직무에 대해서 잘 아는 분들도 많아졌습니다.

또한 사회적으로 변화가 많고 기술의 발전이 많을수록 테스터를 찾는 수요도 증가하고 테스터에게 주어지는 기회 역시 빈번해집니다. 실제로 국내의 테스트 업계가 비약적으로 성장하게 된 계기는 아이폰 3G폰이 국내에 출시되면서 기존에 없던 소프트웨어(App)에 대한 테스팅 요청이 많이 늘어나면서 시작됐습니다. 이후로도 빅데이터, 인공지능과 같은 4차산업 키워드들이 등장하면서 데이터 레이블 품질까지 관리하는 품질담당자들도 계속 생기고 있습니다.

그리고 확실히 국내의 소프트웨어 테스터들이 조금씩 탄생하던 2000년대 초기보다는 최근의 테스터들의 대우(급여)가 많이 좋아져서, 노력한다면 평생 직업으로 일할 가능성은 충분합니다.

테스터도 코딩을 할 줄 알아야 하나요?

이 질문은 정말 많은 분에게 듣는 단골 질문입니다. 답변 역시 다 다르고요. 필자는 '코딩을 할 수 있다면 더 많은 일을 할 수 있다'라고 이야기합니다.

직접 코딩을 할 필요는 없지만 흐름은 이해하고 전체적인 소프트웨어의 동작 원리, 환경에 대한 변경이나 수정 정도를 할 수 있다면 조금 더 깊게 테스팅을 할 수 있습니다. 그만큼 어려운 일들도 맡아서 하게 되므로, 자연스럽게 테스팅 엔지니어로 성장할 가능성 역시 커집니다(급여도 함께 상승하겠죠).

또한 API 테스팅이나 자동화 테스팅을 수행한다면 기본적인 코딩 역량이 더욱 쉽게 작업을 할 수 있도록 도와 업무의 범위나 영역 확장에 크게 도움이 됩니다.

코딩을 할 줄 알며, 또 이해한다고 해서 테스팅을 잘하는 것은 별개이지만, 코딩 능력을 통해 중요하고 어려운 일을 맡게 된다면 더욱 많은 좋은 기회가 오지 않을까요?

내가 속한 조직에 아무리 테스팅과 품질이 중요하다고 이야기해도 무시되거나 잘 들어주지 않아요. 이럴 때는 어떻게 해야 하나요?

보통 이런 고민과 문제들이 발생하는 대부분 원인은 비용과 직결되어 있습니다. 그리고 '그 비용에 대한 집행을 누가 하는가?'에 따라 달라집니다. 아무리 실무진이 품질이 중요하다고 의견을 제시해도 의사결정자들이 그렇게 생각하지 않는다면 급한 업무 현안들 위주로 우선순위를 둘 수밖에 없습니다. 그렇다면 실무자들은 어떤 선택을 해야 할까요?

먼저 내부에 품질부서가 있다면 희망이 있는 겁니다. 품질이 중요하다고 생각하지 않으면 품질부서도 대부분 없습니다. 지금은 어렵더라도 현재의 경영진, 의사결정자들이 판단하는 우선순위를 중심으로 제품품질의 이슈들을 정렬하는 것부터 계속 맞춰서 고민하다 보면 자연스럽게 여러분들의 의견에 집중하게 될 겁니다.

테스터들이 발견할 수 없는 결함들이 자꾸 상용 서비스에서 발견됩니다. 안드로이드의 앱 서비스의 경우 크래쉬 리포트(Crash Report), 로그(Log) 등을 통해서만 파악이 가능해서 미리 찾아내기가 어렵습니다. 그리고 해당 결함을 재현하기도 어렵습니다. 이럴 때는 어떻게 해야 하나요? 이런 것들이 품질부서나 테스터들의 잘못일까요?

보통 결함의 원인을 파악해보면 해당 결함의 원인이 테스터의 실수로 누락된 것인지, 기획부터 잘못되었는지(요구사항서 자체의 문제), 코딩상의 문제인지 모두 알 수 있습니다.

테스터가 테스팅을 수행하는 과정에서 발견할 수 있는 결함이었고 또 해당 항목이 테스팅 범위였다면 책임이 있을 수 있지만, 그렇지 않다면 책임을 묻기 힘듭니다. 품질이라는 단어에 대한 책임의 범위가 넓다고 생각하면 상당히 넓지만, 반대로 생각보다 좁기도 합니다. 조직의 품질관리를 수행한다는 관점에서는 QA 절차를 보완해서 해당 문제점들이 발생하는 문제점들을 개선할 방법을 제시하고 개선해 나가는 형태로 활동할 수는 있지만, 단순하게 테스터에게 문제가 있다고 여기고, 또 테스터에게 그에 대한 모든 책임을 전가할 수는 없습니다.

개발부서와 협조를 통해서 해당 로그를 잘 백업할 수 있거나 기술적으로 해당의 현상을 재현하는 부분을 파악해서, 품질부서도 해당 이슈의 원인을 이해하고 차기 프로젝트에서 관련 문제에 대한 히스토리 관리를 잘하는 것이 좋은 방향성이라고 생각합니다. 그리고 재현할 수 없는 경우는 의외로 네트워크, 서버, 하드웨어 장비와 같은 소프트웨어 외적인 문제인 경우들이 많습니다. 최근에 임베디드 소프트웨어가 늘어나면서 전류나 전압에도 영향을 받는 결함들도 있어, 생각보다 다양한 대상을 조사해야 합니다. 최대한 재현할 수 없는 결함들은 해당 이벤트가 발견된 시간이나 상황을 정확하게 기술하는 것이 중요합니다. 이런 활동은 인시던트 리포트(Incident Report)의 기본이기도 합니다.

자회사 및 경력직 테스터, QA를 뽑는 면접에서는 주로 어떤 질문이 나오나요?

이건 당연히 회사마다 다 다릅니다. 하지만 몇 가지 카테고리는 구분할 수 있습니다.

- 회사에 지원한 이유
- 지금까지의 품질 관련 경험과 지식, 프로세스와 같은 테스팅 관련 전문 지식
- 지원하는 회사의 서비스에 대한 이해도[지원하는 회사 분야 지식(도메인 지식)]

- 자신만의 테스팅과 품질에 관한 생각, 업무에 대한 열정
- 컴퓨터 활용 역량, 툴 사용 경험, 코딩역량들과 같은 기술 역량 및 경험
- 커뮤니케이션 능력과 조직에 대한 적응도

물론 이보다도 더 많은 항목이 존재할 수 있습니다. 여기서 중요한 점은 경력직이라면 남이 지시하는 업무와 내가 생각하는 업무의 방향성이 각각 존재하는지도 매우 중요한 판단 기준입니다. 회사에서 지시하는 일을 잘 수행하는 것과 나의 철학을 녹인 품질 조직을 운영할 수 있는지를 판단하는 질문을 핵심 질문으로 던지기도 합니다. 제 기억에 남는 몇 가지 질문들은 아래와 같습니다.

- 앞으로 QA 조직을 운영한다면 어떤 방향성으로 운영하고 싶은가?
- 본인의 성장과 팀원의 성장을 위해서 어떤 노력을 할 것인가?
- 조직의 경영정책과 개발정책, 품질 정책의 정렬을 위해서 가장 중요한 부분은 무엇이라고 생각하는가?
- 만약 무한대의 권한이 있다면 어떻게 품질부서를 운영하고 싶은가?

이처럼 던져지는 질문들은 평소의 소프트웨어 품질에 대한 자신의 생각, 철학을 알 수 있는 것임을 살펴볼 수 있습니다. 기술적인 부분들은 부족하더라도 가르쳐주거나 강화하면 되는데, 경력직을 선발에는 어느 정도 자신만의 품질에 대한 방향성을 제시할 수 있을 만큼의 시각이 있는지가 중요한 판단 기준입니다. 특히 스타트업과 같은 소규모 기업일수록 선발된 경력직에게 업무에 대한 많은 자율성을 보장하지만 큰 책임도 함께 부여하기 때문입니다. ISO/ICE/IEEE29119에 나오는 프로세스의 단계의 관점으로도 조직관점의 프로세스를 설계할 수 있느냐, 단순하게 프로젝트 또는 테스팅 수행의 관점에 대해서만 시각을 지녔는지를 분별하는 질문이 핵심일 수 있는 것입니다.

이 정도의 가이드라인으로 자신만의 질문지를 만들어 본다면 크게 예상된 범위와 벗어난 질문은 많지 않으리라고 생각합니다.

테스팅 구직공고를 보면 회사마다 각각 이커머스(E-commerce), 게임(Game), 임베디드(Embedded) 분야의 도메인 지식을 요구하는 경우와 같이, 특정 분야의 지식을 요구하는 경우들이 있습니다. 이렇게 테스팅 도메인 지식을 요구하는 경우 정확히 어떤 것을 알아야 하는 것인가요?

테스터를 가장 많이 뽑는 분야는 아마도 전자상거래 분야나 게임 분야일 것입니다. 대부분 결제와 같은 금전적인 문제와 관련이 되어있거나, 주기적으로 소프트웨어 배포가 많이 발생하는 분야들이 아무래도 테스팅 인원에 대한 수요가 많을 수밖에 없습니다. 테스팅에 대한 지식은 기본적인 테스팅에 필요한 운전면허와 같은 바탕이라면, 도메인 지식의 경우는 해당 운전기술을 사용할 수 있는 다양한 차종, 차량의 등급, 크기, 도로의 상황, 지역 등과 같이 얼마나 관련 경험들과 배경 지식 등이 충분히 있는지에 대한 것들입니다.

이커머스의 경우라면 당연히 다양한 결제의 종류들, 이를테면 에스크로(Escrow) 서비스, 오픈마켓(Open Market)과 일반 쇼핑몰과의 차이, 웹(Web) 서비스와 앱(App) 서비스의 차이, 통신 서비스에 대한 이해, 검색, 키워드 광고 등 쇼핑몰에 대한 특성부터 HTML, XML과 같은 Markup Language까지, IT 서비스 전반에 걸친 다양한 이해를 하고 있는지에 대해 이야기합니다.

게임의 경우도 얼마나 많은 게임을 최고 레벨까지 달성해봤는지, 콘솔게임, 비디오게임, PC게임들의 차이점이나 게임의 장르와 같이 기본적인 지식부터 사용시간(Playing Time)까지, 전반적인 하드웨어부터 소프트웨어까지의 전반적인 지식에 대한 것들을 살펴봅니다. 아주 깊이 있는 지식을 요구하기보다는 적어도 해당 서비스에 대해서 정의와 사용한 경험이 풍부한지가 가장 중요한 판단 기준입니다.

무엇보다 기술적인 부분에 대한 이해도도 중요하겠지만 '우리의 서비스를 얼마나 오랫동안 많이 써봤는가?'에 대한 궁금함이기도 합니다.

비전공자도 테스터가 될 수 있나요? 그렇다면 어떤 것들을 공부해야 할까요?

비전공자도 물론 테스터가 될 수 있습니다. 실제로 전공자보다 비전공자가 더 많이 근무하는 테스팅 전문회사들도 많습니다.

비전공자라면 소프트웨어 공학에 관련된 책을 먼저 한번 정독하길 권장합니다. 소프트웨어 공학은 영어로 'Software Engineering'으로, 소프트웨어 개발의 생명 주기에 있어서 사람의 능력마다 차이가 있을 수 있는 결과물들을 어떻게 하면 큰 실패 없이 생산성을 높일 수 있는지에 관한 체계적인 엔지니어링 기술이 정의된 내용입니다. 책의 단원 중에는 SQA(Software Quality Assurance), SQC(Software Quality Control)에 관한 내용과 더불어, 품질관리에 대한 내용이 대게 포함되었으므로 테스트 엔지니어로서 기본적인 지식을 익히는 출발점이 될 수 있습니다. 또한 소프트웨어 공학에 관한 다양한 서적은 이미 국내에도 많이 발간되어 있으며, 인터넷으로 공개된 ISQTB 파운데이션 레벨 실라버스(Syllabus)와 같은 자료들도 함께 공부한다면 큰 도움이 될 것입니다.

테스트 케이스의 작성을 어느 수준까지 해야 하는지 잘 모르겠습니다. 작성 방법에 따라 수십 개에서 수천 개까지 범위가 넓어집니다. 어떻게 해야 할까요?

테스트 케이스가 많아진다는 것은 두 가지 양면성을 가지고 있습니다. 그만큼 테스트 커버리지가 높아지고 세세한 테스팅이 가능하다는 점과 반대로 수행하는 데 시간이 많이 소요되는 만큼 비용이 증가한다는 점입니다. 더욱 부정적인 부분은 테스터끼리 사용하는 은어인 '가지치기'라는 형태로 1, 2개의 테스트 케이스로 끝날 항목들을 10개씩 늘려 작성해서 많은 양의 테스팅을 수행하고 있는 것처럼 부풀릴 수 있기 때문입니다. 이런 것들은 곧바로 품질 지표(Metrics)에 영향을 끼치며 많은 수의 테스트 케이스가 불필요하게 만들어져 마치 품질이 좋아진 것처럼 보이게 만드는 착시현상을 주게 됩니다.

테스팅이 진행되는 제품에 따라서 테스트 케이스 수가 정해져 있지는 않습니다. 그러나 보통 하루에 수행할 수 있는 테스트 케이스 수가 복잡하지 않다는 전제하에 적게는 5~60개에서 많게는 150개 사이라고 한다면, 대략적인 수행일자별 적정량은 충분히 산출해볼 수 있습니다. 너무 많은 시간이 소요된다면 테스트 케이스를 조금은 압축시켜주고 너무 빨리 끝난다면 조금 펼쳐주는 형태로 테스트 케이스의 작성법을 고민해 보시기 바랍니다.

테스팅에 필요한 인원에 대한 산정(Estimating)에 어려움이 있습니다. 기준을 잡는 방법들이 있을까요?

가장 일반적인 방법 몇 가지를 소개하면 개발자와 비율로 하는 방식과 기존의 프로젝트에서의 투입 인원을 참고하는 방식, 전문가 기반 접근법으로 비슷한 제품과 도메인에서 오랜 시간 활동한 경험을 토대로 추정하는 방식이 있습니다.

참고할 만한 방식 중에는 '상향(Bottom-Up) 추정'과 '하향(Top-Down) 추정'이 있는데 가장 낮은 수준부터 하나씩 분석해서 시간을 계산하는 방식과 비슷한 제품의 크기와 복잡도를 중심으로 경험을 기반으로 하는 방식을 주로 사용합니다.

그리고 프로젝트 관리자들이 사용하는 '3점산정기법(Three-point estimation technique)'은 경험이 없는 프로젝트의 경우 이전의 경험을 기초해서 세 가지 값을 먼저 산정한 후, 세 가지 값의 평균값을 기간값으로 사용하는 방식입니다. 최적의 상황의 값, 가능성이 큰 값, 최악의 상황의 값으로 상황을 추정하는 방식입니다. '기능 포인트 방법(Function Point Method)'은 기능별로 가중치를 주고 추정하는 방식들을 활용해서 비용을 추정하기도 합니다.

하지만 현실은 프로젝트에 주어진 일정에 맞춰서 테스팅 기간을 산정하는 경우가 많고, 현재 있는 가용자원을 일정에 맞춰서 진행하다 보니 테스팅 업무 범위를 줄이는 방법으로 비용을 조정하는 경우들이 많습니다.

가장 쉬운 방법은 초기에는 상향식으로 하나씩 기능별로, 모듈별로 필요한 시간을 추정해보며 총합을 구하고, 프로젝트를 수행해가면서 경험이 쌓이면 하향식으로 적용해가는 방법이 점차 정확도를 높이는 방법입니다.

부록

초기 스타트업을 위한

Software Testing Quick Guide

소개글

초기 스타트업을 위한 소프트웨어 테스팅 퀵가이드북은 초기 IT기업들이 겪게 되는 소프트웨어 품질에 대한 고민을 쉽게 접근 할 수 있도록 제작되었습니다. 소프트웨어 테스팅을 필요로 하는 초기 IT스타트업들을 대상으로 컨설팅을 진행하면 대부분의 공통된 고민 사항들과 마주하게 됩니다.

"무엇부터 시작해야 하지?", "얼마나 테스팅을 해야 우리의 제품을 출시할 수 있지?", "좋은 품질에 도달하기 위해 해야 할 활동들은 무엇들이 있을까?"

대부분 처음 시작하려고 하니 막연하다고 하는 상황과 맞닥뜨리게 됩니다. 이런 고민들을 아주 간단하고 쉽게 이해할 수 있도록 이 가이드북에서는 최대한 쉽게 설명된 표현들과 꼭 알아야하는 내용들을 중심으로 구성되어 있습니다. 지금 소프트웨어 테스팅은 선택이 아닌 필수이며 실질적인 경쟁력을 갖추는 좋은 방법입니다. 특히 4차산업혁명시대의 소프트웨어 제품들은 제품 수행의 결과에 불확실성을 기반으로 제공되고 있기 때문에 꼭 소프트웨어 품질관리가 필요로 합니다.

무엇보다도 소프트웨어 품질관리를 시작하는 것만으로도, 고민을 해보는 것만으로도 이미 소프트웨어 품질 문화를 고민하는 기업으로 성장해가는 것이기 때문입니다. 본 가이드북으로 쉽게 품질관리를 시작할 수 있도록 활용해 보세요.

초기 스타트업을 위한

Software Testing Quick Guide

차례

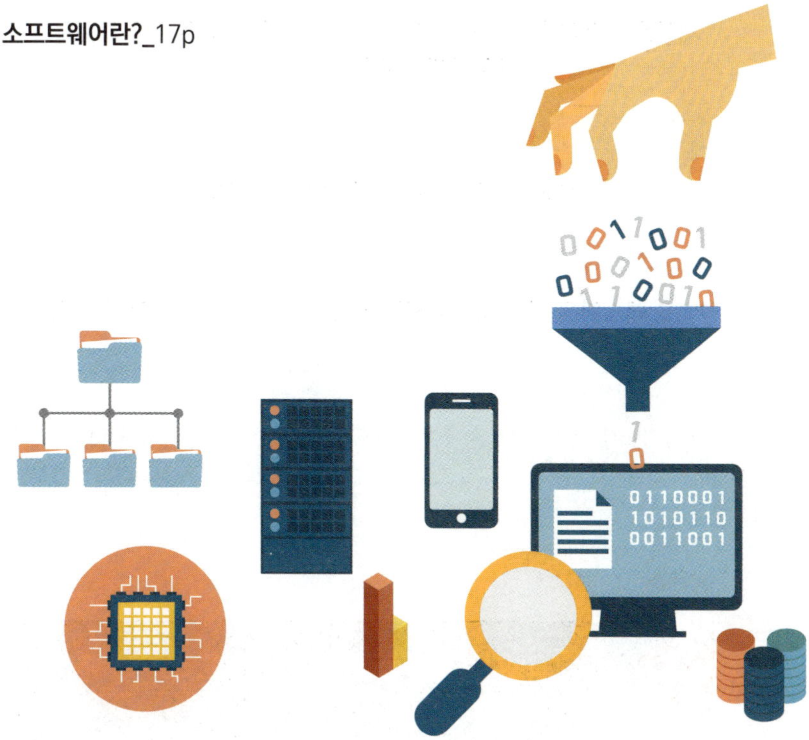

1 소프트웨어 테스팅이 필요해요!

4차산업혁명의 핵심 키워드 중 하나인 인공지능을 활용한 새로운 서비스를 준비하고 있는 스타트업에서 고민에 빠졌습니다.

세상을 놀라게 할 신제품을 만들고 있는데 얼마나 잘 만들었는지 어떻게 테스트를 해야 하지?

우리의 제품이 제 때 출시될 수 있을까?

한번도 테스팅을 전문적으로 해본 적이 없는데 어떻게 시작 해야 해?

대부분의 초기 IT기업 및 스타트업들은 소프트웨어 품질에 대한 고민을 처음부터 하지 않습니다. 제품이 제작되는 과정에서 고민하고 제작이 완료가 되어가는 시점에서 품질에 대한 실질적인 활동을 하기 때문입니다.

그렇다면 좋은 품질의 소프트웨어를 만들기 위해서는 어떤 어려움들이 있을까요?

소프트웨어를 제작하면서 겪는 어려움

초기 스타트업이 소프트웨어 개발을 하려고 합니다. 개발을 시작하면서 소프트웨어 제품의 품질측면으로는 어떤 어려움이 있을까요?

1

시간의 압박

개발할 시간도 빠듯한 데
테스트 할 시간은 더 부족해!

2

개발 비용 관리의 어려움

테스팅 비용을 지출할
여력이 우리에게 있나?

3

신뢰성의 확보

우리가 테스트를 하면 충분히
테스트 되었다고 할 수 있나?

4

전문인력 고용 및 관리의 어려움

채용도 어렵지만 어떻게
우리회사 비전을 제시 할 수 있을까?

무엇보다 고객에게 우리의 제품을 안정적으로 전달하고 사용할 수 있도록 하는 것이 소프트웨어 품질관리의 중요성이며 **스타트업에게는 차별화된 중요한 경쟁력**이 될 수 있습니다.

2 무엇부터 해야 할까요?

테스팅에 필요한 자료의 수집

최대한 다양한 개발정보 수집하기하는 것이 첫 번째 준비 과정입니다.

요구사항명세서, 기획서, 서비스 매뉴얼, 개발계획서, 개발절차 등 테스팅에 필요한 모든 자료 수집이 필요합니다. 테스팅 분석에 필요한 테스트 기초자료(Test basis)의 확보를 하는 활동입니다.

품질관리를 위한 성공의 가장 중요한 과정이며 다양한 산출물의 존재여부와 테스팅 범위를 결정하는 기준점이 되기 때문이며 수집하고 준비한 만큼 더 좋은 결과를 얻을 수 있습니다.

자료를 수집을 하는 동안 이해관계자들과 미팅 및 리뷰를 하며 자연스럽게 초기 테스팅이 시작되는 것이기도 합니다. 초기에 테스팅 하는 것(Early Testing)이 곧 비용 절약의 첫 걸음입니다.

우리에게 필요한 품질 목표 수립

우리가 제작하고 있는 소프트웨어가 좋은 품질로 제작되었다는 것을 어떻게 판단할 수 있을까요?

- **결함이 없는 제품을 만드는 것인가?**
- **고객에게 적기에 제공하는 제품인가?**
- **고객이 필요로 하는 제품을 만드는 것인가?**

실제 테스팅을 시작하기에 앞서서 우리에게 필요한 품질의 기준을 깊게 고민해 보는 시간을 갖지 않는 경우가 많습니다. 그리고 기업의 경영철학과 개발 문화 그리고 품질 문화가 하나로 연계되어 있습니다. 실질적인 목표 수립을 하기 위해서는 품질을 담당하는 부서 및 인력이 품질관리를 해야하는 제품을 개발하는 회사의 경영철학을 이해하는 부분이 꼭 필요합니다.

Key Point : 비용에 대한 고민

소프트웨어 테스팅 활동 별 총 소요 시간

실제 테스트 구현과 실행보다 준비와 분석, 마무리하는 활동에 더 많은 시간이 소요되며 해당 시간을 적게 사용할수록 성공적인 품질 확보가 될 확률이 매우 낮아집니다. 눈에 보이지 않는 시간에 대한 투자가 성공의 가장 큰 밑거름이 됩니다.

우리회사의 품질관리 현황 진단

어느정도 품질에 대한 기준을 고민하고 판단했다면 테스팅에 필요한 5가지영역별 진단 및 사내 품질관리에 대한 취약점, 문제점들을 파악을 통해서 좀 더 객관적인 현재 상황을 판단할 수 있습니다. (테스트역량평가모델 TMMi Level2참조)

- 테스트 정책 및 전략
- 테스팅 계획
- 테스트 모니터링 및 통계
- 테스트 설계 및 실행
- 테스트 환경

해당 과정을 통해 우리에게 부족한 것과 없는 것들을 알아내는 것이 중요합니다. 현재의 부족함을 알아낸 후 꼭 필요한 부분만 우선적으로 수행하는 것이 가장 현실적인 방법이기 때문입니다.

Key Point : 전문가에게 도움을!

- 전문 컨설턴트를 통한 품질 컨설팅을 통해서 현재 우리 조직의 현 상황을 파악할 수 있습니다.
- 실제 다양한 품질 조직 평가, 인증과 같은 조직적 차원의 평가에 앞서 실무적인 판단과 수행은 단 한, 두 번의 실무 전문가와의 미팅을 통해서도 쉽게 방향성 설정이 가능합니다.
- 공인시험성적서 발행과 같은 공인기관을 통해서도 객관적인 품질수준의 판단을 얻을 수 있습니다. KOLAS공인시험성적서와 같은 공인 테스팅 수행을 활용하면 향후 정부 지원 프로그램 등에서도 공신력을 인정받을 수 있습니다.

품질관리를 담당할 주체 선별

준비과정의 마지막은 우리의 제품을 객관적으로 품질 평가하고 관리할 주체는 누구일지 결정해야 합니다.

내부조직

- 기존의 인력을 교육 및 업무 재배치로 진행(가장 현실적인 방법)
- 추가 테스트 인력 고용(장기 고용의 부담)

외부 외웃소싱

- 국내 소프트웨어 테스팅 전문업체에 의뢰

정부지원

- 다양한 정부주도 품질 관리 정책들을 활용
- 지역별 품질역량센터를 활용
- KOLAS시험성적서, GS(Good Software)인증 등의 활동을 정부지원으로 준비

처음에는 내부조직에서 시작하여 정부지원의 활용을 통해 필요한 활동들과 실질적인 업무지원을 받고 점차 전문인력을 고용하고 특화된 서비스에 대해서는 외부 전문업체를 통한 테스트 아웃소싱을 통해서 전문성을 확보해 나가는 형태로 발전해 나가는 것이 어떨까요?

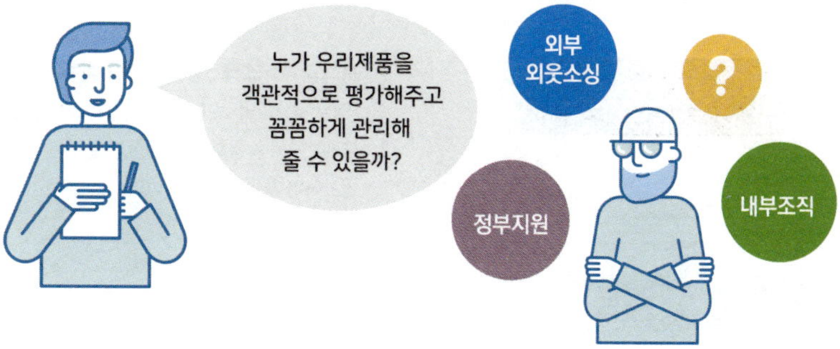

3 Let's start 시작해 봐요!

SW 품질 관리방안 수립

처음 실질적인 품질관리 활동의 시작은 기업에 맞는 품질관리 목표치 수립합니다. 초기에는 현실적인 목표를 설정해야 하며 아주 달성하기 쉽고 중요한 핵심 부분을 중심으로 목표를 수립합니다. (예 : 제품 출시 전 반드시 핵심기능들에 대한 동작은 정상 작동되어야 한다.)

품질관리 목표에 맞는 품질관리방안 및 계획 수립 : 목표에 맞는 절차와 수행방안들을 구성함으로써 꼭 해야하는 활동들을 정의하면 됩니다.

품질관리를 위한 대표 활동

- 테스트 절차
- 테스트 전략
- 테스트 수행 방법(테스팅)
- 테스트 팀 구성 및 운영방법
- 테스트 탬플릿(계획서, 테스트케이스, 결함 리포트, 테스트 리포트 등)
- 테스트 환경구축
- 테스트 품질 평가 방법

Key Point : 전문 표준 활용하기

보다 구체적인 테스팅 관련 주요 활동은 ISO/IEC/IEEE29119, ISO/IEC25010과 같은 국제표준을 활용하면 다양한 품질 관련 활동들을 참고하여 사용할 수 있습니다.

[ISO/IEC25010 품질특성] 출처 : https://iso25000.com/index.php/en/iso-25000-standards/iso-25010

제품 분석 및 테스트 설계

목표를 정하고 계획을 수립했다면 다음은 테스팅을 어떻게 해야할 것인지를 진행해야 합니다. 크게 단계는 테스트 컨디션을 선별하고 테스트 케이스를 설계(작성)하는 순서로 진행됩니다.

테스트 컨디션(Test condition) 선별

- 테스팅의 대상과 범위를 선별하는 과정이며 요구사항 분석을 통해 꼭 테스트 해야 하는 컨포넌트와 이벤트를 선별하는 과정입니다.
- 때로는 테스트 컨디션 자체가 체크리스트 역할을 하기도 합니다.

테스트 케이스(Test case) 설계

- 테스트 컨디션을 기준으로 테스트를 수행할 방법을 설계하는 과정으로 구체적인 테스팅 방법을 작성합니다.
- 테스트 케이스를 작성하면서 테스트 데이터도 함께 준비합니다.
- 테스팅에 필요한 다양한 환경들과 협업하고 고려해야 할 사항들을 분석하는 과정입니다.

Key Point : 설계활동에서 중요한 활동 : 추적성(traceability)의 확보

소프트웨어 제품의 기획단계부터 테스팅이 완료되는 시점까지 어떤 기능을 기준으로 분석 및 테스트를 진행했는지 파악하려면 각 산출물 작성 시 정방향, 역방향으로 추적해 나갈 수 있는 각각의 ID가 있어야합니다. 이것을 가능하게 하는 것이 바로 '추적성'입니다. 명확한 표기 규칙이 정해져 있다면 테스트 케이스 작성과 수행 및 결함 등록까지 모두 일관된 추적이 가능해지고 어느 수준까지 요구사항이 테스팅 되었는지 파악할 수 있는 테스트 커버리지를 확보 할 수 있습니다.

[테스트 설계를 위한 추적성 표기 규칙의 사례]

테스트 수행

자. 이제 본격적인 준비가 다 끝났습니다. 실제 테스팅을 수행하기만 하면 됩니다.
테스팅을 수행하려면 총 4가지 활동을 수행해야 합니다.

1 테스트 환경 구축 및 테스팅 준비

- 테스팅을 수행하기 위해 필요한 모든 환경들을 준비하는 과정이며 테스트 시료, 장소, 테스트 서버 등을 준비하여 테스팅 수행이 원활하게 될 수 있도록 하는 과정입니다.

2 테스팅 수행

미리 작성된 테스트 체크리스트 또는 테스트 케이스를 수행합니다.

↓

여러 차수의 테스팅 수행을 뜻하는 테스트 사이클(Test cycle) 수행을 통해 점차 좋은 품질의 소프트웨어로 개선해 갑니다.

↓

단위, 통합, 시스템, 인수테스트와 같은 테스트 단계(Level)별 다양한 테스팅 방법을 도입하여 수행합니다.

3 결함관리

- 이슈관리툴(Issue tracking tools)을 활용하여 최대한 자동화된 결함관리 수행이 필요로 합니다.
- 다양한 이슈관리툴들이 있으며 오픈소스기반의 무료툴을 도입하여 사용하는 도중 어느정도 품질관리의 프로세스가 정립되고 난 뒤에는 유료 툴을 단계적으로 도입하여 업무의 효율화를 시킵니다.

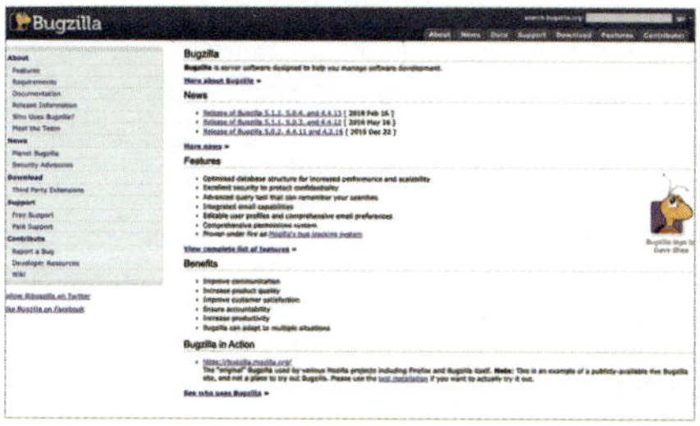

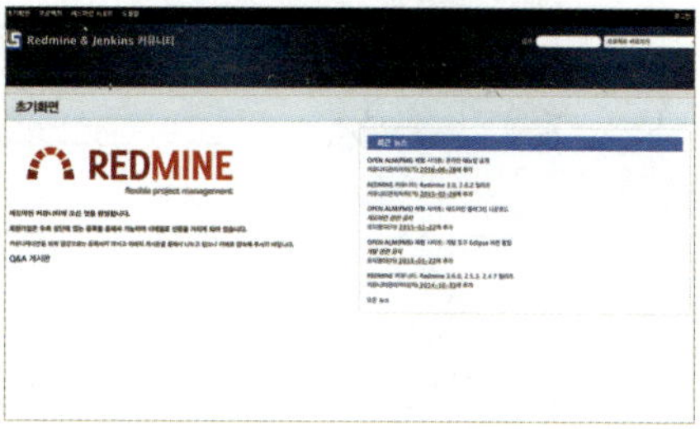

[대표 무료 테스팅관리 툴인 버그질라와 레드마인 : 출처 버그질라 홈페이지, 레드마인 홈페이지]

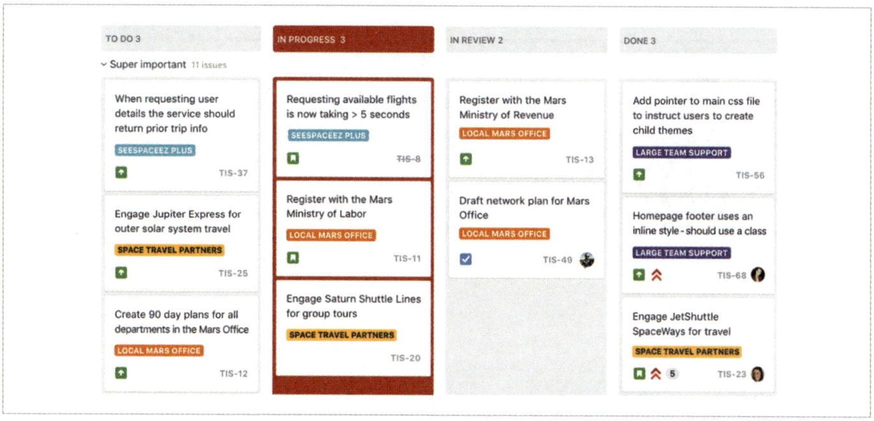

[대표 유료 이슈트레킹 툴인 지라 칸반 보드 : 출처 지라 홈페이지]

- 테스터는 결함 등록을 최대한 자세하게 작성해야 합니다. 자세히 기록할수록 개발부서에서는 더욱 빠르게 문제점을 파악할 수 있으며 디버깅일정을 단축할 수 있습니다.
- 발견된 결함 트렌드를 중심으로 테스팅 수행에 대한 일정관리를 수시로 판단할 수 있습니다.

무엇보다 중요한 것은 **"모든 테스팅 진행상황을 최대한 자동화하여 한눈에 현재 품질 관리 및 테스팅 진행상황을 수시로 모니터링을 할 수 있어야한다"** 입니다. 그래야만 모든 조직원들이 테스팅이 진행되는 동안 어떤 것에 집중해야 하는지 알 수 있기 때문입니다.

4 테스트 결과를 기준으로 배포 또는 출시 여부 결정

최초 계획 수립 시 세웠던 테스팅 계획과 비교하여 최종적으로 처음에 계획했던 품질목표 수준에 도달했는지 판단합니다.

판단기준은 테스트 완료조건에 부합해야 하며 상황에 따라 테스트 완료조건을 완화하여 제품 출시를 하기도 합니다. 하지만 이런 상황은 꼭 필요한 비즈니스 상황을 제외하고는 추천하진 않습니다.

내부 절차와는 별도로 실제 사용자 또는 고객에게도 평가(베타테스트, 인수테스트 등)과정을 겪는다면 좀 더 객관적인 제품출시의 판단기준을 얻을 수 있습니다.

지속적 운영 모니터링 및 관리

- 마지막으로 테스트를 하면서 발견된 다양한 개선항목들을 논의하고 실행 계획을 수립합니다. 또한 지속적인 운영 모니터링 수행을 통해서 상용 서비스 도중 문제가 없는지 확인합니다.

- 처음 테스팅을 수행하면 대부분 한번에 모든 결함이 해결 되는 것은 사실상 불가능하며 제품이 서비스 또는 상용화된 도중에도 신규 기능 개발과 배포가 계속되는 지속적인 개발 및 배포가 진행됩니다. 그리고 이런 과정을 최대한 자동화를 통해 수행합니다. 이를 우리는 지속적 통합(Continuous Integration)이라고 부릅니다.

- 개발 초기의 테스팅을 시작하는 쉬프트레프트(Shift Left)방식의 방식과 서비스 배포 이후에도 지속적 테스팅을 하는 쉬프트라이트(Shift Right)방식을 함께 병행하여 상호 보완적인 품질 체계를 갖춰야 안정적인 서비스 제공이 가능합니다.

쉬프트레프트방식과 쉬프트라이트방식을 병행하여 상호 보완적인 품질체계를 갖춰야 안정적인 서비스를 제공할 수 있습니다.

• 발견된 개선평가항목을 통해 지속적인 품질 개선 활동 목표 수립이 가능합니다.

1. 프로젝트(Project)측면의 항목들

01 테스팅 도중 실제 도출된 개발 절차상의 문제점 항목

02 테스트 프로세스 수행 중 업무 협력 상의 좋았던 점들과 어려웠던 점

03 현재 서비스중인 제품의 서비스 개선 항목

04 프로세스 개선을 위한 신규 도입 필요 항목

2. 제품(Product)측면

1

발견된 결함들의
주요 결함 원인들

2

서비스 시작 이후로
소프트웨어품질관련
VoC(고객불만) 감소율

3

품질담당자의
실제 결함 발견 수

4

테스트 케이스
수행률

• 테스팅 마감 활동을 통해서 차후에 진행될 테스팅 활동뿐만 아닌 개발 활동에 개선을 할 수 있으며 해당 활동이 누적될수록 더욱 탄탄해지는 품질문화를 만들어 갈 수 있습니다. 해당 활동은 그 누구보다도 의사결정자의 노력과 지속적인 품질관리에 대한 지지가 확실한 성공의 밑거름이 될 것입니다.

4 좋은 소프트웨어란

지금까지 함께 고민해 본 소프트웨어는 우리의 생활에 아주 큰 도움을 줍니다. 이런 소프트웨어를 잘 이해하고 사용자에게 더 큰 도움이 되는 새로운 기능과 서비스가 탑재된 제품을 만들 수 있습니다. 좋은 소프트웨어는 우리가 사용하는 동안 문제 없이 잘 작동하고 필요할 때 정확히 원하는 결과를 제공해 주는 역할을 해야 합니다. 그리고 여러 사람들에게 지속적으로 사랑받는 소프트웨어가 좋은 소프트웨어라고 할 수 있습니다.

그렇게 하기 위해서는 먼저 우리에게 필요한 기능이 무엇이고 또 어떻게 만들어야 하는지 알아야하며, 마지막으로는 잘 만들었는지도 확인 해야합니다. 단 한번에 품질 좋은 소프트웨어를 만들긴 어렵지만 꾸준하게 좋은 소프트웨어를 만들기 위한 '소프트웨어 품질 관리 문화'를 갖춰가는 것부터 시작하면 어떨까요?

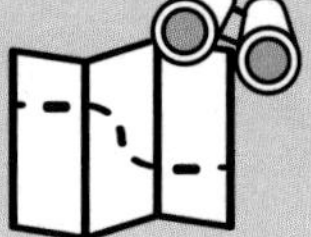

감사의 말

이 책이 나오기까지 감수부터 자료사용의 허가와 응원, 그리고 격려까지 너무나 많은 분이 도움을 주셨습니다. 책에 수록된 내용을 사용할 수 있도록 흔쾌히 허가해 주신 모든 분께 머리 숙여 감사의 인사를 드립니다(무작위 순, 존칭생략).

기업 및 단체

STA테스트컨설팅, TTA아카데미, 대구DIP SW품질역량센터, 두루이디에스, 띵스플로우, 메디치교육센터, 모두싸인, 스타일쉐어, 에듀앤텍, 엔글, 와이즈스톤, 위워크 삼성점 CM팀, 자유아카데미, 제스큐, 컴즈, 크리에이터링크, 테스트이앤씨, 티큐컨설팅, 포멀웍스, 프로젝트리서치, 한국데이터진흥원, 한국글로벌널리지, DB Start와 Data Stars를 통해서 만난 수많은 스타트업, TDC 출전 팀인 스페로우팀과 어니컴팀, 출전팀들 산출물 인용을 허락해주신 TDC주최측인 K.Sen.

개인

김용재, 김정훈, 김슬기, 김태경, 김효환, 김희경, 박성환, 사부길드, 송상헌, 윤형진, 이수지, 이영준, 이지선, 이지영, 이희창, 임수진, 정희권, 진석진, 김헌기, 특히 감수와 리뷰에 도움을 주신 김태효, 이지선, 황상우, 송상헌, 김현숙 그리고 편집에 열정적이었던 김진석 편집자에게 감사드립니다.

이분들이 없었다면 이 책은 절대 세상 밖으로 나오지 못했습니다. 진심으로 감사드리며 마지막으로 그 누구보다 사랑하고 소중한 가족인 부모님들과 아내, 딸에게 감사합니다.

맺음말

이 책이 출판되기까지 꽤 오랜 시간이 걸렸습니다. 바쁘다는 핑계로 무려 2년 동안 원고를 작성하게 되었습니다. 책을 집필하는 기간이 점점 길어지면서, 처음 집필의 방향성과 탈고할 때 원고의 방향성이 완전히 달라졌습니다. 시작은 분명 이전 서적의 개정판이었는데 지금은 완전히 새 책이 되어버렸습니다.

방향을 틀게 된 가장 주된 이유는 집필을 시작하는 2년이란 시간 동안 수많은 고객과 만나면서 생각의 변화가 크게 생긴 데 있습니다. 바로 품질에 대한 고객들의 인식 변화 말입니다.

이전에는 품질에 지출하는 비용을 설명하는 과정이 매우 어려웠는데, 지금은 비용을 지출하는 것 자체에는 분명한 공감대가 형성되었다는 느낌입니다. 그리고 확실한 것은 테스터들의 처우 역시 많이 달라졌다는 점입니다.

테스터들이 할 수 있는 일의 분야나 범위도 다양하게 바뀌었습니다. 그런데 아직 달라지지 않은 점이 있다면, 테스터들이 자신을 중요하게 생각하지 않고 스스로를 낮춘다는 점입니다. 인쇄본으로 제작되는 책의 특성상 이상과 현실의 괴리감을 표현하는 데는 한계가 있습니다. 이상적인 테스팅은 어디까지나 이상일 뿐 현실은 그렇지 않으니까요. 아무리 잘 정돈된 테스트 프로세스, 테스트 계획을 수립한다고 하더라도 결국 이것을 지켜야만 의미가 있습니다. 또 지킬 수 있는 환경, 상황이 되어야 지킬 수 있기도 합니다.

하지만 이상적인 테스팅을 하기 힘들다고 해서 테스팅을 수행하는 테스터가 스스로 하는 일에 대한 자부심과 책임감이 없다면, 다른 분야의 사람들 역시 그렇게 생각하게 됩니다. 결국 사람이 하는 일이므로, 아무리 규칙과 절차를 잘 만들어 놓았다 하더라도 그걸 준수하지 않는다면 소용없는 일이니까요.

이 책에서 소개하는 내용은 외울 필요도 없을뿐더러 아주 새로운 정보를 담고 있지도 않습니다. 오늘날은 인터넷으로 검색만 하면 이 책에서 말하는 대부분 내용을 전부 찾아볼 수 있습니다. 하지만 이 책의 구성만큼은 필자의 생각으로 작성되었습니다. 이렇게 스스로 품질에 관한 생각을 종합적으로 해본다는 것은 테스터로서, 품질을 담당하는 사람으로서 꼭 한번은 필요한 일입니다. 자신만의 품질 철학을 생각해보고 상상해보는 작업은 어떠한 기회가 우리에게 왔을 때 바로 '실천할 수 있는가, 아닌가'의 토대가 될 것입니다.

조직에서 품질 문화를 만들어간다는 일은 혼자서는 어려움이 많습니다. 교육과 책을 통해서 얻은 지식을 기반으로 내가 속한 조직을 바꾼다기란 정말 어려운 작업이니까요. 하지만 2년이라는 기간에도 시장의 변화가 발생하듯, 분명 나의 조직 내에서의 위치나 권한도 조금씩 변화될 것입니다.

결국 한 걸음일지라도 품질에 대한 노력과 고민을 주도적으로 수행한다면, 언젠가는 여러분들이 생각하는 품질 문화가 적용된 기업, 조직을 만들어 나갈 수 있으리라고 생각합니다. 이 책이 버그 정글을 탈출하는 데 도움이 되는 것을 넘어, 나만의 품질관리에 필요한 새로운 방향성으로 걸어가는 데 보탬이 되는 품질 가이드(Guide)가 되길 기원합니다.

참고문헌

1장

BBC News 코리아(21. 12. 29), 〈아마존 인공지능, 10세 소녀에게 위험한 챌린지 조언 논란〉, https://www.bbc.com/korean/international-59807502

IT World(17. 01. 10), 〈TV 소리를 알아듣고 물건 주문한 알렉사 "웃지 못할 해프닝"〉, https://www.itworld.co.kr/news/102934

한겨레(19. 06. 06), 〈인공지능 오류는 "너무 탁월한 시력 탓?"〉, http://www.hani.co.kr/arti/science/future/896920.html

전자신문(18. 02. 20), 〈아빠 아이폰X 아들 얼굴에 뚫렸다〉, https://www.etnews.com/20180220000165

개발 단계별 에러 수정 비용(Error Correction Costs by Phase)

Barry boehm, 『Software Engineering economics』, Prentice Hall, 1981

탈레스 테이셰이라 인터뷰 기사

중앙일보(20. 04. 10), 〈최악 전망 쏟아지는데… "한국기업, 코로나 뒤 대박 기회 온다"〉, https://www.joongang.co.kr/article/23751658)

지속적 테스팅의 핵심인 시프트 라이트 방식의 테스트의 개념도

Alon Girmonsky, https://www.blazemeter.com/, https://www.blazemeter.com/shiftleft/continuous-testing-next-step-software-lifecycle-evolution, BlazeMeter

2장

소프트웨어 테스팅의 정의

ISTQB Certified Tester Foundation Level Syllabus, Version 2018, 한글, (사)KSTQB

소프트웨어 테스트 시스템(Test System)

Rex Black 저, 『Managing the Testing Process』, Third Edition, Wiley, 2009

개발 프로세스와 테스트 프로세스의 연계성

최준현 저, 『경쟁력 있는 소프트웨어 테스터가 되는 법』, 자유아카데미, 2014

폭포수형 모델

이경환 저, 『소프트웨어 공학』, 청문각, 1992

TMMi 레벨 구조

김영학 · 이재우 · 정수진 · 박시춘 · 강성훈 · 유희진 · 김성민 · 나성주, 2013 지역SW융합사업 우수기업 컨설팅 사례집 「우리는 이렇게 테스트 프로세스를 개선했다」, 미래창조과학부, 2014

ISO/IEC 25010 품질특성 정의표

윤형진 · 최진영, 「소프트웨어 제품과 프로세스 관점에서 국제표준과 비교를 통한 테스팅 프론티어 역량평가 모델 개선 방안」, 2015, https://www.kiise.or.kr/e_journal/2015/2/KTCP/pdf/03.pdf

ISO/IEC 25010 주 특성, 부 특성 모델

https://iso25000.com/index.php/en/iso-25000-standards/iso-25010, (이미지)http://www.splex.co.kr/isoiec-9126-25010

3장

TMMi 레벨2 프로세스 영역(Process Area)

김영학 · 이재우 · 정수진 · 박시춘 · 강성훈 · 유희진 · 김성민 · 나성주, 2013 지역SW융합사업 우수기업 컨설팅 사례집 「우리는 이렇게 테스트 프로세스를 개선했다」, 미래창조과학부, 2014

테스트 계획서 학습모듈

https://www.ncs.go.kr/unity/th03/ncsSearchMain.do

4장

테스트 프로세스 다이어그램

ISTQB Certified Tester Foundation Level Syllabus, Version 2018, 한글, (사)KSTQB

국가별 표준 소개 블로그

http://bsiblog.co.kr/archives/2352

Testing Standards의 프레임워크

KSTQB, ISO 29119 F/L, ISO/IEC/IEEE 29119

ISO/IEC/IEEE 29119 테스트 프로세스 모델(Test Process Model)

KSTQB, KS X ISO/IEC/IEEE 29119-2:2013

조직 테스트 프로세스 상세

KSTQB, KS X ISO/IEC/IEEE 29119-2:2013

테스트 프로세스

K.Sen (사)소프트웨어공학네트워크협회 제공 TDC 자료

TDC 3회 대회 우승팀 스패로우(Sparrow)팀의 테스트 아키텍처 설계화면 사례

스패로우팀, http://www.tqconsulting.co.kr/?page_id=152, 2018

스타일쉐어 테스트 프로세스

박지환, https://medium.com/styleshare/

5장

Checklist 정의

Cambridge Dictionary, https://dictionary.cambridge.org/ko/%EC%82%AC%EC%A0%84/%EC%98%81%EC%96%B4/checklist

App Store 심사 지침 안내

Apple, https://developer.apple.com/kr/app-store/review/guidelines/#safety

App Store 심사지침 비즈니스 항목

Apple, https://developer.apple.com/kr/app-store/review/guidelines/#business

프로세스 흐름 다이어그램 중 일부

TDC 어니컴팀, 테스트 디자인 산출물, 2019

시나리오 테이블의 일부

TDC 어니컴팀 테스트 디자인 산출물, 2019

리스크 매트릭스(Risk Matrix)

Erik Veenendaal, 「Risk Based Testing」, STARREAST, 2006

6장

소프트웨어 주요 동작

타카하시 쥬이치 저, 안동현 역, 『지식 제로부터 배우는 소프트웨어 테스트』, 2015

IT에서의 주요 임무

김헌기, 「IT 이노베이션 센터 이야기: AWS Lambda를 활용한 개발 스폰서십 확보편」, http://www.slideshare.net/hnki0104/it-aws-lambda

소프트웨어 테스팅의 일반적인 7가지 원리/원칙

(사)KSTQB, ISTQB Certified Tester Foundation Level Syllabus, Version 2018, 한글

파레토 법칙의 개념

양승일, 한국행정학회, https://kapa21.or.kr/bbs/dictionary/7063

하인리히 법칙(Heinrich's Law, 一法則)

두산백과, https://www.doopedia.co.kr/doopedia/master/master.do?_method=view&MAS_IDX=101013001005566

테스트 데이터

ISTQB Standard glossary, https://glossary.istqb.org/en/search/

QA엔지니어의 테스팅 방법과 실사용자의 사용방식의 차이 유머

Brenana keller 트위터, https://twitter.com/brenankeller

7장

멘토링(mentoring)

네이버 지식백과 심리학용어사전, 2014, https://terms.naver.com/entry.naver?docId=2094353&cid=41991&categoryId=41991

소프트웨어 메트릭의 정의

Paul Goodman, 『Definition of Software Metrics』, Rothstein Associates, 2004

테스트 메트릭

ISTQB, ISTQB Advanced Level Syllabus Test Manager(Ver2012)

결함 거부율(Defect Rejection Ratio, DRR)과 결함 누락률(Defect Leakage Ratio, DLR)

Thomas Hamilton, Guru99.com, https://www.guru99.com/defect-management-process.html, 2022

다양한 품질지표 사례

윤형진 · 이현주 · 권영기 · 김도훈 · 최태인, 「소프트웨어 테스팅 도구, 지표 가이드」(정보통신산업진흥원 부설 소프트웨어공학센터 주관 및 후원), 2015

8장

커리어 큐브(Career Cube)

Bart Broekman · Edwin Notenboom 저, 윤희병 · 권원일 · 김화수 역, 『임베디드 소프트웨어 테스팅』, 홍릉과학출판사, 임베디드 소프트웨어 테스팅, 2007

네이버 라인의 QA의 역할 소개

김동성, https://engineering.linecorp.com/ko/blog/about-line-qa/

"고객 접점에서 '신뢰'를 만드는 사람들, QA 직군"

진석준 · 한의선 · 강유경, 데브시스터스 테크 스토리, https://tech-story.devsisters.com/stories/sqa-interview/

리멤버 QA팀이 하는 일

sumin, 드라마앤컴패니블로그, https://blog.dramancompany.com/2019/03/%EB%93%9C%EB%9D%BC%EB%A7%88-qa%ED%8C%80%EC%9D%B4-%ED%95%98%EB%8A%94-%EC%9D%BC/

정보기술관리 경력개발경로 찾기

한국산업인력공단, https://www.ncs.go.kr/th04/TH0401/viewPopup.do?ncsLclasCd=20&ncsMclasCd=01&ncsSclasCd=04Hard

Skills vs. Soft Skills

https://qa-academy.lv/en/qa-engineer-job-4-possible-career-paths

CSTS 테스트 전문 자격증 안내

한국정보통신기술협회, https://sw.tta.or.kr/service/csts_it.jsp

기타

이하는 일부분 읽었던 내용을 토대로 재구성한 내용과 특별히 어떤 항목이라고 구분하기 모호한 정보들을 참고했던 사이트들과 서적들입니다. 저의 지식과 경험을 정리하고 인사이트를 넓혀주는 데 도움을 주셔서 감사합니다.

권원일 · 이현주 · 최승희 · 이승호 · 박은영 · 조현길, 『개발자도 알아야할 소프트웨어 테스팅 실무 제3판』, STA테스트컨설팅, 2011

SW Test EngineeR들의 모임, https://cafe.naver.com/swtester

팀블로그 소프트웨어 테스팅 참고서, https://softwaretestingreference.tistory.com/

JI-DUM, http://jidum.com/jidums/view.do?jidumId=557

김국헌 · 김태효 · 이성섭, 『안전필수 시스템 제어 설계』, 한빛아카데미, 2021

박영근 · 최애숙 · 김문호, 더 괜찮은 개발자가 되기 위한 AI 품질 관리 가이드, 프리렉, 2021

한국정보통신기술협회(TTA), 『소프트웨어 테스트 전문가(CSTS) 가이드』, 홍릉, 2019

버그 정글을 헤쳐 가기 위한
테스터 지침서

저　　자　최준현
발 행 인　김지영
발 행 처　자유아카데미
주　　소　경기도 파주시 회동길 37-42
　　　　　파주출판도시
전　　화　031-955-1321
팩　　스　031-955-1322
홈페이지　www.freeaca.com
전자우편　main@freeaca.com(대표)
　　　　　editor@freeaca.com(편집)
　　　　　crm@freeaca.com(영업)
등　　록　제406-2003-017호, 1980. 7. 12
제1판1쇄　2022년 7월 25일 발행

ISBN 979-11-5808-362-5 13000